Rowohlt Verlag GmbH, Kirchenallee 19, 20099 Hamburg

Kontaktadresse nach EU-Produktsicherheitsverordnung:
produktsicherheit@rowohlt.de

Mariam Kühsel-Hussaini wurde 1987 in Kabul geboren. Sie wuchs in Deutschland auf. 2010 erschien ihr vielbeachtetes Debüt «Gott im Reiskorn»; es folgten die Romane «Abfahrt» (2011) und «Attentat auf Adam» (2012). Mariam Kühsel-Hussaini lebt in Berlin.

TSCHUDI

Mariam Kühsel-Hussaini

Roman

Rowohlt
Taschenbuch
Verlag

«Es ist, als wäre in die Atelierwand ein Loch geschlagen, durch das man plötzlich ins Freie sieht.» *Hugo von Tschudi*

1

DER VORHANG GING AUF.
Er war Dunkelrot wie in der Oper.
Nicht Samt zwar, aber von schwerstem Stoff, der von noch keiner Sonne einzuschüchtern gewesen war, seit Hugo von Tschudi diese kleine Wohnung bezogen hatte.
Sein Zimmer war durch eben diesen besonderen Vorhang immer auch Nacht für ihn, wenn die Tage und was sie zum Vorschein brachten, zu grausam wurden.
Er hatte ihn in Venedig gekauft, letzten Sommer. Er hatte sich den Stoff unter den Arm geklemmt, als er eine Gondel bestieg, die von einem maßlos unhöflichen Mann betätigt wurde, der den teuer gekleideten Tschudi sofort mit einem feindlichen Blick besah, besonders aber Tschudis Haut grinsend musterte und dabei sogar noch den Kopf neigte, wie vor einem seltenen Tier.
Dann kaute er ruhig zu Ende und wollte von Tschudis Eile nichts wissen. Als er aber darüber hinaus noch weitaus mehr Geld verlangte als es üblich war, ließ der schwitzende Tschudi den sorgfältig verpackten Stoff auf den Boden der Gondel fallen, zerrte den Venezianer am weißen Hemdkragen mit nur einem Zuge zu sich heran, so fest, dass ihre Körper sich gegeneinander pressten und schnaubte ihm drohend ins Gesicht.
Die Gondel, die nun einmal nicht viel mehr ist als eine Wimper auf dem Wasser, schaukelte so heftig, dass sie sich gleichzeitig aneinander festhielten, festdrückten.

Tschudis riesige Hände waren am Hals des Gondoliere, der Daumen am Kehlkopf.
Wie eine Pistazie, eingeschlossen hinter der Haut, fühlte er sich an.
Tschudi drückte seinen Daumen noch tiefer in den Hals, spürte, wie die Pistazie schluckte.
Seine Augen, sie waren mit einem Mal so hellwach wie tausende Schwingen am glasklaren Himmel. Wie immer lag sein ganzer Ausdruck in ihnen allein.
Der Gondoliere schnappte nach Luft, Tschudi ließ angewidert ab von ihm, der Venezianer ergriff sein Ruder und trat die Gondel mit einem erschrockenen Tritt los in Richtung Giudecca-Kanal, der wie ein nass türkises Seidenband dahinschnellte, Tschudi schwankte kerzengerade auf ihm fort … abgewandt, den Blick in die vielgeliebte Lagune bohrend, Torcello, mit seiner teuflischen Brücke … San Francesco, die Toteninsel … mit ihrer schwarz flüsternden Mauer aus Zypressen, sich kleiner und kleiner schaukelnd in Tschudis Linsen … denen eine Träne floh, über kleine rotweiche Knötchen, die an den Rändern ihrer abgeheilten bläulich braunen Wunden neue Knötchen bilden würden … bald wieder … tief in die Haut hineingeschlängelt, über die Nase, beide Wangen, im Inbegriff, diesen Schatz von Antlitz schwer zu entstellen.

Dieser Stoff war nicht nur rot wie eingefangenes Blut, er war widerspenstig und geschmeidig zugleich, grob und aber doch so berauschend im Wurf seiner Falten und manchmal auch im Licht des späten Vormittages, wie heute.
Tschudi sah sich selbst im Fensterglas. Er wusste, was er sah, aber er sah *es* jetzt nicht an.
In seinen langen Mantel gehüllt, mit einem Hut auf dem

Kopf, machte er sich auf den Weg zur Nationalgalerie. Er war seit kurzem ihr neuer Direktor.

Er nahm die Stadtbahn am Savignyplatz, die Haltestelle war erst vor wenigen Monaten eröffnet worden. Richtig wohl fühlte er sich in ihr noch nicht, am liebsten ging er durch die Stadt.

Schnee war noch keiner gefallen, aber es war sehr kalt. Die Luft war hellblau, grauweiß und die Wolken waren verschwunden, hinter einem Gewölbe aus trübem Kristall.

Berlin blähte sich auf und strotzte vor Kraft.

Tschudi war ganz in Schwarz. Er war sehr groß von Wuchs, sehr kräftig, sehr auffällig. Er lächelte selten, fast nie und doch war sein Mund sehr fein gefasst. Von *ihm* ein Lächeln zu bekommen, das war selten und phantastisch. Dieses furchtlose, lautlose, begehrenswerte Lächeln. Überhaupt war er begehrenswert und zwar ganz und gar.

Sein Herkommen aus einer der ältesten Familien der Schweiz – die zurückreichte, als in Europa noch die Lex Salica galt, die großen Merowingergesetze – eine vergeistigte und klassisch gebildete Familie bestehend aus Menschen des Bewusstseins, machte ihn zu einer vornehmen, in Berlin einzigartigen, geradezu unnahbaren Figur, einem majestätischen und doch völlig lässigen, etwas vollkommen Drittes ausstrahlenden Mann und nun sogar Direktor der Nationalgalerie, dem Museum für *deutsche* Kunst.

Er war zurückhaltend, aber wie schon gesagt, erstrangig eindrucksvoll. Wie das geht, nun, es ist eine äußerst reizvolle Verbindung. Solche Gesichter besitzen etwas ruhevoll Angespanntes, etwas unterhalb der Lider Glitzerndes, Gaben besitzen sie dahinter, sie würdigen scheinbar nichts und niemanden und sind doch toll nach Schönheit, sie sind ruhelos und unaufgeregt zugleich und auf vieles blicken sie herab, das aber ist ihre Existenz, der Unterschied selbst.

Sie sind Jäger und Gejagte.
Der Pakt mit dem Teufel jedenfalls war geschlossen, von ihm persönlich. Nur, dass der Teufel eigentlich ein verkleideter Engel war in Gestalt von Leinwänden, die etwas mit sich nach Berlin brachten, was es noch nie gegeben hatte, *Farbe.*
Gewiss war die Farbe schon seit je her der Atem in der Geschichte der Kunst, ja, aber hier war etwas anders, etwas hatte sich bewegt, die Farbe in den Bildern blieb wie absichtslos, unmotiviert und das war zerreißend, das war verzaubernd.
Es war eine Tat. Eine künstlerische, eine malerische Tat.
Die Bilder erzählten nicht mehr so viel, sie waren leiser geworden, leiser und verrückter. Die Hand der Maler war nicht mehr jene, die sich für Wochen an nur einem Gesicht entlud, sondern das Licht vom Licht ins Gemälde strich.
Da blieb dann manchmal nur eine bunte Linie stehen und doch war dies dann der Horizont am Ende eines unbekannten französischen Sommerfeldes oder der violette Regensturm an einem versunkenen Donnerstag, der über die Leinwand fegte, gedankenlos und doch nachdenklich, ja beladen mit Sorgen, wie es ein Mensch des sprudelnden Jahres 1896 nur sein konnte.
Meister des Widerspruchs, das war Hugo von Tschudi. Solche Wesen sind in Besitz anderer Kräfte, so unglaubwürdig das auch klingen mag. Sie wären sonst überhaupt nicht in der Lage, solch große Entscheidungen zu treffen und die Folgen zu ertragen. Sie würden sonst schlicht binnen Stunden zerfallen, jedenfalls ein Mensch mit durchaus ehrenwerten, doch eben nur mittelmäßigen Anlagen würde es, er würde verschwinden im Geschehen einer Wahrheit, die soeben dabei ist, sich zu erheben, wie es der Impressionismus zu Beginn unserer Geschichte tut. Er erwacht.
Jedoch nicht in Paris, nicht in Frankreich, wo die Bilder her-

kommen, nein, hier in Berlin. Der preußisch deutschen Hauptstadt unter Kaiser Wilhelm II., einem Hasser dieser neuen Malerei und das ist allen bekannt, auch Tschudi. Hugo von Tschudi. Der noch heute eine Sonderausstellung eröffnen wird.
Die Neuerwerbungen französischer Impressionisten, gekauft in Paris, ausgesucht mit Max Liebermann, der Kaiser hat es bezahlt, der Kaiser und befreundete Geldgeber Tschudis, das aber weiß Wilhelm II. noch nicht.

Tschudi war am Säulengang der Kolonnaden angelangt, hinter denen die Nationalgalerie im Eis der Stunde emporbrach wie ein Eisberg, in dessen Hauptgeschoss ein neuer verträumter Feuerstrom das Glühen aufnahm.
Das erste Mal.
Weltweit.
Französische Impressionisten im kaiserlichen Berlin.
Berlin, Hauptstadt der modernen Kunst. Mit ihrem neuen Direktor. Hugo von Tschudi. Der die restlichen Schritte zum Haus machte. Im nebligen Silberlicht des Winters.

2

TSCHUDI WARTETE.

Wartete in seinem Büro.

Er saß da, noch immer im Mantel.

Menschen, immer mehr Menschen, strömten ins Gebäude.

Ganz weich und langsam lösten sich watteweiße Schneeflocken vom nahen Himmel, der wie mit einem einzigen Pinselhieb hellblassgrau angestrichen puckerte.

Tschudi war gereizt. Die Stille, die er darstellen konnte, die machte das ganz einfach nicht sichtbar, diese Aggression, dieses Drücken gegen alles.

Er hatte kein Verständnis mehr für die Sprüche, die er in der ganzen Stadt vernahm. Die Geistlosigkeiten, die sich durch alles fraßen, hier, in dieser grandiosen, nicht immer grandios handelnden Stadt.

Er mochte Berlin.

Berlin war nicht ganz bei sich, ein wenig unwürdig und brillant. Berlin schwankte regelrecht wie ein Tausendmaster, eine unangenehme und wundervolle Stadt.

Allein, er war nicht mehr bereit höflich zu sein. Zu erklären. Sich zu rechtfertigen. Hervorheben zu müssen, worum es doch geht. Um dieses neue Gefühl, das alles Bisherige noch weiter ins Unendliche holen würde, alle zu Beteiligten macht, zu Beteiligten einer einzigen Kunst, der Kunst selbst. Davon abgesehen, Diplomat war ohnehin immer nur sein Vater gewesen, er selbst nie. «Papa», hatte er gefragt als Junge, «nimmst du mich das nächste Mal mit dir, ja?»

Johann Jakob von Tschudi betrachtete seinen Sohn lächelnd, der neben dem Sessel am Kamin saß, zu Füßen des Vaters, dem rechtzeitig zu Weihnachten nach Jakobshof heimgekehrten Forschungsreisenden und Darwinleser.

«Dort ist alles anders», hatte er leise begonnen und seine tief unter den dunklen Brauen lagernden Augen strahlten um die Wette. «Ich schlief unter freiem Himmel, wenn es das Wetter erlaubte, sogar oft im Regen. Denn die Herbergen für die Reisenden, die waren übelriechend und ich suchte dem zu entgehen. Zu Essen bekamen wir selten, zu viele Offiziere unserer Welt haben die Menschen dort schon betrogen oder sie misshandelt. Ihr Ausdruck besteht aus zwei Wahrheiten, Manam canchu – *Wir haben nichts da* – oder Ari canchu – *Wir haben zu Essen* – und entweder man hat Glück oder Unglück, je nachdem, wohin die Route mich führte. Besonders die Leute in den Hochgebirgen östlich von Cordillera sind schwierig zu knacken.»

«Was ist das?», Hugo deutete im Reisetagebuch des Vaters auf eine Frucht.

«Der Rote Stechapfel», sagte Johann Jakob. «Er wächst an Berghängen, sie nennen ihn *Huacacachu*, sie bereiten daraus ein narkotisches Getränk, die *Tonga*, aber sie ist fürchterlich in ihrer Wirkung. Ein Indianer, der mir dort begegnete, wollte sich mit den Geistern seiner Vorfahren in Verbindung setzen und bot mir die Gelegenheit, dabei zuzusehen. Es war ein grässlicher Anblick. Ich kann ihn nicht vergessen. Werde ihn nie vergessen. Er trank davon und schon bald darauf verfiel der Mann einer Art Hirnbrüten und er wurde ganz stumpf und sein Blick verlor den Glanz und starrte nur noch auf den Boden.»

Hugo lauschte.
«Sein Mund, der war fest verschlossen und die Nasenflügel weit aufgesperrt. Die Drosselvenen an seinem Hals, sie schwollen an, fingerdick, langsam keuchend hob sich seine Brust, starr hingen seine Arme vom Leib herab. Seine Augen füllten sich mit Tränen, die Lippen zuckten, seine Extremitäten machten automatische Zuckbewegungen und die Adern an seinem Kopf klopften regelrecht!»
«Wie lange?»
«Vielleicht eine Viertelstunde ging das so und wurde heftiger. Seine Augen waren schließlich hochrot und rollten wild in ihren Höhlen und dicker Schaum drang aus seinem geöffneten Munde. Klebriger Schweiß erfasste ihn überall, er wurde geschüttelt innerlich. Murmeln und Geschrei wechselten in ihm. Es war … wie eine … Verwandlung.»
«Hast du ihn danach noch einmal gesehen, Papa?»
«Ja, einige Stunden später. Ich sah auch wie sie ihn nach dem Anfall wuschen und betteten und wie er dann allen seine Eindrücke der Toten erzählte, aber er schien allzu matt und schwach. Christliche Missionare zerstören dort die Seele der Menschen, denn Zauberer oder Ekstase werden von ihnen unterdrückt und immer öfter heimlich und ohne die Aufsicht von Medizinmännern gesucht. Es war grauenhaft und es war auch geheimnisvoll. In ihm verbanden sich die Flammen der Existenz und des Todes.»
«Huacacachu-u-u-u-u-u», hauchte Hugo, ausgestreckt auf dem kostbaren Teppich der Eltern …
… nun war er Direktor der Berliner Nationalgalerie geworden und hatte sich sein eigenes Feuer gelegt. Lieblich erschienen ihm die Abenteuer des Vaters neben dem, was hier und jetzt bevorstand.
Endlich erhob er sich, öffnete den Mantel und zum Vor-

schein kam ein verlockend sitzender Cut, Schwarz wie die Zukunft.
Auf, sagte er sich, auf ins Verderben und dabei schmunzelte er verflucht überlegen und sein wohlgewachsener Gang war schwer und ausgeruht und gnadenlos.
Er wollte jetzt nur noch bei seinen Bildern sein, im Augenblick ihrer Offenbarung. Er wollte spüren, was sie auslösen.
Und verließ sein Büro.

Erst einmal nahm er gar nichts wahr.
Er stand im ersten Corneliussaal im Mittelgeschoss.
Blickte hoch, der Wintermittag floss milchig in den Saal, links und rechts oben zwei Loggia-Augen, an den über zehn Meter hohen Wänden, Peter von Cornelius.
Peter von Cornelius überall.
So war es gedacht, so liebte es der Kaiser, so gehörte es sich.
Die deutsche Großromantik in ihrer ganzen Verkörperung ganz fest rein in die Herzkammern des Hauses.
Seine Kartons, all die Vorarbeiten zu Fresken, all die mythologischen Szenen, sie waren ja nicht übel. Doch sie waren so unerträglich *durch*gezeichnet, so entzeichnet, so in sich gefangen und da gab es keinen Mittelpunkt, keinen Ausdruck, es war bloße Darstellung.
Schlicht gekleidetes Publikum umstand in kleineren Gruppen den Saal, einzelne Leute hier und da, die eigentlich aufwallende Traube der Menschen aber, die pochte aus dem zweiten Corneliussaal zu Tschudi.
Und *wie* sie pochte.
Wo zwischen den – welch Überraschung – noch weiteren Peter Cornelius die Neuankömmlinge hingen.
Das waren keine Erzählungen mehr, es waren Effekte, Un-

erschrockenheiten, Farbattacken, inmitten einer Ordnung, die doch jeder bis zu diesem Tage für unantastbar gehalten hatte.

Alle drängten sich enger zusammen, als er da plötzlich aufkreuzte, dieser Direktor.

Hugo von Tschudi schritt wie durch sein Labyrinth des Pan. Was er geschaffen hatte, war nicht gut, nicht böse, es war Atem.

Er sah zum Monet, mit den verkrusteten Wolken und dem Wasser, das weder Blau noch Grün noch Wasser war und doch mehr Wasser war, als alles was Tschudi bislang gesehen hatte.

«Pssst!», flüsterte jemand. «Sagt ick doch, F-r-a-n-z-o-s-n, wenn ick's dir doch sage!»

Er schaute zu Degas und seinen Frauen, die quer über das ganze Format lagen, maßlos schön und gelangweilt, obgleich man kaum etwas von ihnen sah und unentschlossen scheinbar über ihr ganzes Dasein.

Er sah zum Rodin, dem Männerkopf des Jules Dalou, wie Rodin selbst, Bildhauer und dessen gotisches Antlitz hier wahrhaftig herausgeholt und zwar nicht sinnbildlich, nicht verhalten, verschlossen – sondern intelligent, laut, genial, hastig, besessen, greifbar, rücksichtslos vollkommen, grenzenlos unkompliziert.

Tschudi verlor die Kontrolle über sein Herz, es fing silberne Blüten beim Anblick seiner Beute, nach außen wahrnehmbar als hinreißend unbewegliche Kühle eines Adligen, nach innen war sein Körper heiss wie die Hölle.

Wie klar war dieser Raum. Wuchtig schoss er in die Höhe. Wie von Sinnen. Und unerklärlich wunderbar.

Er fixierte den Rodin, ging auf ihn zu.

Drei Frauen, deren Kleider geschmackvoller, länger, schmaler,

enger waren, jedenfalls als üblich in Berlin, ließen ihn, Tschudi, nicht aus den Augen.
Ihre warmen, leicht dunklen Lider verfolgten ihn.
Sogar musterten sie seine geschmeidigen Bewegungen mit ihren unversteckt tosenden Augen. Ja, da war er, der Orkan in der Pupille, von dem Verlaine geschrieben hatte.
Tschudi musste kurz lächeln. Die parfümierte, aufdringliche Gegenwart dieser Damen hatte ihm, zugegeben, gefallen.
Alles drehte sich. Die Wände kämpften noch ein wenig, aber sie waren machtlos.
Manch ein Orange war so grell, so nackt, dass viele verdutzten.
Schließlich, Manet.
Der Klarsteller unter den Malern.
Dschungelartige Gewächse – ein Blick – fesselnd und abgeneigt, bedrohlich, unbeherrscht.
Sie, wie sie da saß, mitten im Bild, es war die Art wie sie ihre verstörenden Linsen ins Nichts bohrte, wie ihr stummes seelenkrankes Gesicht weich schrie, sie war es, *sie* war das Bild.
Tschudi trat noch näher heran, neigte den Kopf, das große Werk wie ein nervöses Fenster vor sich, die Leute im Rücken, auch die vom ersten Saal waren alle gekommen, wie in Trance, gelblich ernst, Tschudis steinernen Kolossrücken abwartend und die fremden Flecken anstarrend.
Sie ist es, dachte er. *Sie ist es.*
Seine Zunge schmeckte die köstlichsten Früchte, allein beim Anblick solcher Malerei.
Ein rasches Frauengiftrot über ihrer makellosen Wange, eine leblose Hand, nach welcher er, der Bärtige neben ihr, der Geduldige, der Erschrockene, vor ihr Bangende doch so zart verlangte und die er nie mehr berühren wird.

Tschudi vergaß sein Dasein in diesen Minuten. Die Leinwand saugte es zu sich.

«Treibhaus», las jemand jemandem vor.

Sein Blick fiel auf ihren Schoß, da lag ein Seidenschirm.

Die Farbe, irgendein ehrgeizloses und durchsichtiges Creme-Weißgold, raubte alle Präsenz.

Wie in einem Zuge hingezogen und noch ein wenig abgeglitten, vollführte Manet das eigentliche Portrait, einen Gegenstand. Mittelpunkt des Universums, ein Seidenschirm. *Er* war Manet. In *ihm* vibrierte der neue Wahnsinn, vor dem Maupassant fast schon gewarnt hatte. Der Wahnsinn eines neuen Zeitalters, das sich so ungut ankündigte?

Er nahm wieder Haltung ein, der hochgewachsene Mann. Hob das Kinn. Senkte den Blick und wandte sich um.

Die Gesichter waren wie angehalten.

Wie im Märchen des Dornröschen waren alle versteinert.

Nicht nur diese eigenartigen Bilder, die sich in Gang setzten, die hier plötzlich auf Augenhöhe hingen, sondern auch der neue Direktor verschlug ihnen die Sprache.

Kaum wirklich grüssend verließ Tschudi die Ausstellung, hochkonzentriert, als wäre nie etwas gewesen.

▪ ▪ ▪

Max Liebermann wollte unbedingt noch alles sehen, bevor der Nachmittag das Licht stahl.

Nickend war er immer wieder durch den Ausstellungssaal gekreist, wie als wolle er sagen, *dit kann janich anders sein.*

Vor dem *Treibhaus* entsann er sich, was Tschudi in Paris über Manet gesagt hatte, als sie all diese Werke aussuchten.

«Der fortgeschrittene Impressionismus», hatte er gesagt, «der überlässt der Netzhaut die Farbmischung, die normalerweise die Palette übernimmt.»

Liebermann wusste noch genau, wie ihm bei diesen Worten schwindelte, weil er sie nur in seinen Träumen auszusprechen wagte und auch da äußerst vorsichtig nur und sich sogar noch umwandte, ob nicht der Andere, des Kaisers Maler, Anton von Werner, in seinem Traum lauerte.

«Malen im freien Licht», fuhr Tschudi fort, «ist nur eine Frage der Zeit gewesen. Es ist eine Tat, wie der Akademismus selbst und wird eines Tages ebenso bejubelt werden, weil es eine weitere Stufe ist. Max, wie kann man die Treppe leugnen, auf der man steht?»

Liebermanns für Berlin äußerst exotische Augen wanderten und wanderten und streichelten, was sie sahen.

Er konnte es nicht glauben.

Es war nicht möglich.

3

ABENDESSEN IN DER VILLA STAUDT.
Tiergartenstraße Ecke Regentenstraße.
Der spektakuläre, vollkommen irrsinnige, sinnliche, ungezügelte Bau war eine Attraktion.
Tschudi stand davor, in eisblauer Luft, ungläubig begeistert und tief in den Pelzkragen gebunden.
Sein an den Seiten steil hochgewölbter Hut thronte auf dem Kopf mit der weiten breiten Stirn und den leiselauten Augen, die durch die Gläser seines Zwickers hoch zu den vier großen Figuren zielten, die wie aus den Säulen traten, schwebend, mit je einem Arm herausgehoben – Handel, Schifffahrt, Landwirtschaft und Industrie, die sie unzerstörbar darstellten.
Oben auf der Attika, ein Löwe.
An der Regentenstraße dann die Reliefs entlang der langgezogenen Front des Hauses, Leben und Tod, Krieg und Sieg, Kunst und Wissenschaft, Europa und Amerika, Erwachen, Fleiß, Licht und immer so fort.
Es war pure ekstatische Architektur. Halb Palast, halb Schock und es war eines der wenigen Häuser, die ein vollständiges und beheizbares Badezimmer besaßen und in dem ein jedes Zimmer Licht hatte. Neues gleichmäßiges Licht und es rief ihn herein, den Direktor der Nationalgalerie, der diesem Licht traute, weil es doch irgendwie aufregend war …
Im großen Kaminzimmer begrüsste ihn ein heiterer, herzlicher, lustiger und auch sehr genauer Wilhelm Staudt.

«Sie sind die Art Mann, die seine Feinde gar nicht einmal berühren muss, um sie zu töten!», hatte er weich begonnen. «Meine unendliche Hochachtung für diesen Urknall!»
«Feinde?», fragte Tschudi mit einem Zwinkern, vollkommen strahlend für einen Moment des Glücklichseins, wie, als wenn alle Jugend in Gestalt einer Blutfontäne in ihm sprudelte.
Jemand saß am Fenster am Klavier und spielte.
«Ich hab das ganz gern», sagte Staudt. «Hab mich mittlerweile so sehr daran gewöhnt, dass immer einer hier spielt, kann es kaum noch ohne ertragen. Ich meine die Ruhe, die macht mich unruhig.»
Tschudi lauschte.
Chopin. Es klang nach Perlmutt.
Licht beglühte alles.
Nicht die üblichen Stoffe an den Türen, nicht dieselben großen Uhren, nicht die in Dunkelheit versinkende Ahnungslosigkeit von Inneneinrichtung.
Die Villa Staudt wollte anders sein und war es.
Die Sitzmöbel waren bequem, immer ein Zeichen für Tschudi, dass er es mit intelligenten Menschen zu tun hatte.
Mitten auf dem Tisch, eine geflügelte Statuette von Lola Mora.
Zwei prachtvolle Papageien in Rot-Blau schauten aus einem menschengroßen Käfig auf den Besucher.
Natürlich suchte Tschudi alles nach *einer* Sache ab, Bilder.
Herztaumelnd jagten seine Lider dahin.
Da hing ein Portrait, wirklich gelungen.
«Ein Geschenk von Bode», murmelte Staudt, während er sich und seinem Gast Cognac einschenkte.
«Aber», bemerkte Tschudi, «wie vortrefflich! Dieser kühne, grünliche Hautton und der Blick, fast schon der Gesichts-

ausdruck eines Medici, das ist doch gewiss florentinische Schule!»

«Mein lieber Freund, Sie erstaunen mich nicht wenig», sagte Staudt, «der Dargestellte ist ein Nachfahre eines nach Neapel geflüchteten Medici. Donnerwetter, Ihr Auge!»

«Bode also», Tschudi nahm einen Schluck.

«Na ja, eigentlich war es für Arnhold vorgesehen, aber der wollte nicht, der interessiert sich ja gerade mehr für die sogenannten Modernen. Das hat den Bode schon verärgert. Arnhold kommt später übrigens auch.»

«Modern ist alles ...», sagte Tschudi und sah zu, wie Staudt die Köpfe der Zigarren kappte.

«Ich glaube, dass der Bode ein wenig eifersüchtig auf Sie ist, mein Lieber. Mir scheint, er kapiert nicht ganz, wie Sie so weit kommen konnten, wo er Sie doch eigentlich klein halten wollte. Er hatte doch etwas ganz anderes mit Ihnen vor, nämlich nichts. Also wenn Sie mich fragen, ich halte ihn für einen ängstlichen Mann und so was mag ich nicht. Er besitzt den Schlüssel in das Reich der Kunst, aber einen, den er nicht so wie Sie, selbst geschaffen hat. Sie, mit Ihrem Tempelschlüssel.»

Sie stießen wieder an.

Tschudi schmunzelte.

In einer halben Stunde würde das noch wartende Haus sich mit Gästen füllen, mit Kaufleuten und Großindustriellen, es würde getrunken und gegessen bis Mitternacht und jegliches kostbarste Flattern, das diesen unverstellten, galanten und stinkreichen Hausherrn jetzt noch umgab, würde verschwinden. Tschudi musste jetzt handeln. Jetzt.

«Die Schlüssel der Schönheit ...», erweiterte er.

«Ja sehn Sie, Tschudi, Schönheit, ja, was ist denn das? Ich habe tausend Definitionen, viel zu viele, sagt meine Frau, aber mich macht das doch irgendwie glücklich.»

«Das ist nun so wunderbar gelegt von Ihnen, lieber Wilhelm, dass ich wohl kaum mich fähig sehe, diesen Gedanken noch weiter zu heben, allein, ich möchte ihn so recht emporwerfen und sagen, ja, Schönheit macht glücklich! Sie ist das Gegenteil der Angst, sie ist, um es ein wenig zu theatralisieren, Selbstgespräch und auch Dialog und wir verleihen unserem Leben Spuren. Es sind Spiegel, die wir machen.»
«Ja, das ist etwas, das ich teile, diese Art der Betrachtung. Ich habe viel gesehen, wissen Sie, in Buenos Aires ist die Kunst eine ganz andere als in Italien und ich wage es nicht, zu entscheiden, welche nun überragt.»
«Das ist, mein lieber Wilhelm, auch so gar nicht notwendig, *müssen* wir uns nämlich gar nicht entscheiden im Zeitalter fortschreitenden Umgangs damit: es sind Übergänge zueinander, Kontraste, es sind Welten und Mentalitäten und einzig im Durcheinander ihrer Feier bin jedenfalls ich persönlich dem Sinn des Lebens näher, als durch patriotische Behauptung und wissenschaftliche Systematik.»
Ganz bei sich für einen Lichtmoment dachte Tschudi an San Rocco, an die wütenden Tintorettos überall, an die magischen Menschen seiner Malerei, an den brillanten Tiepolo, der wie die Luft zum Leben war. Eindeutig alles überherrschend, was es noch so auf der Erde gab, aber das sprach er nicht aus.
«Sehr recht, sehr recht», Staudt nahm einen langen Schluck.
Tschudis Fingerkuppen piekten.
Sein Hals war heiss und wie zu. Ein Tropfen Stechapfel kullerte durch seine Stimme. Der Cognac verteilte sich in seinem brennenden Hirn.
«Also … diese ganz wunderartigen französischen Malereien da, Hut ab, wir können uns mit Ihnen wahrlich beschenkt heissen.»
«Durch weit denkende Spender war dies und bleibt dies über-

haupt nur möglich. Freie, kristalline Köpfe, die etwas *anders* machen wollen, in einer so öden gleichklingenden ständig belehrenden harschen Gegenwart und wir zusammen könnten uns doch auserwählt fühlen, in einer Zeit, in der die Bilder nicht selbstgefährdender sein könnten, diese zu krönen, indem wir sie finden, erkennen und ausstellen.»

«Wie meinen Sie das, selbstgefährdend?», fragte Staudt.

«Nun, diese Urheber dieser neuen Bilder, die begeben sich doch in die größte Gefahr einer geistigen Ausgrenzung durch Akademien und unerklärlich unterentwickeltes Publikum. Und sie fürchten sich. Sie könnten alles verlieren. Aber dann ... sehen sie plötzlich das Licht kurz nach Mittag auf ihrem Tisch neben dem Fliederstrauß und die Vase aus Glas, die fängt an zu singen im Farbenschein ... und dann, dann können die einfach nicht mehr anders.»

Der Pianist war verstummt.

Ohne sich zu regen, saß er da, hörte Tschudi zu.

«Ich kann Ihnen sogar etwas dermaßen Verrücktes anvertrauen, Ihnen allein, da ich weiß, dass ein so vielgereister und erfahrener Mann wie Sie gerade dem frisch sich entwickelnden Zweige unserer Kunstgeschichte die Aufmerksamkeit schenken möchte, die dieser Zweig verdient, Ihnen allein und *nur Ihnen* will ich eröffnen», und Tschudi begann beinah andächtig zu flüstern, «dass sogar dieser Zweig, den ich so erfolgreich nach Berlin in die Nationalgalerie flocht, im Inbegriffe ist, sich noch weiter aus dem Fenster zu lehnen, ja es schon tut, mit einem ganz neuen Maler.»

Staudt hatte aufgehört seinen Cognac zu schwenken.

«Noch weiter?», fragte er bestürzt. «Wie soll das gehen? Die Farbe stellt womöglich nicht einmal mehr dar?»

«Vorzüglich, verehrter Freund und ich weiß, Sie fragen sich das ernsthaft, ja ich kann es in Ihren Augen sehen, dass Sie als einer der nicht nur interessantesten, sondern auch erheblichsten Unternehmer, die mir bekannt sind, auch besorgt sind um das Wohl unserer Nationalgalerie, ja dem Wohle damit unserer Stadt.»

«Berlin? Berlin ist mir doch völlig egal. Hat mich hängen lassen, als es nicht weiter ging, nun, da ich wieder die Kurve gekriegt habe, bin ich der nette *een schön' Tach noch gnädjer Herr!* Nicht mit mir, ich würd's diesem Berlin am liebsten so richtig heimzahlen!»

Tschudis Lippen waren in Sekunden ausgetrocknet, er glaubte, seine Eingeweide tauschten ihre Plätze. «Damit festigen Sie nur umso mehr Ihren Stellenwert, den Sie bei mir ohnehin genießen und darüber hinaus bin ich zutiefst euphorisch, dass Sie Ihren Ruf als Weltbürger sozusagen nebenbei bestätigen.»

«Sie müssen nur wissen, lieber Hugo, dass ich *mögen* muss, was ich unterstütze», Staudt gefiel nicht, dass der Pianist innegehalten hatte.

«Eine Wahrheit, die Sie da aussprechen, so herrlich lapidar überhaupt aussprechen *können*, weil Sie bereits verinnerlicht haben, dass es ja genau darum geht, dass wir sympathisieren müssen mit der Kunst, die wir sammeln und zeigen und dann und wann auch aus dieser Sympathie eine neue, weitergehende Wertexistenz ausbilden müssen, ohne die uns ja die ganz eigene Struktur dieser Strömungen unerschlossen bleibt, die wir dann erst nicht mehr als temporäre Strömungen beäugen, sondern als Malerei selbst», Tschudis Stimme war hohl und überall, wie aus einer Kreatur kommend. «Ungefragt wurden wir durch die Unleugbarkeit der Impressionisten in einen Krieg hineingezogen, der die Kunst selbst auf dem Gewissen hat, wenn wir nicht für dieses wunderliche Flimmern auf der Leinwand kämpfen und … längst gibt es da jemanden, der das alles noch eine deftige Nuance gesteigert hat, ja diesen

Krieg mit seinen Bildern geradezu herbeibeschwört … furchtloser, intensiver malt als alle bisherigen und dessen malerischer Spott einzigartig und begnadet ist … er klopfmalt, er weiß etwas, weiß mehr … er entjungfert die Leinwand, er löst den Grund auf für eine neue Wirklichkeit seiner südfranzösischen Ruhelosigkeit … ein westlicher Schamane … ein Verkünder … und stellen Sie sich nur einmal ein Zwinkern lang vor, *Sie* würden dies ermöglichen, *Sie*, mit Ihrem humanistisch unternehmerischen und unberechenbar gleißenden Format: es versteht sich von selbst, dass Ihr tadelloser Name dabei geschützt bliebe.»

Staudt beugte sich nach vorn. «Sagen Sie schon, wer? Wer ist dieser neue geheime Maler?»

Da war es, das Glitzern in Staudts Augen, da war, was Tschudi wollte, benötigte und nun nur noch ergreifen musste. Tschudi tanz-taumelte durch den Raum, sah sich vom Sofa aus von einem Zimmer ins andere schwelgen, das war aber nur sein Schatten, der manchmal aus ihm wich und eigene Bewegungen vollführte,

«Paul Cézanne», antwortete er unscheinbar und trank sein Glas in einem Zug aus.

4

DEN REST DES ABENDS durchflog Tschudi vollkommen bewusstlos.

Wie er in den anderen Raum gekommen war, das wusste er nicht. Hier waren die Lichter plötzlich aus und unzählige Kerzen schienen.

Da waren viele, viele Leute. Männer in Schwarz und Frauen in Weiß und eine in Koralle. Er sah lange Seidenhandschuhe nach Kristallgläsern greifen, sah Tomaten in allen Variationen, Petit Fours mit Blattgolddekorationen und Kaviar und Türme aus Obst.

Er sah alle Augen auf sich gerichtet. Sein Kopf drehte sich. Chopin spielte von weit her. Die Federn der Vögel schlugen auf. Immer wieder.

Da waren sechsreihige Perlenketten an den auf und ab atmenden Dekolletés und lautes Lachen manchmal. Einer Schleppe schaute er lange nach, die sich durch das Gewimmel zur Tür schlängelte und dort langsam verschwand.

Er sah zum Fenster hinaus in eine frostige Nacht.

Die Smokingschleife, die zog er sich ab und legte sie auf das Fensterbrett neben eine japanische Vase.

Breitschultrig und sanft ging er ziellos umher.

Er war wirklich groß.

Da waren laut redende Männer, die ihm zunickten. Ein ständig und zynisch und genial scherzender Fürstenberg, ein freundlicher Huldschinsky, ein nachdenklich verbissener

Rathenau, der am liebsten ganz Deutschland elektrifizieren wollte.
Nasse Frauenstirnen hinter chinesischen Fächern, Augen, die ihn zu sich zogen. Steinerne Schwerelosigkeit in ihm. Immer wieder fuhr er sich übers Antlitz, spürte Narben und Erhebungen und Vertiefungen. Ein Sekundenblitz aus Furcht und Schmerz stach in seine Brust. Er vergaß ihn.
Redeteile, die von seinen Lippen fielen, die er einfach anwandte, ganz gleich, wer vor ihm stand. In Gedanken war er in seiner Nationalgalerie, war bei Cézanne, bei den rostbraunen, smaragdgrünen Tupfen in dessen schulterzuckenden Bildern.
Er würde vieles für ihn freiräumen. Vielleicht helle Wandbespannungen hier und da? Vielleicht mal nur ein oder zwei Bilder an einer Wand, tief gehängt, zueinander – voneinander verschoben?

5

DER BAUM VOR SEINEM FENSTER KNOSPTE.

Eigentlich mochte Tschudi diese Wohnung nicht, mit ihrer Waschküche und seinem Mitbewohner Einsamkeit.

Er lag auf dem Bett, angezogen, an die Wand gelehnt.

Neben sich einen Spiegel, tief in die Überdecke gegraben.

Der Griff war ornamentiert. Er hielt ihn fest.

Von seinen Wangen breitete sich, entlang der Schläfen, der Nase, den Ohrläppchen, Kinn und Lippen sowie dem gesamten Hals eine wuchernde und weißliche Klumpen bildende, rot streuselige weiche Rinde von linsenartig gehäuften, sich zusammenschiebenden Herden.

Die Wolfskrankheit, die wurde so genannt, weil die Erreger, die tief innerhalb der betroffenen Haut sitzen, einfach nicht satt werden, diese zu befallen.

Manche Hautstellen brachen in sich zusammen und es war, als würden sie abfallen, als würde das Gesicht Stücke verlieren.

Tschudi hatte an diesem Tag, erst unhörbar, dann irgendwann schreiverkrampft geweint.

Auch, wenn er seit seiner Jugend diese Leiden gekannt hatte, gewöhnt hatte er sich nie an sie und bohrender und schlimmer als je zuvor war es, sich seinen Körper, seine Gedanken, sein ganzes Leben mit ihnen teilen zu müssen.

Der Spiegel sprach eine Wahrheit, die unleugbar war.

Wie, einem Spiegel nicht trauen? Wie, etwas anderes darin sehen?

Draußen schien die Sonne auf Berlin. Berlin, mit seinen breiten Straßen und den vom Frühling pointillierten Baumkronen. Berlin, mit seinen milchkaffeefarbenen Schinkelfassaden, die bereits der Vergangenheit angehörten, denn die Stadt wollte gigantischer sein als Klassizismus und Italien in einer freien deutschen Seele. Man wollte architektonische Großgeschwüre an Stelle von zarter Kraft und gebautem Empfinden.

Nein, jetzt war man anders, man setzte eine schwermütige Miene auf und war sich seiner Nationalität bewusst, nicht seiner Phantasie.

Tschudi aber *bestand* aus solcher und er wusste nicht weiter.

Jedes in den Spiegelschauen war ein Stoß gegen seine ganze Geschichte. Warum diese gemeine Krankheit, wozu? Warum? Warum war sie so schlaflos? Wo ist mein Gesicht?, fragte er sich. Das ist nicht mein Gesicht, ist nur verklebtes Pulver, ist trockener absterbender Brösel, es bewegt sich ja kaum noch.

Er zog erneut den Spiegel hervor.

Sah in seine Augen hinein.

Da war so eine nasse Schnelligkeit in ihnen, triumphale Emphase, es war scharf schwärmerische Lebendigkeit, durchbrochen von massivster Verzweiflung.

Hugo von Tschudi war sehr krank.

Mit dem in dieser Sekunde einfallenden Lichtstrahl malten seine Lider einen Georges Seurat an die Wand. Küste am Abend. Übersät von zuckend goldgrauem Pinselregen.

▪ ▪ ▪

Der Boden war voller Blut.

Längst war es Nacht.

Tschudi lag da, atmend wie ein Sterbender.

Ein Ruf flog zu ihm, dann stach ein Speer Millimeter neben seinem Kopf ins Holz ein.

Wie Wolken schob sich die Schlacht über ihm zusammen, Schilde und Stöße und ein Himmel aus schwarzen Tränen.

Ein mächtiger Mann schwebte kämpfend auf ihn zu, mit einem langen Schwert durchriss er den Fiebernebel aus Blutdunst und hielt vor Tschudi inne.

Mit seiner Schwertspitze tippte er an das Kinn des Kranken. Bedrohlich gütig.

«Steh auf», dröhnte es aus dem Vorfahren.

… Tschudi erwachte schreckartig. Fuhr auf. Reich gefüllt mit einem Vakuum aus Traurigkeit, die sein Herz auspresste. An seinem Kinn, ein winziger Schnitt.

6

TAGE SPÄTER SPAZIERTE TSCHUDI gegen späten Nachmittag durch den kronenzwitschernden Tiergarten. Reiter trabten beschwingt an ihm vorbei, die Luft war weich. Im Gehen öffnete er einen Brief.

Mein lieber Sohn, geliebter Hugo!

Ein stechender Schmerz, den ich nicht ausmachen kann, verrät mir, dass es dir nicht gut geht. Ich weiß es nicht, vielleicht irre ich mich da, aber ich werde das Gefühl nicht mehr los, ganz stark ist es in diesen vergangenen Wochen in mir gewesen. Hast du meinen letzten Brief erhalten? Ich sitze viel in Papas Kaminsessel und bin auch recht fleißig was das Lesen betrifft.
Er fehlt mir und auch seine Stimme, die doch scheinbar ewig um mich war. Deine Stimme ist der seinen so ähnlich!
Du hast viel zu tun in Berlin. Ich habe schon erfahren, dass du mit deiner Ausstellung französischer Kunst eine große Aufregung ausgelöst hast, dein Vater wäre stolz auf dich. Ich wäre es auch, wenn ich doch ein wenig mehr erführe. So jedoch, aus der Ferne, was soll ich da schon wissen, ich alte Frau. Und dabei bin ich doch eine Schnorr von Carolsfeld – nun seh ich dich lachen, schon gut! Das aber ist kein Ahnenstolz, sondern ich bestehe

nur darauf, dass auch in mir Künstlerblut fließt und man mich ruhig öfter aus der Welt der Schönheit à jour halten könnte!
Schreibe mir ganz bald wieder, bitte und berichte mir alsbald von dir, mein lieber Hugo, ganz bald – ja? Wirst du Weihnachten kommen können? Ich wünschte es so sehr und doch bin ich keine bettelnde und auch keine dumme Mutter, die ihr Kind unter Vortäuschung von Liebe zu sich hypnotisiert. Du wirst bald hier sein und dann werde ich dankbar und glücklich und ganz gewiss auch stolz die Türe öffnen.

Deine Mama
Jakobshof im Frühjahr 1897

Tschudi war angekommen, auch jetzt wurde eine Tür geöffnet. Nicht jene seines Elternhauses, sondern die Tür Max Liebermanns in dessen Haus, rechts vom Brandenburger Tor.
Da sie verabredet waren, stand Liebermann schon persönlich rauchend am Eingang.
Als er Tschudis Gesicht sah, den Lupus, der zurück war wie ein Fluch, dem man zu entkommen hoffte, setzte bei ihm ein Sekundensturz der Züge ein, ein großes Mitgefühl, durchmischt von Wut, dass sie da war, diese Krankheit.
«Komm Se rinn, Hugo von Tschudi, komm Se jetzt bitte rinn, ick hab Se innich und mit Freude erwartet!»
Er zog ihn schon beinah zu sich ins Haus, so war er, Max Liebermann, der Maler Berlins, der Maler der Stunde, der begnadete Impressionist ganz jenseits von Frankreichs Universum.
«So, hier lang, hier hoch bütte, komm Se, komm Se», er führte ihn, wie immer durchs Treppenhaus zu den obersten Räumen,

die Max Liebermann mit seiner Frau Martha und der gemeinsamen Tochter Käthe bewohnte.
«Sie müssen mich wirklich nicht jedes Mal von hier unten abholen, ich schaffe das schon hoch zu Ihnen», lächelte Tschudi verlegen.
«Aber dit is mir nu mal wichtich, Herr Direktor!», Liebermanns schelmische Schönheit jagte auf, die große lange funkelnde Nase, die verwunschenen Augen, die kahle zarte harte Stirn, die Schwärze seiner unnachgiebigen Brauen.
Eigentlich sah er aus wie ein Maharadscha, allein, nicht im Gewand eines solchen, sondern im locker sitzenden Sakko, Stiefeln, Weste und einem muschelfarbenen Hemd. Ein Maharadscha mit Manschettenknöpfen und Pinseln, mit drolliger Erzählstimme und einer eigenen Kunstsammlung, mit Händen, die ganz eigenartig drachenhaft und vieltausendjährig waren.
Er führte Tschudi wie immer zuerst in das Musikzimmer und wieder war es das Gefühl von wohltuender Energie und Meisterschaft, das hier herrschte.
Liebermann malte, wie nur Liebermann malte. Flockig, cremig, fest.
Portraitsitzungen waren sein Tagesprogramm, er malte jeden, der in Berlin etwas bedeutete. Er hatte niemals Tschudi gemalt.
Wie oft wollte er ihn bitten, es zu dürfen. Wie oft, konnte er es nicht, beim Anblick dieses kranken Antlitzes.
Es waren die Augen Tschudis, die Linsen, der Blick, der wilde Glanz, den er darstellen wollte und doch war es nicht möglich.
Tschudi hatte das oft bemerkt und es bis zur Bewusstlosigkeit verdrängt, hinunter geschluckt wie einen Dorn.
Ich bin der Mann ohne Bild, dachte er.

Sie setzten sich.
Liebermann auf seinen Platz, Tschudi auf die Bank am Fenster. Das Licht der Linden sprühte champagnerfarben in den Raum.
Alles roch nach Büchern und Zeitschriften und jetzt auch Kaffee, der frisch zubereitet kam.
«Erst den neuestn Klatsch und denn die Nachrichtn oder erst die Nachrichtn und denn den neuestn Klatsch?», fragte Max, während er in seiner Tasse rührte.
«Wenn da überhaupt ein Unterschied liegt», entgegnete Tschudi neckisch.
«Wohl wahr!», versetzte Liebermann. «Nixdestotrotz, fangn wa ruhiech mit dem Klatsch an, oder Aujenblick bitte, is dis jetzt doch mehr eene Nachricht, nu jut: Seine Majestät war jednfalls essn. In eim der Salongs vom Hotel Monopol. Na und wer hatte Küchndienst? Herr Escoffier persönlich, jawohl. Dis kommt dem Kaiser zu Ohrn und er möchte den französischn Herrn nu also jern mitn paar Ordn versehn, und zwar uff der Stelle, versteht sich. Escoffier also fährt sich 'n paar Mal durch de Haare und steht vorm Tüsch des Kaisers. Der überreicht ihm die – na Se wissn schon – die Krawattnnadel, lobt die *Birne Helene* und fragt zu juter Letzt, ob er noch was für den großn Koch tun könne bittschön? Und Escoffier daruff janz ernst: Ja, jebn Se Elsaß-Lothringen zurück!»
«Eindeutig kein Klatsch, sondern eine strahlende Nachricht!», jubelte Tschudi.
«Dit möcht ick wohl meinen, lieber Freund! Nachrichtlich ist mir zu Ohrn jekomm, wobei mich dis kaum intressierte, dass Anton von Werner den Rest seiner Wandmalerein im Café Bauer fertig jestellt habn soll. Na Se wissn ja, meen lieber Hugo, Allejorien zum Einschlafn wohin man schaut. Anton von Werner hier und Anton von Werner da, soll ja och seine

eijene Wohnung ausjemalt habn mit sowat. Na ja!», er winkte ab. «Ach grüssen soll ick Se übrijens uff dis herzlichste von Oppnheim. Er is von sein Reisn zurückjekehrt, is gleich uff zur Nationaljalerie um den Manet zu sehn, um allet zu sehn, nur Sie hätte er nicht vorjefundn – ick traf ihn beim Uhrnmacher untern Lindn. Er war hin und wech. Einfach hin und wech.»

«Ja, ich war einige Tage nicht hier, ich war in Kopenhagen zu einer Lichttherapie. Das ist etwas ganz Neues. Nächste Woche werde ich wieder dort sein. Mal schauen, ob es bei mir etwas bringt, diese Heilmethode gab es zu meiner Jugendzeit noch nicht … der Lupus ist bei mir vielleicht schon … zu weit.»

Tschudi erhob sich und ging zum Fenster, das mit seinen drei Bögen, jedoch auf ganz zierliche Weise, an die venezianischen Palazzofenster erinnern sollte. Wie sensibel sich die Straße Unter den Linden dahinzog, dachte er. Die Aura der von Stüler überformten Gebäude rings um ihn goss einen Schwall Entzücken über sein zitterndes Herz.

Wie merkwürdig unscheinbar es begonnen hatte auf seiner Italienreise vor vielen verflossenen Jahren. An der Stelle, die sein Kneifer am Nasenbein fest zusammendrückte, hatte sich eine seltsam empfindliche Stelle gebildet, die ihn zunächst hinderte, das Gestell weiter zu tragen.

Von dieser breitete sich dann schließlich der unbegreiflich unaussprechliche Lupus aus und mit ihm der Kitzel des Selbstmordes, den allein die Kunst, in die er sich etwa zeitgleich zur Krankheit verliebte, fortwehte …

«Wat für ’n prächtijen dunkelblaun Anzuch Se doch heute tragn!», feierte Liebermann und trocknete sich mit seinem Taschentuch geschwind die Lider. «Solltik wohl meen Schneider wechsln, fortan zu Ihrm Londoner jehn?»

Tschudi wollte sich so gerne umdrehen, seinem Freund zunicken, *konnte* nicht. Die Tränen waren schneller. Er presste seine Lippen so fest zusammen, ballte die Fäuste so heiß, seine Brust versank in unendliches Flehenflüstern.

Ich will doch leben … bitte …

«Diese Lichttherapie, dit is janz wat Großartjet – dit wird anschlagn, Tschudi, dit wird anschlagn. Nich uffjebn und erst recht nich verzajen, meen Großer.»

Draußen rannten zwei Kinder in hellen Hüten um die Wette, ein Mädchen und ein Junge. Sie war stets schneller und das ärgerte den Bruder ungeheuerlich. Tschudi lachte. Er lachte, wie Lebende lachen, die sterben werden. Sie lachen begeistert und ratlos.

▪ ▪ ▪

Die beiden liefen durch die Zimmer, Tschudi küsste mit seinen Blicken die Dinge, die Anordnungen, die Bilder, die Feinheiten. Es war ein einziges Empirefest und Rokoko an Möbeln, überall waren sie ornamentiert. Die Rahmen überragten alles, ihr dunkles Gold vibrierte. Dicht an dicht hing hier Manet, Degas, Toulouse-Lautrec, Liebermanns eigene Sachen – Portraits und Landschaften, schnell und doch langsam gemalt, die Zeit gehorchte seinen langen Fingern ergeben.

Von einem Blumen träumenden Teppich wechselte man zum nächsten über, als schwebte man auf schwankenden Monets.

Lampen, Tische, kleine Skulpturen, Kerzenständer wie kleine Architekturen, Truhen, Gobelins, chinesische Lackschirme, Schalen mit Elefantenfüßen.

Glänzende Stühle in allen Ranken der Phantasie, mit Seide bezogen und überall verteilt.

Leuchter und kostbare Öfen, offene Türen, Durchblicke.

Vasenstillleben die plötzlich auch in echt, wie herausgefallen aus dem Bild, verteilt auf den Tischen standen.
Martha Liebermann erschien und bat zum Essen.
Martha war eine sehr gutaussehende Frau. Die zahlreichen Malereien von Max belegten das, sowie eines von dem Maler Encke, auf dem sie in einem durchsichtigen Seidenkleid an einen Stuhl gelehnt und mit sehr weißer Haut und sehr dunklen Augen den Blick des Malers suchte. Am Tisch bemerkte Tschudi, wie schwarz und luxuriös ihr Haar war und wie gütig ihr Ausdruck, ganz besonders jetzt, in diesem Moment, in dem ihr nicht entging, wie sehr sein Leiden zum Vorschein gekommen war.
Gerade dafür sah er ihr mitten in ihre Seele, was sie vor Rührung kaum aushielt.
Vom Speisezimmer konnte man in Liebermanns Arbeitszimmer sehen, mit der Renaissance-Kaminplatte, den Lämpchen und den Dogensesseln, deren rechter immer ein Fußkissen für den Hausherren vor sich hatte.
Links vom Durchgang zum Arbeitszimmer ein Selbstbildnis Liebermanns, rechts ein Manet auf stürmischer See, *Rocheforts Flucht*.
Links die unaufgeregte Pastellblässe Liebermanns, die so bestürzend war zu seinen Kohleaugen – rechts das aus Blautönen ins Türkis geschaukelte Wasser Manets.
Zu essen gab es heute Spargel, dazu einen erlesenen Riesling.
«Meen Großvater hat den früher noch selbst jestochn in seim jeliebtn Landhausjartn!» Liebermann betrachtete plötzlich ganz besessen mit den steilsten Brauen, die man sich nur vorstellen kann, die einzelnen Stangen auf seinem Teller mit Goldrand. Er warf sein Besteck vor sich hin. Martha und Tschudi schauten ihn verwundert an.
«Wat is nu wieder in dich jefahrn?», fragte sie erschrocken.

«SPARJEL!», gelobte er andächtig.
Hugo und Martha begriffen nicht ganz.
«Vor einjer Zeit haick doch Besuch jehabt von Carl Bernstein, der war hier mit seiner Frau. Wat ick sagn will: Mensch der hat mir von eem Bild erzählt, das bei seim Couseng hängn soll, dem Charles Ephrussi, dem wundervolln Sammler französischer Impressionistn in Paris!»
«Und Dürer-Liebhaber, soweit ich weiß», fügte Tschudi hinzu und biss auf den herrlich bitter-nussigen Kopf des Gemüses.
«Sehr richtich, meen Lieber!»
«Wat ist denn nu?», wollte Martha wissen und konnte vorher nicht essen.
«Na der hat een' Manet, een janz großn, den großn Sparjel-Manet!», verkündete Liebermann.
Tschudi aß ruhig weiter, während Martha selig mit den Augen rollte.
«Hat er für weit mehr bei Manet gekauft, als der ursprünglich verlangte. Daraufhin hat er Ephrussi noch ein weiteres Bild gemalt, kleiner, mit einer einzigen Spargelstange darauf», Tschudi wusste, dass er seinen Freund damit in ein heilloses Abenteuer stürzte. «Die hätte ja auf dem großen Bild gefehlt, so die Erklärung.»
Außer sich vor Begierde nach diesem Werk stieß Liebermann sein Weinglas um und konnte kaum noch still sitzen. «Den hol ick mir.»

▪ ▪ ▪

«Ich habe viel vor in diesem Jahr», sagte Tschudi und lief mit Liebermann herum. Vor sich eine Strandansicht in Liebermanns Bisquitfarben, ganz aus Licht bestehend.

Die nackten Beine der Badenden waren im Grunde nur langgezogene Striche und der Himmel ein Auf und Ab aus breitem Pinselstreicheln.

Dann und wann ein schwarzes Kleid in Form von dahingetupften zarten Balken.

Gebückte, Hüpfende, Innehaltende.

«Ich will mehr Bilder holen, viel mehr und ich will Überflüssiges, will all den Unsinn rausräumen. Ich habe einen Pissarro im Sinn und einen umwerfenden Sisley. Ein Bild bei Durand-Ruel habe ich bereits um die Hälfte herunterhandeln können, was sagen Sie dazu? Es sind einfache Bilder, ganz ganz einfache Bilder … die mich in eine Bedeutung von sich ziehen, in einen Druck, der so reich und stimmungsvoll ist … irgendwo ganz tief im Bild liegt … dass ich mein ganzes Unglück verliere für Augenblicke der Erlösung und Faszination. Diese Bilder sind so … selbstgeschaut von den Malern.»

Liebermanns Lächeln fand kaum Gelegenheit, so schön war das, was er da vernahm. So kraftvoll aus dem donnernden Körper eines kranken Hugo von Tschudi.

«Wie schaffn Se dis nur? Wie stelln Se diese Kunstkommission ruhiech?»

«Viele der Bilder liegen Gott sei Dank unter den vorgegebenen Dreitausend, dann hab ich meine tapferen Geldgeber und die Schenkungsanträge vermochte ich jedenfalls bislang locker durchzubringen. Wurden immer angenommen. Ich bin sehr zufrieden mit mir», schmunzelte er.

«Und ick erst, meen Freund, und ick erst mit Ihn'», Liebermann legte seine Hand auf die hohe Schulter des Direktors.

«Wat sind Se nu eijentlich Tschudi, Schweizer oder Österreicher?»

«Europäer», antwortete er und zeigte hoch. «Da sollten Sie jetzt aber wirklich einmal ein weiteres Atelier einbauen lassen.»

«Hans Grisebach is ja schon dabei, Mensch!», versicherte Max.

Sie verabschiedeten sich unten am Hauseingang.
«Wohin jetzt noch?»
«Café Bauer», sagte Tschudi. «Ich habe noch Briefe zu öffnen und will mir mal den Anton von Werner angucken!»
Nickend winkte ihm Liebermann, dieser andere *Aujenmensch*, lange nach – da war Tschudi schon längst nur noch ein kleinster Balken auf seinem Bild.

7

NACH WENIGEN MINUTEN WAR TSCHUDI DA. Das Café Bauer, Friedrichstraße Ecke Linden, thronte unbestreitbar erhaben inmitten der laut strömenden Stadt.

Viele Droschken einfacher und teurer Art waren unterwegs, es war Freitag kurz vor Abend.

Die Friedrichstraße bot, was sonst nicht üblich war in Berlin, Cafés und Restaurants an einer Schnur, Seitenstraßen mit weiteren Gasträumen und aufwendigen Aufenthalten. Die feinen Leute gingen hier ein und aus, ohne sich des Ausgehens schämen zu müssen. Auch Frauen, Freundinnen, höhere Töchter.

Hier war Berlin einerseits bürgerlich und andererseits ein ganz klein wenig ausreißend.

Tschudi sah und erkannte umgehend und ohne es auch nur im Geringsten bekämpfen zu wollen, wie sanft Anton von Werner die Wände mit seinen unbedenklichen Figurenbildern, seinen hingehauchten Kulturlandschaftsausschnitten verzaubert hatte.

Hoch über den Stühlen und Tischen und den Mosaiken zog sich das Band seiner Hände.

Kühn, warm.

Die Arbeiten stellten keine Bedingungen.

Das war nicht der Anton von Werner, der seine Rolle, in die er vom Schicksal einer Gesellschaft hineingewickelt worden war, spielte, das war nicht die Militärpalette. Das war der *Maler*

Anton von Werner, der anders malte als die Franzosen und doch war es Malerei.
Plötzlich ging im ganzen Café das Licht an, nein, die Lichter. Lampen über Lampen beleuchteten das gesamte Haus. Ein allabendliches «Aaaaaah!» ging durch die Reihen.
Jetzt erblickte Tschudi, der nicht wusste, welchen der reizvollen Plätze er wählen sollte, wie die Wandarbeiten sich aus dem Dunkel heraus in harmonischen Sensationen erleuchteten.
Großartig, wie hochgezogen und hochwertig alles war.
Wie viele Welten gab es in Berlin?
Er nahm oben Platz, hängte seinen Mantel und seinen Hut an den schwungvoll und im Wiener Stil gearbeiteten Garderobenständer, warf einen Blick auf die europäischen Tageszeitungen, hunderte müssen es gewesen sein. Er zog eine beliebige heraus. Eine spanische. Überflog die Titeleien auf der Suche nach einem vertrauten Wort. Fand *Ombre. Mann.*
«Wat darfet denn sein, mein Herr?»
Eine sehr hübsche junge braunäugige Kellnerin stand vor ihm, in ihrer Café-Bauer-Schürze.
Eine Sekunde lang sah er Liotards Schokoladenmädchen vor sich, natürlich viel moderner.
«Mokka», entgegnete er trocken und charmant und setzte sich seinen Zwicker auf.
«Nüscht zu essn, keen Kuchn?», schmunzelte sie zurück.
«Erst mal nicht, danke», er mochte auf Anhieb ihre Art. Ihm fiel auf, dass sie sehr schlank war.
Er legte die ungeöffneten Briefe vor sich hin. Gleich zwei von der Galerie Durand-Ruel aus Paris und einer aus Bayreuth von Cosima Wagner.
Seine Augen aber glitten an den Stuckarbeiten entlang, die sich durch die Räume zogen.

Sehr bald stand sein Mokka auf der marmornen Tischplatte vor ihm. Dunkelgoldbraun aufgeschäumt, mit einer minzfarbenen Praline gereicht.
«Vielen Dank.»
«Überrascht, wa? Die Praline war meine Idee. Kriecht nich jeder hier», gestand sie.
«Ich verstehe …», schmunzelte Tschudi und ein brennender Schweif ging von seinem Blick aus und haftete an ihrem.
Die Tasse war besonders. Eckiger Goldhenkel, Arkadien-Motive, alles von einem starken Granatapfelrot umstrichen. Im Grunde ein Anton von Werner in Miniatur.
Tschudi sah sich um.
Ein bärtiger Mann saß ihm gegenüber, der Bart war gewaltig, eine wahre Attraktion. In Berlin liefen noch einiger dieser Gesichter herum. Sie waren einfach und stolz. Er wusste, dass es Zeichnungen gab, die diese elementaren Berliner zelebrierten, die befanden sich in den Skizzenbüchern Adolph Menzels. Der Meisterkünstler der zwergenhaft klein war und mit seinem Kohlestift die vielleicht erstaunlichsten Zeichnungen der Welt anfertigte. Solche Männer, wie diesen hier vor ihm. Lesend, brummend, hinausschauend oder kurz in die Wolken. Frauen, die sich mit ihren zusammengeklappten Fächern an der Stirn kratzten, zerknüllte Bettlaken oder kalt gewordene Eierkuchen. Wege, die in einen vom Wind ohnmächtig gewordenen Waldrand abfielen, Kutscherhände, die die Zügel strafften, den Anspruch eines alten Profils im Licht-Schatten-Streit. Schon allein fünf Zentimeter eines Stückes Papier von ihm schattiert, waren Vermögen wert, aber er verkaufte seine Skizzenbücher nicht. Adolph Menzel, ja, den hatte sich Tschudi noch aufgehoben …
Er ließ sich die Praline auf der Zunge zergehen. Sie löste sich umgehend sahnig auf und darauf holte er sich den bitter

kräftigen, voll und samtig und erdigen Ton des Mokka in den Mund.

Ein guter Augenblick.

Ein stiller.

Stille.

Die Lindenbäume grüssten, die Balkontüren waren geöffnet.

«Tschudi!»

Tschudi fuhr auf, doch da war Ernst Mendelssohn schon halb bei ihm, mit sich einen ganzen Reigen an Männern herführend.

«Ernst, was für ein Segen Sie zu sehen!»

«Für mich war es ein Segen den Manet zu sehen! Sie haben es geschafft Tschudi, Sie haben ihn geholt, nach Berlin geholt, noch bevor er irgendwo war!»

«Nein», antwortete Tschudi, «*Sie* waren es, der ihn geholt hat», und die beiden reichten und schüttelten sich lang die Hände.

«Dürfen wir uns zu Ihnen setzen? Lassen Sie mich der Reihe nach vorstellen. Meine Herren, ich bitte um Ihre Aufmerksamkeit, hier vor Ihnen steht Hugo von Tschudi – ich habe erst vorhin von Ihnen gesprochen – der Direktor der Nationalgalerie Berlins und mein Freund! – Tschudi, das sind Geschäftsfreunde aus England und Frankreich, ich wollte den Tag mit ihnen ausklingen lassen: sind Sie dabei? Trinken wir etwas, ja? – Fräulein, wir hätten gerne eine große Flasche Kümmel! Trinkt ja auch Seine Majestät so gerne!»

Die Männer, allesamt gut gekleidet und freundlich, reichten ihm nacheinander die Hand, der Letzte, ein Engländer, zögerte.

«Not contagious», beruhigte Mendelssohn ihn. Tschudi schluckte einen giftigen Schmerzball hinunter und steckte rasch die Briefe wieder ein.

Die Kellnerin versorgte sie reichlich und lugte von jedem anderen Tisch unentwegt zu Tschudi hinüber.
«Auf Sie – Hugo – auf Ihre Verdienste, Ihre Furchtlosigkeit, auf Ihre Bilder!» Mendelssohn hob sein Glas. «Die Franzosen unter uns mögen sich schämen für ihre Versäumnisse an ihren eigenen Künstlern!»
«Auf Sie ebenso – Ernst – auf Ihren Geschmack und Ihr Vertrauen! Der Krieg der Kunst hat erst begonnen und er wird die wahre Natur der Menschen aufzeigen!»
«Und dabei sind wir hier ja sozusagen auch noch beim Gegner», Mendelssohn kippte sein Glas.
«Wenn Sie den Bilderzyklus von Anton von Werner meinen», Tschudi leerte seines ebenso, «ich sehe ihn nicht als solchen.»
«Sondern?»
«Als Verlorenen auf verlorenem Posten. Er wird, so oder so, die *Kunst selbst* verlieren, weil er sie fesselt, egal, wie gut er malen kann. Er lässt sie nicht frei, er foltert sie, benutzt sie, belügt sie. Ganz gleich, wie bezaubernd seine Arbeiten teilweise sein mögen und ich kenne solche feinen Sachen von ihm. Studien aus dem Nichts heraus, eine Hand, die Gitarre spielt, eine andere, die antwortet … aber langfristig gesehen, steht er einfach auf der falschen Seite.»
«Darauf noch einen», Mendelssohn goss allen nach. «Sagen Sie mal, Ihr Schnurrbart ist ab!», fiel ihm auf und kippte noch ein Glas.
«In der Tat!», auch Tschudi trank seines aus.
Der Kreis der Zuhörer amüsierte sich am Anblick dieser Begegnung.
Aus irgendeinem Grund begann Tschudi, den ängstlichen Engländer nicht mehr aus den Augen zu lassen.
Der Alkohol sickerte in seinen Verstand ein und ertränkte sei-

ne Klarheit unter sich. Ärgerte es ihn, dass dieser seinen Ekel vor Tschudis Krankheit nicht besser zu verstecken gewusst hatte? Vielleicht. Vielleicht konnte Tschudi ihn aber auch einfach nicht ausstehen.

«So so», flüsterte Mendelssohn Tschudi zu und goss beiden nach, während die anderen sich unterhielten, «Frau Wagner hat Ihnen also geschrieben, so so. Ihr Gatte würde in mir wohl trotz all meiner rechtschaffenen deutschen Sehnsüchte doch nur den … den Kunstjuden sehen, ist es nicht so? Alles tue ich nur, weil mein Instinkt mich am Ende … zum Geld führen wird!» – er hob sein Glas und trank es leer.

«Aber hat Marx, hat er uns nicht alle zu Juden erklärt, weil wir alle Kapitalisten sind, nur *einen* Gott haben, nämlich das Geld? Wenn wir alle unser praktisches Bedürfnis, wenn wir das alle als uns menschlich eigen ausrufen, gibt es keine Juden mehr irgendwann!», Tschudi trank aus.

Ernst Mendelssohn warf sich vor Lachen halb auf ihn und schenkte wieder nach.

«Aber die Knechtschaft, die Zersetzung der Kultur, die geht doch schon noch von *uns* aus, bitteschön?», der Großbankier trank.

«Aber … in uns allen auf!», Tschudi warf sich den Inhalt in den Rachen, als wolle er ihn dort auffangen.

Eine wohlige Hitze schlich in seine Muskeln.

Noch einen.

Mendelssohns Heiterkeit war nicht aufzuhalten und auch sein Durst nicht. Er prustete los.

«Aso wie nochmal?», fragte er.

«Der Chriss, der Christ ist der theo-theoretisierende Jude und der Jude ist der … der praktische Christ – so heißt es doch bei Marx! Das bedeutet, wir heben uns gegen-gegenseitig auf!»

Mendelssohn hatte einen wahren Anfall und kriegte sich nicht

mehr ein. Auch in Tschudis Bauch rollten die Schübe der Losgelassenheit wie kitzelnde Murmeln durcheinander.
Die Kellnerin ging hin und her, wie ein angenehmer Schatten, der den Kopf schüttelte.
Lustgefühle überfielen ihn.

8

KURZERHAND ENTSCHLOSS SICH Ernst von Mendelssohn, alle ins *Apollo* mitzunehmen. Tschudi wollte, konnte gar nicht ablehnen, für Ausreden war er zu betrunken. Draußen wartete eine Hand voll Droschken und auf dieser kurzen Fahrt, die ihm unendlich schien, schaute er lange hinaus auf die Straßen, die von einem ganz vorsichtigen Regen schwitzten.
Ein Reklameschild auf der Friedrichstraße blinkte absinthgrün und eine Kette aus Laternen verfolgte ihn.
Mendelssohn saß neben ihm und hatte die Augen geschlossen.
Er war nur wenige Jahre älter als Tschudi und von guter Statur. Seine Züge schienen doch immer aufgeschlossen, Backenbart und Zwicker, die Kleidung vom Teuersten, vom Prunk seiner Lebenswelt gar nicht erst angefangen; wenngleich Tschudi fand, dass die Liebermanns die ästhetisch Originelleren waren.
Mendelssohn hatte die familieneigene Bank inne, er war so wohlhabend, dass es einem schwindelte. Gut stand er mit den Parteien beider Überzeugungen, den Modernen sowie den Traditionalisten. Er war ein gern gesehener Mensch von existenzieller Klasse, fast schon eine Art Liebling.
Das *Apollo* fasste eintausendfünfhundert Menschen. Ein Halbballon von Markise empfing den Besucher am Eingang, auf der in großen Buchstaben rings umlaufend *Apollo Theater* stand, darüber anmutig in die Flöte blasend, zwei Engel.

Es gehörte einem Freund Mendelssohns, Julius Glück. Er hatte aus dem anfangs noch ungewissen Ort eine hinreißende Spielstätte gemacht. Die Leute pilgerten hier her als gäbe es kein Morgen.
Ein sehr junger Mann mit strubbelig dickem Haar bestieg in diesem Moment eine Droschke und fuhr fort.
«Wissen Sie, wer das war?»
«Nein», sagte Tschudi.
«Max Reinhardt», Mendelssohn führte Tschudi hinein. «Ein aufstrebender Stern am Schauspielerhimmel.»
An der Garderobe vorbei betraten sie schließlich den Saal. Man nahm Platz an Stühlen und Tischen wie in einem Hallenrestaurant. Vorne, das verheißende Rechteck einer noch verhüllten Bühne.
Lange Lampen hingen wie Ohrgehänge von der selbstsüchtig schönen Neorenaissancedecke herab. Palmen umkränzten das Publikum.
«Hier gibt es das beste Bier der Stadt!», versprach Mendelssohn. Die übrigen Begleiter setzten sich an die Nebentische. Den Engländer hatte Tschudi über die Fahrt schon ganz vergessen. Jetzt fiel es ihm wieder ein und er legte behutsam seine Hand auf dessen Schenkel und grüsste ihn abwartend, nur um zu sehen, was darauf geschehen möge.
Tschudi spürte, wie dieser heftig zu zucken begann. Tschudi lachte los. «Ich glaub, Ihr Engländer hat die Tollwut bekommen, dabei hab ich ihn doch nicht einmal gebissen!» – doch da applaudierte Mendelssohn bereits, denn der Vorhang platzte auf und zwei Orientalen versuchten abwechselnd auf einen Esel zu springen, von hinten und auf einen *echten*, wohlgemerkt.
Das Orchester unter Paul Lincke schoss auf wie ein Feuerwerk.

Lautes schreckhaftes Lachen um ihn herum. Die Damen hatten alle ihre überhöhten Hüte auf und die Männer rauchten und tranken.
Das Bier nahm ihm wieder das Gefühl in den Armen und Beinen und die Spezialitäten, die nach und nach von leicht bekleideten Frauen vor ihnen abgestellt wurden – auch. Es waren so köstliche Häppchen, belegt mit den salzigsten und süssesten kulinarischen Perlen.
Jetzt drehte sich alles, einfach alles!
Zauberrausch umfloss ihn.
Wilde Bewegungen und schnelle Geräusche, die Luft zwickte den Strom und wieder umgekehrt. Alles schnappte nach seiner Gegenwart, bis er sich aufzulösen glaubte, verloren gehend in einem Raum voller Unbekannter.
Er trank wie lange nicht mehr. Jetzt war alles eine Nacht, alles verschmolz zu einem magischen Leuchtmarmor. Mit ihm inmitten.
Wie von einem Diamanten getroffen stach jemand hervor, ein einzelnes winziges Geschöpf.
Er saß ganz allein, hatte aber für den ganzen Tisch bezahlt, wollte niemanden bei sich haben und zeichnete mit schmollenden Lippen und schneeweißem Bart einen Frauennacken vor sich, an dem die Härchen verklebt waren, der Schweiß an ihrer wunderbaren Rückengestalt gab ihm die Linien vor, das Nasse, das verdeutlichte er, das Lebendige, Schöne, das Temperament, den Realismus. So brutal und ungeschlagen, so welteinzigartig. Am liebsten wäre Tschudi zu ihm gestürzt.
Das Varieté war dem Alten gleich, er schaute nicht einmal hin.
Das ist er doch, das ist Adolph Menzel, dachte Tschudi. Berauscht versuchte er dieses Bild nicht zu verlassen und …
… nickte weg.

Als er wieder zu sich kam, war die Beleuchtung aus und die Bühne frei geräumt.
Eine schwarze Bildfläche flackerte dort, wo eben noch laut gerufen und getanzt wurde.
Mit einem Mal zog ein Schwarm weißer Vögel entlang.
Doch sie flogen nicht miteinander, sondern unterschiedlich festgehalten, zusammen gelegt auf einem Filmstreifen und zu *einer* Bewegung verarbeitet, lange Schwingen in angehaltener Zeit und zunehmender und unfassbarer Unzerstörbarkeit schlugen sie davon, während der Klang von Triangeln die verstummten Zuschauer beglitzerte.
Tschudi beugte sich nach vorn, traute seinen Lidern nicht. Sein Herz schlug erregt.
Chronofotografie, er hatte davon gehört, aber es sich bei weitem nicht so ergreifend vorgestellt.
Und jetzt erkannte er auch noch, dass es ein einziger Vogel war. Ein einziger!
Es war, als hätte man nicht das Tier fotografiert, sondern seinen Augenblick als Vogel. Seine Metapher, sein Geheimnis, seinen inneren Antrieb, seine Pracht, seine Leichtigkeit, seine ungetrübte Wirklichkeit, den Wogenschimmer seines Fliegens.
Diese Geschwindigkeit der Wahrheit besaß doch nur die Malerei?

▪ ▪ ▪

Wie Tschudi in dieser Nacht dann schließlich irgendwann noch in diesem Zimmer gelandet war, das wusste er nicht.
Ein Schrank, eine Kommode und ein Bett, auf dem er lag.
Und eine fremde Frau, die die Knöpfe seines Hemdes öffnete und seine Hand, die sie immer wieder wegschlug und ihre Hand, die immer wieder zurückkehrte.

Er wälzte sich, sie wich nicht. Sie roch nach Seidenkleid und kleinen Lügen und nach Haut, die nach anderer roch.
«Du bist kein Mensch», säuselte er, doch seine Zunge machte die Worte unverständlich.
«Und du, bist ja betrunkn», jammerte sie vorwurfsvoll. «Wat isn nu? Ick hab nich ewich Zeit und küssn tu ick dich nich.»
Er streichelte ihren Kopf, ihr Gesicht war verschwommen, als hätte Manet wütend ein einziges gekränktes Vergessen über sie gestrichen, in seinem eitlen unschlüssigen Pinselzug.
Ihr Kopf verschwand irgendwo … an ihm … sein Blick streifte den kleinen Spiegel, der auf ihrem Nachttisch stand und eine Gesichtshälfte von ihm offenbarte. Das Scheusal, das in seiner Haut wohnte.
Hugo von Tschudi besaß die schnellsten Tränen, die je ein Mensch geweint.

9

IM STADTSCHLOSS stand in dieser Nacht ein Mann am Fenster und schaute hinaus, weil er nicht schlafen konnte. Träume, die er seit seiner Kindheit hatte, hielten ihn fern vom kaiserlichen Kissen. Die großen blauen Augen suchten nach Antworten und die an beiden Seiten so unbedingt auffahrenden Enden des Schnurrbartes wiesen in ahnungslose doch empfindliche Gestirne.

Sein linker Arm, bei der schlimmen Geburt vom Arzt gequetscht – weil es keinen anderen Weg gab – war nicht gewachsen wie der rechte. Ein wichtiger Nervenstrang entlang der Achsel wurde so heftig verletzt, dass er nach sogar anfänglichen Lähmungen schließlich mit einem 15 cm kürzeren Arm das Leben antrat.

Die Elektrisierungsheilungsversuche, denen man den Jungen unterzogen hatte, der gemeine Wechselstrom, der ihn durchschnitt, jahrelang, weil nämlich auch seine Halswirbel zu leiden begonnen hatten, die ließen ihn, wie jetzt auch, manchmal noch aufschrecken, im schlummernd, wie eine Sphynx langgestreckten Barockbau an der leise treibenden Spree.

Und dann stand er immer so da, im edlen Morgenrock, hoch über seinem kalten Heimatreich …

10

DIE KURZEN ZEILEN von Durand-Ruel bedeuteten Gutes für Tschudi, weil weitere Bilder auf ihrem Weg von Paris nach Berlin in die Nationalgalerie waren. Zwar zeigte der französische Galerist durchaus seine Verwunderung darüber, dass Tschudi die Kunstkommission und ihre Bürokratie weiterhin so wendig zu umgehen, besser noch, so geschickt zu nehmen wusste, aber das war schließlich Tschudis Sorge allein. Bislang war alles aufgegangen, gut gegangen, war groß und größer geworden – die Nationalgalerie auf der Berliner Museumsinsel war jetzt selbstleuchtend.
Durand-Ruel ließ ihn zudem wissen, dass *tout Paris* über den Direktor der Nationalgalerie rede und zwar immer und überall sei er nun das Thema schlechthin. Besonders junge Damen sowie deren Mütter zeigten auffällig aufdringliches Interesse, aber auch befreundete Sammler Durand-Ruels, die wissen wollten, *qui est-ce cet homme mystérieux à Berlin* eigentlich?

Dann war da noch ein Brief vom grünen Hügel.

> *Mein sehr verehrter, denn das sind Sie ja nun allerorts, Hugo von Tschudi!*
>
> *Lob gibt es von meiner Seite erst, wenn Sie mich persönlich durch die Nationalgalerie geführt haben und auch dann nur, wenn ich das, was Sie dort gerade aus-*

lösen mit Ihrer Kunstwilderei, als wertvoll erachte. Ganz richtig gelesen, ich werde anreisen, die genaue Ankunft lasse ich Ihnen telegrafieren. Die Kunst der Telefonie hingegen beherrsche ich noch nicht, doch einige meiner Bekannten scheinen ungemeinen Spaß daran zu haben, sich mit irgendwem verbinden zu lassen, mittels eines Fernsprechers, der mir so ungeheure Angst macht, wie es keine schwarze Melodie meines Gatten je vermochte. Nun, sei es drum. Ich komme also zu Ihnen nach Berlin. Ich erwarte Sie dann am Bahnhof und dass Sie mir Ihre Aufmerksamkeit schenken, wenn auch nur halbherzig, da Sie ja auf Briefe schon gar nicht mehr antworten wollen, weswegen ich noch mit Ihnen ordentlich zu schimpfen haben werde.
Haben Sie den Festspielplan erhalten?
Und überhaupt, was ist denn da los in Berlin? Jeder spricht von Berlin! Hier spielt schließlich die Musik, hier in Bayreuth! Siegfried ist auch schon ganz außer sich und hört den ganzen Tag nicht auf zu dichten vor Wut. Das sei nur jüdisches Karussell, meint er und dass sich Berlin schon wieder beruhigen würde.
Ich werde mir ja bald schon selbst ein Bilde machen. Sollte es Hingabe und Aufopferung Ihrerseits sein, so haben Sie dann auch meine volle Unterstützung.
Denn nur im Dienen der Kunst können wir ein wenig glücklich sein.

Unverändert herzlich und in Freundschaft
grüsst Sie Ihre
Cosima Wagner, Sommer 1898

Diese Frau war ja eigentlich spektakulär, mit ihrem eigenartigen Gesicht, den hoffnungslosen Augen und der düsteren Architektur ihrer Gewänder, all die schwarzen Schleifen, die flüsternden Stickereien, die man nicht kaufen konnte im Warenhaus, sie waren das Werk ihrer eigenen langen Finger und all jene vernichtenden Gedanken, die sie niemandem erzählen konnte, die verarbeitete sie dort hinein.
Tschudi musste los. Er war zum Essen im *Borchardt* verabredet und dabei, sich zu verspäten.
Nie verließ er seine Nationalgalerie ohne noch einmal einen Blick auf ein Bild zu werfen. So schritt er, in unzählige Gedanken ertrinkend, zu Böcklin, zum *Fiedelnden Tod*, den Tschudi erst kürzlich für das Haus erworben hatte.
Der Maler steht, im Inbegriff des altmeisterlichen Farbmischens, da und plötzlich vernimmt er nah … viel zu nah hinter sich … ein ungerührt auf einer Violine spielendes Skelett, ja ergründet dessen ganze unumgängliche Gegenwart und eine kleine Falte erhebt sich auf der Stirn. Beweglich, raffiniert, allwissend, allmächtig erscheint dieser Tod hinter ihm im Bild und zerdrückt das Herz des Betrachters, zerpresste das Herz Tschudis.
Der Tod war gekommen, ins Bild, ungefragt, ungebeten und triumphierend über alles.
Der sanfte Farbauftrag, die glasigen Farbschichten, das große Versprechen eines einen jeden ereilenden Unheils wisperte darin auf und warf einen dunklen Glanz in den Raum und in die Seele. Du bist schon da, Tod? Und dabei rührte die Malerhand doch eben noch das Leben selbst in die wie ein Turner wirbelnde Palette ein: ein sattes Saftgrün.
Er verließ das Mittelgeschoss, als ihm eine kleine Gruppe Männer auffiel. Im langen offenen Mantel lief er auf sie zu und an ihnen vorbei, in seinen ruhigen, niemals müden Schritten. Sie verstummten.

Anton von Werner thronte inmitten des Reigens und versetzte Tschudi einen angewiderten Augenpfeil. «Da ist ja der Schweizer», flüsterte er.
Tschudi fing diesen Pfeil auf und schickte zwei zurück, aus dem verheißend schwarz umrandeten Doppelglas seines Kneifers heraus, der das Nasenbein fest zusammenschob.
Die Zeit verlangsamte sich. Ein kaltes Rauschen umfing ihn.
Werners Gesicht war verständnislos, aber klar. Der stumme Mund, die Unterwasser-Augen.
Dann, kurz nachdem er sie hinter sich gelassen hatte, begannen sie zu tuscheln. «Einfach abgehängt», vernahm er und «auch dieses Bild und jenes, einfach fort und ausgewiesen! Verbannt hat er sie, unsere deutschen Maler! Mit welchem Recht?»
«Neue Zeiten, meine Herren», räumte Werner auf. «Jetzt wichsen Franzosen auf die Leinwand und wir sollen noch davor stehen und es anbeten.»

▪ ▪ ▪

Draußen atmete Tschudi die Sprühregenluft ein. Die Straßen glänzten wie bei Caillebotte silberblau und auch die Schultern der Männer und ihre metallen aufleuchtenden Hüte, die an ihm vorüber schwebten, auf seinem Gang zum Restaurant.
Wild zischende Droschken durchschnitten die Konzentration. Die Leute schwirrten an ihm vorbei, voller Hast und voller Ernst, wie Wellendruck.
Was ist mit den Minuten heute, fragte er sich und sah auf, zu den hoch oben sich zu einem einzigen ewigen Innehalten verschwörenden Wolken.
Zartes Hufenknacken streute sich in sein Ohr und ein paar schrille Rufe. Dann blieben alle wie angewurzelt stehen, der

Kaiser ritt vorbei, auf seinem weißen und Ohren gespitzten Pferd und mit dem ungeduldigen Adler auf dem Haupt.

Tschudi stand gerade an der Neuen Wache, als er sich dem Geschehen zuwandte.

Der Kaiser sah sich – wie täglich – um, manch einem nickte er – wie täglich – zu, da entdeckte er den Direktor und beide schauten sich an.

Es war nicht mehr als eine tausendschlägige Sekunde, ein kleiner Schrecken, nichts weiter und die Erinnerung an ihre erste Begegnung stach in beiden auf wie ein Kaktus, bei der jährlichen Kunstausstellung vor etwa zwei Jahren war es gewesen, wo sie sich über drei Stunden unterhalten hatten. Über Kunst. Die doch schließlich auch Ausdruck des Sieges ist. *Ja schon, aber auch und besonders und überhaupt die Wiedergabe von sich selbst, von dem, was Maler in Europa fühlen und wie sie denken und was sie mit ihren Farbtuben tun, wenn sie alleine sind.* Nein, so weit dürfe das eben gar nicht erst kommen, die Kunst braucht eine Disziplin, die ja auf der Leinwand nicht endet, sondern den Menschen auf allen Ebenen entgegentreten soll. *Wobei ja der Mensch in der Kunst sich erst frei fühlen kann und vielleicht sogar darüber sich weitet?* Das sei ja bloß Magie, das Phantastische missfällt doch sehr, suchen Sie bitte nichts Phantastisches aus, nichts von der Art des Unwahren, das habe nichts mit den lebendigen Werten Preußens gemein, diese Freiheit eben zu erklären über die Träumer immerfort, über das verdammte Frankreich, ja, es an seinem elenden Nacken zu packen und es wissen lassen, dass sie Verlierer sind und auch bleiben! *Verlierer aber sind sie ja nicht auf den Spitzen ihrer Pinsel.* Doch, auch dort und bis dahin und noch weiter sogar! *Wie aber das?* Nun, das sei eben so! Und Fragen stelle er doch hier und nicht der Andere, dieser da, wieso ist der überhaupt einen ganzen Kopf größer und was ist mit seiner

Haut los? *Die Franzosen malen eine neue Zeit, neue Möglichkeiten, neue Grenzen, malen eben vielleicht gar keine Grenzen mehr.* Natürlich, sind ja nun auch unsere Gebiete! Die Franzosen sollen sich nicht mehr blicken lassen unter denen, die Europa erst machen! Die französische Küche, die ist es wert, geschätzt zu werden, Französeleien jedoch in Form von Unverschämtheiten wird es nicht geben in den Häusern unserer edlen deutschen Malerei! Zum Gespött uns machen mit violetten, hingespuckten Hinterlassenschaften auf der Leinwand? *Zu Siegern, die das als erste feiern.* Sieger feiern ihren Sieg, nicht den erbärmlichen Versuch einer Ablenkung, nichts anderes ist das da, dieser aufkommende Farbangriff aus Frankreich! Ablenkung vom fehlenden Talente und Ablenkung vom eigenen militärischen Versagen! *Bringt sie nicht angenehme Klänge und Entwicklung, diese wunderbare violette Spucke?* Selbst in ihren Bildern können die sich nicht benehmen! *Oder aber zaubern.* Nein, die zaubern nicht! *Stimmt, denn richtiger wäre: entführen uns.* Vom Franzosen entführt werden?!

Wilhelm II. strich sich die Regentropfen von der Nase. Unter viel Gold und Silber, unter all dem Christbaumrat verschwanden seine Empfindungen, verschwand die so wohlgeformte Stirn, das dunkelgoldene Haar, schimmernd wie Monets Heuschober am Morgen. Die kleine linke missgebildete Hand mit den kindlichen Fingern auch beim Reiten immer von der unfehlbar rechten, männlich durchäderten versteckt gehalten. Sein Herz, eine verletzte Taube im Käfig.

11

SCHLOSS BOITZENBURG, Uckermark, halb fünf Uhr morgens.

Graf Arnim und Tschudi verließen in Gesellschaft von vier Jagdhunden das Anwesen zur Rückseite in den Park, der in die Ebenen und Wälder mündete.

In hüftlangen grünen Joppen, innen grau gefüttert, näherten sie sich vorsichtig und leise redend dem erwachenden Nachtwald, dem Frühnebelklang des Taus, der überall in Kristallen glitzerte, auch auf den Wimpern Tschudis, oberhalb der schwarzbraunen Tiefen.

Dieser Nebel aber war tückisch, er verschob sich wie die Bühnenbilder eines Theaters und man traute der Sicht nicht, den hellen Schatten, die springen konnten.

Alles war angehalten.

Die Müdigkeit war vollkommen zerrissen, jetzt stand die Schärfe in den Sinnen und alles ringsum wurde zum Mittelpunkt.

Landschaften besitzen manchmal eine wundervolle Intelligenz, beinah schon eine eigene Wahrheit. Sie wenden sich zu, sie wenden sich ab und mehrmals am Tag verändern sie ihre Bewegungen, ihre Geschenke können sich in Strafen verwandeln, ihre Aura, ihre Sensibilität, sie steigern sich in diesen Fieberaugenblicken der Jagd zu einem ganz angestrengten Genuss, vielleicht Leidenschaft, vielleicht Urrausch.

Arnim tippte mit seinen Fingerkuppen gegen Tschudis Arm

und zeigte nach vorne links. Doch Tschudi schüttelte den Kopf. Er folgte dem Wind mit seinen Lidern, mit seinem Ausdruck. Er wusste, dass der Wind dem Tier die Anwesenheit der beiden Männer einhauchen würde und der blies eindeutig nach rechts.

Ohne sich auch nur zu regen verweilte er lange so.

… Zweigknacken.

Ein Brocken von Keiler schoss aus dem Wacholder hervor und stürmte unaufhaltbar und linear dem Lauf seiner Waffe davon, wie in einem Strich gezogen von rechts nach links.

Tschudi hatte angesetzt im Moment selbst und sein benommen-hungriger, leicht geschlossener Blick zielte auf die Brust des Tieres.

Ein Zwinkern lang sah er vor sich die nass-tupfig wischende Hand Constables … und traf das Wildschwein, das nur noch kurz mit den Hinterbeinen zappelte.

■ ■ ■

«Nein, so eine Jagd ist nichts für mich, ich schau mir lieber die Jäger an, den weibischen Hintern Seiner Majestät etwa», gestand Harry Graf Kessler, während er sich zum Grafen, zu Tschudi und dem Maler Leo von König an den Kamin gesellte, der knisternd aufschlug, als ein Stück Holz von der getürmten Spitze herabrutschte.

Draußen brach die Mitternacht entzwei, das Gewitter wollte sich nicht beruhigen und schlug gegen die ganze Welt.

Arnim griff nach dem Schürhaken und stach in die Flammen, wie, als wolle er noch das Kostbarste aus der Zerstörung retten und Tschudi verlor sich im Anblick des warmen Glimmens.

«Ich glaube, sogar meine Frau schießt besser als Sie, Kessler, wenn ich das sagen darf», war sich Arnim sicher und seine schmalen Lippen lächelten sympathisch aus dem Bart hervor.

«Gewiss, gewiss, nichts daran auszusetzen, so mag es ja wirklich sein!», warf Kessler ein. «Ich bin eben so gar kein Frühaufsteher, in England ist man viel gelassener was das betrifft, dort hatte ich überhaupt eine unaussprechlich gute Zeit, ich weiß gar nicht, was ich hier will.»

«Die Sezession vorantreiben?», hoffte Leo König. Sein Wesen war vornehm beherrscht, die hellen Haare zur Seite gekämmt, rauchend mit einem Bann aus Wahn im jungen Gesicht.

«Schon ja», sagte Kessler, seine Züge hingegen besaßen etwas Unaufrichtiges, Unsicheres und Künstliches. «Alles schwierig, noch schwer abzusehen das alles.»

«Nein», sagte Tschudi, «es ist keineswegs schwierig», er liebkoste immer wieder die Hunde, die sich an ihn schmiegten. «Ich habe Arbeiten von Leo gesehen, ich war außer mir vor Begeisterung. Leos Strich wird nicht mehr zurückfallen, er ist ganz vorne. Tastend, nachdenklich, verborgen … mit einer unglaublich beherrschten Farbgewalt!»

«Das sagen Sie jetzt Hugo, noch wissen Sie nicht wie das alles ausgehen wird. Unsere Errungenschaften können ganz schnell noch zu Gefahren werden für Sie, für uns alle», Kessler warf sich vollkommen überfordert ins Kissen zurück. *Was er überhaupt will mit all seinen Kunststreichen, weiß ich auch nicht*, ging es dem Mäzen durch den Kopf und sogar sein Oberlippenbart posierte bei dieser Überlegung. *Spielt sich hier auf, nur weil er Museumsdirektor geworden ist.*

«Sie klingen ja wie ein Opportunist, Kessler», warf Arnim irritiert ein und nahm wieder Platz.

Oder wie jemand, der Komplexe angehäuft hat, weil es stets jemanden gab, dessen Samtsakko noch samtiger gearbeitet war, dachte Tschudi.

«Und England ist vorbei, meines Wissens. Die wollten nicht mit Ihnen, so war es doch?», stellte Arnim richtig.

Regen an den Fenstern.

«Welch elenden Gemeinheiten ich mich hier heute Abend aussetzen muss!», entfuhr es Kessler schnippisch und theatralisch auflachend und er schenkte sich Cognac nach. «Da hat einer außerdem leicht reden, immerhin haben Sie heute schon ein Ungeheuer erlegt Tschudi! Tschudi? Nanu, Sie haben ja nur noch Augen für den Kamin!»

Tschudi konnte im Lodern seinen Vater hören, jene Stelle der Cordillera-Reise, in der er von den heftigsten Gewittern seines Lebens berichtet hatte … *Stundenlang folgen sich hier Blitz auf Blitz und bilden an den kahlen Felsenwänden blutrote Wasserfälle, von krachenden Schlägen begleitet, schießt der glühende Strahl in die einzeln emporstrebenden Zacken oder windet sich über die Erde hin, lange Furchen im versengten Gras zurücklassend, von ununterbrochen rollendem Donner, der sich in tausendfältigem Echo am Gebirge bricht, erzittert die Atmosphäre. Bange verlässt dann der Reisende, der sich obdachlos von diesen tobenden Elementen umgeben sieht, sein zitterndes Tier und sucht unter einem überhängenden Stein einen Zufluchtsort.*

«Ich würde jedes Ihrer Bilder in die Nationalgalerie bringen, ein jedes!», beteuerte Tschudi.

«Ich werde Ihnen welche malen. Neue, unbedingt neue Bilder werde ich Ihnen malen …», König versank im bunten Rauch seiner Zigarre, die mephistophelischen Augenbögen weit aufgespannt. «Sie ergreifen mich, Ihr Fieber. Sie haben so ein Fieber, Hugo.»

«Und wenn Sie nun auch noch den Roten Adlerorden bekommen sollen, Hut ab Tschudi!», Arnim stieß sein Glas gegen das Tschudis. «Bode wird Grün-Lila anlaufen», fügte der Graf hinzu.

«So sollte Bode einmal portraitiert werden, in genau diesen Farben!», phantasierte Leo und starrte wie irrsinnig ins Nichts. «Denn sein natürlicher Hautton, dieses frigide Käse-Mehl-Weiß, vermag selbst ich nicht anzurühren.»
Tschudi lachte. «Grün-lila! Die Farben des Impressionismus!»
«Oder des Neids», meinte Arnim mit einem Seitenhieb zu Kessler.
«Sie ahmen ihn doch aber sehr nach, mein lieber Tschudi, den Bode ahmen Sie doch nach mittlerweile», sagte Kessler, ohne mit der Wimper zu zucken.
Tschudi lachte nun wie Hamlet.
Lachte so laut, so gerade, lachte so durchdringend, so schön, lachte so frei!
«Oder wie wäre es», wollte Leo König von Kessler wissen, «ich fertige ein Portrait von Tschudi an, wie er Ihren Schädel hält?»

12

DA STAND SIE.
Unheilig.
Groß.
Klein.
Mager.
Cosima Wagner.

Tschudi ergiff ihren Arm, nein, umgekehrt und er führte sie zur Droschke.

«So so», eröffnete sie, «immerhin fahren hier noch vertraute Fahrzeuge.»

«Der Kaiser nimmt auch gern mal seinen Kutschenwagen, wenn er essen fährt», neckte Tschudi.

«Was? Etwa mit so einem –», sie blieb stehen.

«– Eingebauten Motor, ganz genau!», Tschudi half ihr einzusteigen. Das war gar nicht so einfach bei ihrer Garderobe, dem Staat an Umhängen, Überwürfen und diesem Dach aus Hut.

«Ganz ohne ein Pferd?»

«Gänzlich!», versicherte er.

Sie beugte sich kaum vor, um die Stadt zu erleben, aber sie konnte doch nicht ganz und gar verbergen, welchen Eindruck Berlin auf sie machte. Berlin, in seinem atmenden Großformat, den hübschen Frauen, den Seitenstraßen und sich schüttelnden Baumkronen.

«Sie sind zu spät, Tschudi.»

«Ja, ich war noch an ein Gespräch gebunden zu geladener Gesellschaft am Potsdamer Platz und da verknotet sich aller Verkehr mehrmals am Tage auf unabsehbare Zeit. Da geht dann nichts mehr vorwärts oder zurück, ob Sie es glauben oder nicht, ich kam nicht von der Stelle.»

«Nun ja», bemerkte sie ausdrücklich. «Wie dem auch sei. Hier bin ich. Gespannt zu sehen, was es ist, worüber jeder gerade spricht!»

Schmunzelnd zog er sich ins Dunkel der Droschke zurück.

«Nun, gut schauen Sie aus, das muss man ja sagen. Ausgesprochen gut sogar. Sportlich.»

«Ich meide Droschken so gut es denn geht, das ist das ganze Geheimnis», erklärte er.

Und den Rest der Fahrt über ließ sie ihre Blicke über ihn wandern und erwähnte ihre Tochter so ungefähr sieben Mal.

▪ ▪ ▪

Die Nationalgalerie empfing den hohen Besuch. In einem Staccato, das an Krönungsmessen erinnerte, zog Cosima Wagner von einem Bild zum nächsten. Wenn sie etwas wissen wollte, hob sie ihr Kinn, dann erzählte Tschudi, der heute in ein helles Fuchsbraun gekleidet war.

«Franz Krüger», sagte er, «das da ist der Kronprinz Wilhelm und neben ihm reitet der Maler selbst. Die Bewegung des Pferdes und wie er sich so umdreht … die Hufen, die den Staub aufwirbeln … und hier Carl Blechen, mit dem Blick auf die nassen Dächer, riechen Sie das? Diese Nach dem Regen Luft? Waldmüller! Einer der festlichsten Maler! Ich habe das hier im vergangenen Jahr erworben, in Wien. Wie er das Licht absolut setzt … es fließt bis weit in die Falten der Stoffe der Kinder und das ganze Bild pulsiert Licht! Gaertner, ja, sehen Sie, wie er die vorbei kreisenden Stunden malt, das ganz Unschuldige am Verstreichen der Dinge … Liebermann, beachten Sie die Frauenprofile, synchron und anmutig. Menzel, da, Menzel! Niemand kann solche Fahnen malen! Bitte schauen Sie doch hier, wie sich die Stoffe um die Maste schrauben, vom Wind gewickelt, luftig gedreht!»

Cosima starrte ihn an.

Sie hielten vor einem großen Bild.

«Und das?», fragte sie wie ein junges Mädchen.

«Das … zeigt die ganze Schönheit unserer menschlichen Schizophrenie. Die Porzellanvasen auf dem Kamin, haben Sie je zerbrechlicheren Lack gemalt gesehen? Da ist nichts mehr zwischen unserem Auge und diesem Sonnenaufgang an Bild. Tannenzapfen, sie liegen da herum. Diese Wand, in ihrem aggressiven Rokoko, ganz grob und von der Erziehung des Pinsels nichts wissen wollend. Von draußen dieses Licht eines stehenden Tages, zartes Geäst im Krampf. Schauen Sie die Uniformen, mal unnachgiebig genau, dann wieder wie außer sich, wie: *ich habe genug!* Die Augen malt er sehr großartig, die Augen sind bei ihm fast immer wundervoll, wie ekstatische Murmeln, eingelegt in die Gesichter. Unwirklich und doch so kämpferisch, so zerrissen – dieser Ausdruck – traurig, ermattet, unsterblich und doch singend. Die Wangen noch aufgesprungen von den Eisstürmen, vom Krieg mit Frankreich. Die Haut, wie er die Haut herausarbeitet, schauen Sie doch nur, dies rötliche Weiß. Und dann, was ist das … hier … und auch hier … die Polsterung der Stühle, der getrocknete Schlamm an den Stiefeln, das ist doch *Malerei* … Malerei, die sich selbst verlässt, weil sie es *kann*. Das könnte Monet nicht purer, nicht losgelassener, zitternder: die angedeutete Wahrheit, die zwischen jäher alla-prima-Eile erstickt – wir alle, wir alle ersticken doch.»

Nachdem er zu Ende geredet hatte, las sie den Namen des Malers, eingraviert in den Rahmen stand *Anton von Werner, Das Etappenquartier vor Paris*.

Cosima Wagner verabschiedete sich an diesem Nachmittag mit den Worten, dass er, Hugo von Tschudi, ein *äußerst seltsamer Mensch* sei und fortan ihre *volle Unterstützung* bekäme.
Gerüchte begannen sich loszuflechten davon, dass der Direktor des Hauses so gut wie gar nicht über die Franzosen gesprochen hätte, sondern ausschließlich von deutscher Kunst geschwärmt habe, namentlich von ausdrücklichen Feinden seiner Position, bei denen er sogar *besonders lange* mit ihr zu verweilen suchte.
«Der hat einfach keene Angst, vor nüscht und niemand», nuschelte Liebermann, als er in seinem Atelier zu einer Vorzeichnung ansetzte. Einen Zitronendrop von Käthe auf der Zunge her jonglierend.

13

FLORENZ, das hieß doch eigentlich Reinigung. Waschung von allen Plagen und Verwundungen, die nach Tschudi griffen. Florenz war lange vorbereitet und dann auch so rasch getrunken von seiner wunden Einsamkeit.
Er besuchte Böcklin in dessen gelber Villa hoch über dem Tal in den Hängen des Nordens, wo sie einen ganzen Tag lang schweigend beieinander saßen ohne die geringsten Fragen oder Erläuterungen. Sie schnitzten an der Stille des Zirpens, schoben sich gegenseitig ihre Gedanken zu, ohne auch nur ein Wort zu verlieren, wie unsichtbares Schach.
Tschudi sah manches Mal zu ihm hinüber und Böcklin dann zu ihm, der schwer krank war. In Stücken, wie große Schalen, die nicht mehr gefüllt werden. Und die Erwiderung seiner Polarhund-Augen in die erschüttert-erschütternden Tschudis war so grausam offensichtlich – das nahende Sterben beschrieben sie. Fast schon guckte Böcklin, als wolle er sagen, auch du mein Freund, bist dem Ende nah, ich sehe doch, dass es dir nicht gut geht, ich sehe doch deine Haut, die dich ausweidet.
Einzig der Arno lispelte von seinen gesammelten Tränen zu ihnen empor und sie aßen und tranken, was der gealterte Malerfürst von seinen gut bezahlten Köchen jede halbe Stunde auf die Terrassen serviert bekam. Den Duft des Lorbeers konnte Tschudi lange nicht vergessen, den Wein, der so leicht und verschwenderisch schmeckte.
Den unendlichen Garten durchfloss das von Boccaccio be-

sungene Flüsschen Africo, plätschernd ins weit fortziehende Europa hinein.

Im Zug der Rückkehr verspürte Tschudi eine heftige Müdigkeit. Nirgends konnte er sich so recht anlehnen, die Erlebnisse sprudelten in ihm und Florenz hatte ihn getrübt. Sonst war es die Sagenstadt gewesen, die ihn wacher, genauer machte, diesmal hatte sie ihm nur eine Ankündigung des ewigen Abschiedes gebracht, mit dem Anwesen Böcklins als Toteninsel selbst.

Niedergeschlagen bis zum Grunde seiner Existenz ließ er nicht ab von seinem Spiegelbild im Fenster des Waggons. Der Blick, als wolle er nicht hinsehen, als könne er nicht wegschauen. Die Wolfskrankheit *verzog* sein Gesicht, wie auseinandergetrieben und wieder zusammengenäht …

Schauderanfälle überkamen ihn, die immer oben am Kopf ihren Anfang nahmen und dann mehrmals den Rücken hinab schroteten.

Immer und immer wieder.

Er schlief ein, die Arme vor der Brust verschränkt.

Nass war der Spalt zwischen den Lidern, heiss geschwollen seine gigantische Brust.

Eingeschlafen war auch Adolph Menzel.

Kilometerweit entfernt von den Schienen, die Tschudi im Orbit ihrer Linien davontrugen, im *Josty's* am Potsdamer Platz nämlich, wo der Künstler so gut wie jeden Abend anzutreffen war, wobei das nicht ganz richtig ist, denn er wollte überhaupt niemanden antreffen und selbst seine vor Weh schon ganz abgenagte Wahrhaftigkeit wäre lieber an Ort und Stelle gestorben, als jemanden zu bitten, sich zu ihm zu setzen oder gar auf einen Menschen jenseits von Papier und Kohle zu reagieren.

Die Stühle waren von ihm gegen den Tisch gekippt, alle

wussten, was das bedeutete. So machte er es jeden Tag, jeden Abend, immer.

Allet Narrn, sagte er sich. *Allet, allet Narrn. Zum Zeichnen jut, im Lebn bellnde Höllnmäuler, die ein nur verspottn* … und nachts, so um diese Zeit herum, wenn dieser kleine Ritter des Schwarzen Adlerordens einfach entschlummerte auf dem roten Samt seiner Stammbank, verzerrte sich dieses Gelächter in gräuelige Sirenen … tief, tief ins tanzende Diamant seiner Träume hinein.

14

RUDOLF VIRCHOW trat auf Tschudi zu, reichte und schüttelte ihm die Hand, freute sich ehrlich. Virchow war ein gepflegter Mann, ein gefeierter, ausgezeichneter Chirurg.
Sie hatten sich im *Roland* in der Potsdamer Straße verabredet.
Vorne die Bar, der lange Raum im sensationellen Schmuck der Materialien und ihrer Philosophie zueinander gehalten. Lampen, die eine eigene Poesie verfolgten, Figurenstuck der Meister, ein Band aus Spiegeln, das alles durchzog, anmutige Stühle, die Rückenlehnen über Kreuz, die Tische massiv und venezianisch, die Kerzen überlaufen.
Sie bestellten sich *Berliner Luft* und chinesischen Tee.
«Viel besser als sich in der Charité zu treffen, bei meiner Sammlung menschlicher Schädel!», die kleinen Brillengläser offenbarten einen intelligenten, aber auch vorsichtigen Menschen.
«Das will ich gar nicht leugnen», gab Tschudi traurig zu verstehen.
Virchow kannte Tschudi von zahlreichen Begegnungen, außerdem war er Mitglied des Preußischen Abgeordnetenhauses und somit vertraut auch mit den Kunstfronten, die sich in Berlin gebildet hatten.
Er war zudem eine Art gutes Gewissen der Stadt, denn er hielt es kaum aus all die Mängel an Hygiene bezeugen zu müssen und festzustellen, dass die Leute sich um wenig scherten, was

er mühsam durchzubringen versuchte. Vielleicht konnte er daher so gut nachvollziehen, welchen Belastungen Tschudi ausgesetzt war, seit er die Stelle angetreten hatte.
Große Ideen haben ihre eigenen Gesetze und sie einfach zu entlassen bedarf verzauberter Geduld.
«Ich bin ganz Ohr jetzt», er lehnte sich zurück und nippte an seinem Tee.
Tschudi machte eine Bewegung, eine, die seinem eigenen Antlitz galt, als wolle er sagen *das hier, es geht hierum.*
Worte kamen ihm nicht sogleich, nicht in diesem Moment.
Viel Helligkeit strömte zu ihnen herein. Von der Vorsicht Vermeers.
«Ich», begann er, «ich trage die … Apokalypse im Gesicht, wie Sie ja sehen können. Ich will Sie bitten, mir eine … eine Maske anzufertigen. Manchmal sind die Menschen so nah, dann fühle ich nur noch kalte Augen überall, dann verliere ich den Boden unter meinen Füßen und das … das kann ich mir nicht leisten, ich habe so viel zu tun in der kommenden Zeit und ich brauche den Rückzug um nicht … wahnsinnig zu werden.»
Virchow ließ keine Bedenken hinsichtlich seiner Bereitschaft aufkommen. «Ich denke an Wachs. Wachs erscheint mir rein und flexibel, will sagen, es eignet sich bestens für Ihren Fall. Zelluloid hingegen ist leicht brennbar und nicht weich genug. Ich werde mich da auch mit meinem jungen Kollegen Jacques Joseph beraten. Machen Sie sich darüber keine Sorgen. Sie kommen zu mir, wir nehmen Maß und dann erledige ich das für Sie und zwar mit der größten Ehre, die Sie mir damit zuteil werden lassen, Ihnen helfen zu können, überhaupt, das ist wundervoll, Ihnen helfen zu können in Anbetracht Ihrer Lage», Virchow hielt inne und sah Tschudi fest an. «Sie *bekommen* Ihre Maske.»

Tschudi spielte mit dem kleinen Teelöffel vor sich, er wusste nicht, was er sonst tun sollte. Dankbar wie er war und für immer unendlich untröstlich. So sehr schmerzte sein Herz und alles, was da noch war in ihm, das Blutbündel in seinem Körper, seine Gedanken folterten sich gegenseitig, brachen auseinander, folgten nicht.

«Wie lange, darf ich fragen, sind Sie schon krank?»

«Seit meiner Jugend, die keine Jugend war darum, nur ein Aufbruch in den Tod. Seit meiner frühen Erinnerung, die keine Erinnerungen mehr birgt, nur noch Sehnsucht. Seit eh, seit allem. Ich bin kein Mensch, der krank ist – ich bin ein Kranker, der ein Mensch ist.»

«Was brachte die letzte Lichttherapie?»

«Sie brachte einiges, sie brachte nichts. Ich bin … sozusagen … verloren», Tschudi lachte, aber seine Augen zerfielen in Millionen kleine Finsternisse. Die Masse, die seine Haut bildete, ging nicht mit, sie war wie erfroren.

«Wissen Sie, wie ich früher einmal aussah? Ich sah den Engeln ähnlich, jene auf den Fresken Michelangelos, mit den schulterlangen Honighaaren und den neugierigen Blicken, den Beschützern und Beschützten der Venus, den Glücklichen.»

Virchow schaute ihn an.

«Mich haben auf diesen Darstellungen stets die Herrscher überzeugt und fasziniert, die da so selbstverständlich und mit unverwechselbarer Entschlossenheit die Welt, diese ganze sonst so leere Welt, bespielen mit ihren Wundern und ihrem Mut. Ich kann nicht ein solcher Fürst sein, selbst, wenn ich es wollte. Ich habe so viele Schranken, Tschudi, so viele erbarmungslose Schranken», ein Sonnenstrahl traf in den Spiegel.

15

ABENDS SASS TSCHUDI in seinem Büro in der Nationalgalerie.
Er überflog Zeitungen, Stimmen der letzten Wochen um ihn herum. Eigentlich liegt doch in diesen Äußerungen gar kein Wert, dachte er.

> *Was denkt sich der Herr v. Tschudi, möchte ich ihn gerne einmal fragen, bei seinem höchst schändlichen Umgang mit unserer schützenswerten deutschen Kunst? Sogar Adolph Menzel, unser höchstes Gut, unser geistigster, vollkommenster Maler, ist nicht frei von Herr v. Tschudis zersetzenden Methoden einer Neuordnung unserer Nationalgalerie. Neuordnung aber frage ich? Seine zusammenhangslos zusammengekauften Bilder aus Frankreich? Sollte man ihn nicht aufhalten, frage ich?*

Es wurde an die Tür geklopft.
«Diese Dame», räusperte sich eine Aufsicht, «ließ sich nicht, nun ja, beruhigen.»
Vor dem Direktor stand eine zierliche Schönheit mit tollwütigen Schatten um die Augen herum und sie musste in sehr teuren Geschäften eingekleidet worden sein. Schlicht war ihre Garderobe, aber von schwerer Seide, die rauschte, wenn sie sich bewegte.

«Sie sind ja wirklich so groß gewachsen», stellte sie fest.
«Und Sie sind … klein», entgegnete Tschudi und schmunzelte sie an, als er vor sie trat.
«Nun, eigentlich nicht, eigentlich gar nicht!», korrigierte sie.
«Was kann ich denn für Sie tun?»
«Man erzählt sich, Sie würden hier persönliche Damenführungen durchs Haus machen. Da ich mich zu einer solchen Dame zähle und nichts mit dem sogenannten braven Publikum teile, würde ich das jetzt sehr gern in Anspruch nehmen.»
Nicht eine Note Zweifel an ihrem Plan, nicht die geringste Unsicherheit ging von ihr aus.
«Das … ja, das ist ganz richtig», bestätigte Tschudi, wohlwissend, dass es überhaupt nicht stimmte, richtete seine Krawatte und ging ihr voraus. «Dann sollten wir uns beeilen, solange wir noch das Tageslicht haben! Um welches Bild geht es, welches möchten Sie sehen?»
«Das Treibhaus. Er regt mich auf, dieser Manet! Nächtelang kann ich nicht mehr schlafen seinetwegen! Ich habe es bei meinem ersten Besuch nicht verstanden», sie trug keinen Hut, sondern ihr dunkel krauses Haar weit hochgesteckt. Ihre Wangen, die Stirn waren hell gepudert, sodass die schwarzen Brauen wie hinter einem Schleier lagen. An ihrem schmalen Armgelenk, über den schwarzen Handschuhen, funkelte ein Armband.
«Was waren Ihre Gedanken denn?»
«Na ich konnte das Bild nicht *zu Ende sehen*, ich bin mir bewusst, dass das albern klingt, dennoch, es ist so.»
«Das klingt keineswegs albern», Tschudi war jetzt mit ihr im Hauptgeschoss angelangt, «es klingt sogar ausgesprochen klug. Denn», er trat nah an das Gemälde heran, «das Bild ist nämlich nicht als Geschichte gedacht.»

Sie lauschte wie gefesselt, wie ein Kind.
«Es ist ein offenes Feuer, das Manet hier gelegt hat. Was das Bild ergibt, sind die Beiden, die Abgebildeten. Sie verunsichern uns, beeinflussen unsere eigene Stimmung. Wir stehen nicht davor und nicken uns die Welt zurecht, sondern wir wissen nicht weiter, weil es uns auffordert, die Farben anzusehen, die Poesie der Materialien, die Geheimnisse zu entflechten und so wenig uns zu verstellen, wie diese Malkunst es tut. Die Farben stehen nebeneinander wie Intervalle in der Musik. Die Luft, das Licht – sie vibrieren, irgendetwas stimmt nicht. Er malt das Licht, er malt die Luft, weil man nicht eines nur darstellen kann, sondern das eine das andere bedingt und ebenso die Seelen dieser beiden Menschen, die sich nähern und nähern … und doch nicht berühren können … und dieses Warum … haben Sie gesehen … ist es so?»
Sie blickte abwechselnd zu ihm und zum Bild, auf dem die Dämmerung sich ausbreitete wie auch draußen über der Stadt. Ihre gräulich bewölkten Linsen wollten so vieles erwidern. Wussten nicht wie.
Sie sah ihn an. Über sein kurzes Haar, über die Lippen, die voll banger Zerbrechlichkeit waren, über die steinernen Arme, in die Augen hinter dem Zwicker – gefangen, anziehend, furchtlos.
Er steckte seine Hände in die Taschen und entfernte sich langsamen Schrittes von ihr. Er fragte sich, ob das Haar in ihrem Schoß ebenso nächtlich und ebenso kraus war, wie das auf ihrem Kopf?
Kurz vor dem Treppenabsatz hörte er ihre festgeschnürten Stiefeletten hinter sich.
«Ich möchte Ihnen mein Lieblingsbild zeigen! Folgen Sie mir!», rief sie aus und tippelte los.
«Das da», und sie ging mit ausgestrecktem Zeigefinger auf

einen Menzel los, umkreiste eine Frau und einen Mann, die mit anderen beieinander saßen, «sind meine Eltern.»
Unzählige Gäste tummelten sich auf dem Ölbild. Lange Abendkleider, nackte Schulterblätter, Männer in Uniformen, hell glühende Kronleuchter, Blumen in den drapierten Haaren, Champagner und Ballgewimmel.
Tschudi schmunzelte beeindruckt.
«Das hat einmal bei uns zuhause gehangen. Stellen Sie sich vor, dieser alte Giftzwerg ist der unhöflichste Mensch den es nur gibt! Neulich ging ich zu ihm nach Hause, meine Eltern wissen nichts davon, Sie werden ihnen doch nichts verraten? Da öffnete Menzel grimmig die Tür und fragte mich doch allen Ernstes: *Wat is?* Ich sagte ihm, ich sei gekommen, damit er mich malt, weil ich es will, und zwar jetzt sofort. *Wat is los? Ick kann jetzt nich*, wagte er es doch tatsächlich, *ick hab zu tun* – und warf mir die elende Tür vor der Nase wieder zu! Mir!»
Tschudi lachte so laut, dass sich einige Besucher nach ihm umwandten.

16

VON DER BESUCHERTRIBÜNE des Berliner Abgeordnetenhauses aus, im Palais Hardenberg in der Leipziger Straße, teilte sich die Sitzordnung wie im englischen Unterhaus, die Abgeordneten saßen sich gegenüber.

Richard Schöne, der Generaldirektor der Königlichen Museen, der sich sichtlich unwohl fühlte in seiner Rolle, nickte Tschudi zu, als es losging.

Die Neuerwerbungen des Direktors hatten zu einer Grundsatzdiskussion geführt, die hier für zwei Tage angesetzt worden war.

Die Ausrichtung der Nationalgalerie an sich, die Nationalgalerie als vaterländische Bildersammlung.

Der erste Redner schritt zum Pult.

«In goldenen Lettern können wir lesen, was am Giebel der Nationalgalerie als Widmungsinschrift geschrieben steht. Dort steht DER DEUTSCHEN KUNST. Doch, im Gegensatz hierzu hat eine unverständliche Menge internationaler Werke ihren Platz in der Nationalgalerie gefunden und über deren Wert will ich nichts sagen, meine Herren. Ich weiß, dass ein sehr großer Teil des Publikums diese Sachen, die da hängen, nicht besonders schön, um nicht zu sagen, das alles sogar geschmacklos findet», nach einer sinnlosen Pause schrie er beinah los. «Ich weiß einen großen Teil des deutschen Volkes mit der Ansicht hinter mir, dass die Nationalgalerie auf gar keinen Fall der Platz ist, wo diese fremdländischen Bilder aufgehängt werden dürfen, zumal der Sammlung die Bilder bedeutender deutscher Künstler von Weltruf noch fehlen! Ich sage Ihnen meine Herren, solange diese deutschen Künstler von Weltruf in der Nationalgalerie nicht vertreten sind, ja geleugnet und verjagt werden, ist mir der doch für sie vorgesehene Platz in der Nationalgalerie zu teuer – ich kann es vielleicht nicht anders sagen – zu heilig, als dass dort diese fremdländischen Bilder gezeigt werden sollen, an der Stätte eines deutschen Nationalheiligtums! Ich erhebe darum gegen die fremdländischen Bilder in der Nationalgalerie Einspruch!»

Beifall löste den Saal vollkommen auf.

Richard Schöne war an der Reihe.

«Meine Herren! Beruhigen Sie sich bitte meine Herren! Ich möchte Sie doch gerne noch einmal darauf hinweisen, ja freundlich hinweisen, dass der Grundstock der Nationalgalerie, die Wagenersche Sammlung, selbst eine erhebliche Unzahl ausländischer Werke zählt. Und was die Inschrift DER DEUTSCHEN KUNST am Hause angeht, äh …», er blätterte kreidebleich in seinen Unterlagen, «… ich äh, das … ah, hier! Die Akademie der Wissenschaft hat in ihrem Gutachten erklärt, dass … dass diese Worte niemals im Sinn hatten, ausländische Kunst auszu… auszulassen. Die Förderung deutscher Malerei ist doch als allgemeiner Sinn nicht aufgehoben dadurch, meine Herren! Wo ich allerdings eine Frage sehe», er wirkte nun gefestigter, «ist, ob der Staatshaushaltsetat dafür gedacht sei, auch fremdländische Erzeugnisse zu kaufen, da meine ich, gehöre der deutschen Kunst der Vorrang, wenngleich in Grenzen auch ausländische erworben werden soll. Und das, was der Nationalgalerie bislang zugeflossen ist, besteht sowieso nur aus Schenkungen oder auf besonderer Bewilligung des Kaisers. Also nochmals meine Herren, ich wiederhole es ja gern, der deutschen Kunst den Vorrang, aber in Grenzen kann und soll sogar ausländische erworben werden.»

Ne! – Nein! – Nüscht is! Niemals! – ging durch die Reihen.

Tschudi saß da, mit übergeschlagenen Beinen, schrieb in sein Notizbuch *Émile Bourdelle*.

Bourdelle war ein Rodinschüler, von dem er das Medaillonbild einer Frau für die Nationalgalerie wollte. Vom letzten Buchstaben, dem e, zog er eine Schleife über die ganze Seite und daraus einen Horizont, mit gekräuseltem Wasser und einem verlassenen Boot inmitten …

So wechselte ein Redner den nächsten ab, der Raum schaukelte sich in ein böses Gezwitscher. Nur ein einziges Mal schaute Tschudi auf. Als der Abgeordnete Virchow sich *gegen* die ausländischen Bilder erklärte.

▪ ▪ ▪

«Ick hab Ihn dit doch versucht zu sajen», Max Liebermann bohrte mit seinem Gehstock an einem Beet herum, während er Tschudi auf einem schleppenden, stillen Spaziergang durch den Tiergarten begleitete.

«In Paris haik dit versucht zu sajen. So 'ne Kunst kann man eijentlich nur privat sammln. Die Leute kapiern dit nich, die verstehn dit nich, für die is dit zu früh, *Sie* sind zu früh jewesn mit Ihrn wunderschön' Ideen! Überall Feinde, überall Missjunst und ick riech dit schon nachts im Schlaf, diesn Hass überall. Vielleicht würd dit sojenannte Publikum nie bereit sein dafür.»

Hugo von Tschudi ging wortlos neben Liebermann her, in der Faust das Telegramm vom Morgen, vom Tod der Mutter.

▪ ▪ ▪

«So meine Herren, ich möchte Sie doch recht gern bitten, sich nicht so aufzuregen! Ich stehe hier um meinem Vorredner Reichard absolut recht zu geben: die internationale Kunst muss in der Nationalgalerie bestehen bleiben, es gibt zudem keinen anderen Ort und auch kein anderes Prinzip als die Nationalgalerie und ich … ich fühle mich ebenso zu einem Einspruch verpflichtet, meine sehr verehrten Herren, ich kann nicht länger mitanhören, wie die ausländischen Werke als etwas Minderwertiges dargestellt werden! Wir können die moderne Kunst nicht ernsthaft entbehren! Wir müssen die moderne Malerei in unseren Sammlungen ebenso zeigen! Die individuelle Kraft unserer Welt heute hat … hat diese moderne Kunst doch erst hervorgebracht und sie sichtbar gemacht, sie war vorher nicht auf diese Weise da», Tschudi beugte sich mit beiden Armen über die Brüstung der Besuchertribüne, leer und angespannt den jungen Abgeordneten betrachtend.
«Du Sozialdemokrat, du!», rief jemand rein.
«Jedes Individuum … sieht Farben … anders … und Künstler sehen sie so, wie wenige sie sehen», fuhr er ruhig fort.
Es wurde sehr laut. Manche standen auf, machten drohende Gesten, riefen durcheinander. «Hör doch auf Mensch!» – «Was für'n Quatsch!» – «Aufhören!»
Der Redner Möller richtete seinen Blick auf Tschudi.
In die Scherben in Tschudis Herzen schob sich Hoffnung.
«Ich fordere daher – um dem Streit ein Ende zu setzen, alte und neue Meister nicht zusammenzuführen, denn es ist unangemessen, die ausländischen Werke da inmitten der Nationalgalerie zu sehen – ein eigenes Museum für die fremdländischen Werke ist, was ich fordere!»
Tschudi fiel in seinen Sitz zurück. Das konnte, durfte alles nicht wahr sein. Es war ein gemeiner Traum, es konnte nicht wirklich sein.

«Ich möchte», Möller schaute nun unmissverständlich zu Tschudi, «bitte unterstreichen, dass ich ein eigenes Museum für die moderne Kunst fordere, um der neuen ihren eigenen Stellenwert zuzusprechen, nicht, um das Alte rein zu halten vor ihr!»

Rufe und Unterstellungen regneten wie Pfeile auf ihn ein.

«Eine einzige Schreckenskammer, diese Franzosen! – Das Geld ist für unsere deutschen Maler bestimmt!»

So betrüblich es hin und her ging, so unerklärlich geheimnisvoll endete die Verhandlung, denn der Ankaufsetat wurde sogar noch von 300 000 auf 350 000 Reichsmark angehoben.

Kaum einer reichte ihm, Tschudi, am Ende die Hand. Die Abgeordneten mieden ihn mit roten Gesichtern, wie dutzende Teufel das Weihwasser.

17

WILHELM II. saß in seinem Lieblingssessel auf Bärenfell unterhalb eines selbstgemalten Schlachtschiffes.
Selten konnte er allein sein, immer war er es.
Die strengen Seitenaugen seiner Ahnen an den Wänden ließen nicht ab von ihm, von keinem Punkt aus, nie, selbst auf den Gobelins war immer ein Teil von ihm, den er selbst nie erlebt hat, verarbeitet und die Kristallleuchter, surreale Traumtropfen, boten sich so wunderbar zum Erhängen an. All die weißen Treppen im Schloss, sie führten von einer Folterkammer in die andere. Sein Schatten machte manchmal andere Bewegungen als sein Körper, manchmal lästerte das dumme alte Barocksofa über ihn, auf dem seine Mutter immer saß.
Er erinnerte sich an sich als Zehnjährigen, an die Kopfstreckmaschine, die seinen Hals begradigen sollte.
Draußen wehte der Herbst ein Blatt an das große Fenster.

18

IM FRACK STAND TSCHUDI seit einer Stunde unter weiteren Ordensträgern des Roten Adlerordens vierter Klasse im Rittersaal des Stadtschlosses zur Defiliercour des jährlichen Krönungs- und Ordensfestes und der Präses der General-Ordenskommission hatte Seiner Majestät dem König gemeldet, dass nun alles zur Cour vorbereitet war.

Die Majestäten, gemeinsam mit Prinzen und Prinzessinnen des Königlichen Hauses schritten nun aus dem Kurfürstenzimmer in den Rittersaal hinein, unter Vortritt der Obersten Hof-, Ober-Hof-, Vice-Hof-, Hofchargen und gefolgt von dem Minister des Königlichen Hauses sowie allen anderen Personen des Königlichen Gefolges.

Vor den Hofchargen gingen die Fourire und Pagen, während wieder andere Pagen hintenan zu gehen hatten, um die Schleppen zu tragen. Und noch zwei standen neben dem Thron an der Thronwand des Rittersaals.

Die Majestäten stellten sich nun vor die Thronsessel, die Königliche und Kaiserliche Kronprinzessin sowie die Prinzessinnen des Königlichen Hauses rechts und der Königliche und Kaiserliche Kronprinz mit den Prinzen des Königlichen Hauses links.

Die Namen wurden in alphabetischer Reihenfolge aufgerufen, das Defilieren der gegenüber dem Thron aufgestellten neuen Ritter und Inhaber der Orden hatte nun begonnen.

Tschudi blickte auf, Putti türmten sich mit Riesenmuscheln zu einer unruhig wogenden Barockdecke der Welten, losgelöst, ein einzelner Adler, die Flügel ausgebreitet, als wüsste er nicht mehr wohin …

Die Mitglieder der General-Ordenskommission hatten den feierlichen Zug zu beaufsichtigen. Der Oberceremonienmeister, der links vom Kronprinzen stand, hatte Sorge dafür zu tragen, dass, nachdem die Defilierenden von rechts nach links geschritten waren und sich vor dem Kaiser verbeugt hatten, sie ohne Unterbrechung in die Schlosskapelle geführt wurden, wo später ein Gottesdienst stattfinden würde.

Tschudi konnte das alles beobachtend ansehen, war er doch mit seinem Namen schon beinah einer der letzten Aufzurufenden all dieser in Reih und Glied aufgestellten Ordensinhaber.

Der Kaiser selbst durchbrach die Etiquette immer wieder, suchte kurze Wortwechsel mit den Defilierenden, eh diese irgendwann sanft vom Ceremonienmeister weggezogen wurden.

Der Name *Tschudi* fiel.

Von rechts schritt er am Kaiser vorbei, verbeugte sich kurz und weich.

«Der Herr Dr. von Tschudi!», hielt der Kaiser ihn auf, «Gratulation zum Roten Adlerorden, den Sie ausdrücklich für Ihre Neugestaltung der Nationalgalerie bekommen, da wird es doch einmal Zeit, dass ich persönlich vorbeischaue! Man hat mir da schließlich ein paar *schöne* Dinge erzählt …», das Wort schön sprach er absichtlich widerwillig aus.

Tschudi war schon fast nach links abgegangen, als der Kaiser meinte: «Ich werd Sie wohl doch noch ein wenig umerziehen müssen!»

Tschudi hielt an.

Der unbeschreiblich felsene Rücken, ganz in Schwarz unterlaufen, wandte sich elastisch um.

Er ging die wenigen Schritte zurück zum Kaiser.
Stellte sich nah vor ihn.
Blickte, deutlich höher gewachsen, eine Riesenmasse aus Charisma, auf ihn herab, ja sah am Kaiser herunter und zwar sich Zeit lassend.
«Eure Majestät, erlaubt, dass ich nachfrage, Eure Majestät haben von *umerziehen* gesprochen?»
«Na aber Herr von Tschudi, diese ganze neue Malweise da, in ihrer Subjektivität so höchst disziplinlos und provokant!», Wilhelm II. war erleichtert, diesen Satz, den er seit dem Morgengrauen auswendig gelernt hatte, fehlerfrei aufgesagt zu haben. «Und was höre ich da allerorts von einer Sezession? Hier in Berlin? Unfertige Bilder sind doch keine Lösung! Jeder will jetzt eine Persönlichkeit sein! Will Herr sein! Das führt in die reinste Sozialdemokratie!»
Der Ceremonienmeister wusste nicht zu handeln, weil Tschudi nun, vollkommen lässig und entspannt aber unnahbar und bedrohlich erhaben, seine Hand vor den Kaiser hielt und Einhalt gebot.
«Ihr seid doch ein moderner König, mein König. *Unfertig* ist der falsche Begriff – *offen* würde man eher sagen. Und der Kult um Persönlichkeit ist ein eigentlich aristokratisches Grundprinzip. Das sollten wir beide doch am besten wissen, nicht wahr, Eure Majestät?»
Wilhelm verlor sein gelerntes Lächeln wieder, er hatte es doch so sorgfältig vorbereitet und nun das!
Der Kronprinz hauchte seinem Adjutanten ins Ohr: «Dieser Tschudi redet mit Vater wie mit einem frechen Bengel. Schweizer Uralt-Adel. Ritter waren die schon vor mehr als eintausend Jahren, glaube nicht, dass den so ein Orden einschüchtert. Der lässt sich doch von unserem Deformierten hier nichts erzählen. Pff, der macht uns zum Gespött der Leute!»

«Na also ich werde jedenfalls jetzt endlich einmal kommen und mir das alles ansehen!», drohte der Kaiser, ihm fiel nichts mehr ein, jetzt schließlich kaiserlichen Schwung zeigen!
«Aber in dieser Erwartung weiden wir uns doch bereits seit der Ausstellungseröffnung!», versicherte Tschudi und ging ab …
… sein Blick fiel durchs Fenster, da stand sie, die Nationalgalerie, umschmeichelt von ihren Kolonnaden.
In seinem Büro auf dem Schreibtisch pochte schon ein Brief an Durand-Ruel, in dem Tschudi den Kauf einer Monet-Schenkung bestätigte – *Häuser bei Argenteuil* – ein Tupfreich aus dem knalligsten Kiwi einer Wiese, dahinter die Dächer im Flamingo des Sommers, darüber ein Himmel von der erlesensten veilchenblauen Spucke, die jemals einen Pinsel geküsst hat! Tschudi sprach davon als Landschaft des Impressionismus schlechthin.
Henriette Mankiewicz hieß die Frau, die sich hinter der Schenkung verbarg.
Kennengelernt hatte Tschudi sie vor vielen Jahren, vor sehr vielen Jahren, er war Mitte zwanzig gewesen, sie auch.
Im Zug.
In dem der Maler Hans von Marées unruhig saß, vor sich her betend, die verdammte Eisenbahn möge doch endlich losfahren, eh dieser junge Schweizer, den man ihm erst kürzlich vorgestellt hatte, noch rechtzeitig eintreffen würde.
Marées reiste in Begleitung zweier junger Frauen, Henriette und ihrer Schwester Melanie. Zwei pechschwarzhaarige Wienerinnen aus den besten Kreisen jüdischer Häuser.
Marées wackelte unentwegt mit dem Hut auf seinem Schenkel auf und ab, dieser junge Schweizer durfte einfach nicht aufkreuzen. Denn wenn, dann …
Doch er kreuzte auf.

Jemand betrat schwungvoll und doch zärtlich bedrückt das Podest, das die Waggons miteinander verband und die Tür des breit gefassten Salonwagens öffnete sich.
Das Licht der Mittagssonne schwappte herein.
Er blieb an der Türschwelle stehen, wie, als wolle er sich einen Überblick verschaffen.
Vollkommene, gnadenlose Ruhe und Lässigkeit kleidete ihn.
Man konnte ihn nicht sehen, das Gegenlicht umloderte die Gestalt und fiel, an den schönen gebogenen Ohren entlang, wie Schweinwerfer auf sie zu.
In der Hand eine Reisetasche, im langen Gehrock, mit beinah die Schultern berührendem, wild und seidig flüsterndem, helldunklem Haar … es war nicht ganz klar zu sagen, ob Frauenhände oder feuchte Winde diese Strähnen so gewellt hatten.
Bitte trete nicht ein, hoffte, flehte Marées, *bitte geh wieder.*
Doch der hochgewachsene junge Mann schloss die Tür hinter sich und stand wie ein Pfeiler breitbeinig vor ihnen.
Marées erhob sich, begrüsste ihn, verbarg seinen Unwillen gekonnt und ehrlich und es war ein feiner Unwille.
«Meine Damen», räusperte er sich, «das ist Hugo von Tschudi. Ein gemeinsamer Freund – Sie kennen ja den Herrn Dr. Fleischl bereits – stellte uns einander vor, es ist kaum einige wenige Wochen her. Herr von Tschudi begeistert sich für die Malerei und insbesondere für die Geschichte derselben und möchte nun auf ausgedehnten Reisen diese Studien und Gedanken gewinnen und vertiefen», und der knochig blutleere Marées konnte nur noch hinter dem Bernstein seiner Sonnengläser mit ansehen, wie die beiden Schwestern ihre Augen aufwarfen wie Perlen in die Nacht.
Hugo von Tschudi verneigte sich kaum, es war viel mehr sein

Lächeln, das, kurz nachdem sie es bekamen, ihre Köpfe verdrehte und plötzlich stritten sie mit ihren Hintern echsenartig in den langen wuchtigen, Schleifen übersäten, tief ausgeschnittenen Sommerkleidern um den Sessel, der am nächsten zu seinem stand. «Du bist verheiratet!», zischte Melanie ihre Schwester an. «Schämst du dich nicht?» – «Sei still Gör!», fauchte Henriette zurück. «Was der gute Carl nicht sieht, soll ihn auch nicht interessieren!»

Marées' Stimmung, sie war hin.

Die Reiseneugier, die er in den Schwestern geweckt hatte, die Sorgfalt und Vorsicht der Annäherung, Augenspiele zwischen ihm und den beiden jungen Frauen, wie sie ihm doch immer zuhörten, ja selbst die Briefe, die er an Melanie verfasst hatte – *erfüllt von innigster Sehnsucht, Sie wiederzusehen* – und deren Antworten er heimlich küssend abgerochen, brannten jetzt im schwarzbraunen Duktus des Blickes von Hugo von Tschudi, der den Kopf neigte wie ein sanft wütender Engel, während Melanie ihm von ihrer Aufregung erzählte, Verona wiederzusehen und Rom und dass sie nicht oft genug dort sein könne.

Lass sie mir, du Adonis, bat Marées, *lass mir die Jüngere, lass sie mir.*

Doch ein Seitenblick zu dem jungen Reisenden genügte.

Die angewinkelten Beine mit den ziegeligen Knien weit von sich gestreckt, die Hände – die Finger – die Knöpfe des Gehrockes umspielend, die Haut dieses magischen Antlitzcs, angehaucht von Wärme und beherrschtester Disziplinlosigkeit, rein wie Pergament, fest und schön, ohne die geringste Versehrtheit. Die Sicherheit der Vorfahren in sich tragend, höflich – selbst wenn er unhöflich war, mit den Augen zielend, die Nase, die nicht hätte gefeilter aus dem vollkommen harmonischen Gesicht kommen können, der glatt weiche, leicht schmollende Mund, den Melanie betrachtete wie eine unanständige Süßigkeit.

Das erste Mal im Leben fühlte Melanie ihren Unterleib in seinem ganzen Anlauf aufschäumen, Lust streichelte ihre Nerven, ungekannte Lust, unbedingte Lust, dunkle Lust. Lust, die sofort in ihrer Phantasie zu zeichnen begann und ihre vom ruckelnden Zug hin und her geriebenen Schamlippen tippend, tupfend öffnete.

Marées blätterte in seinem Buch, über die Ränder seiner Brille hinweg aber zerschellten seine Träume für immer, bald schon und endlich mit dem spröde schwarzen Haar Melanies in einem weißen Bett zu verschwinden. Sie zerschellten ebenso, als er unbemerkt Henriettes Mustern bemerkte, wie sie Tschudi ansah, das war nicht auszuhalten! Marées war einem Schreikrampf nahe, einem Anfall von Tobsucht – *das ist doch nicht meine weise und kluge Melanie! Nicht die andächtige Henriette!*

Während dieser unberufene Neuankömmling mit der einen plauderte, grub sich die andere ja gedanklich schon in seine Hose hinein – *Hans*, sagte sich Marées, *jetzt nicht die Haltung verlieren, du musst in Rom noch allerhand ausführen und den Fremdenführer spielen, reiß dich jetzt zusammen, du Scheusal von einem Mann!*

Er beschloss, was grundlegend werden sollte für sein Leben, er machte die Kunst zu seinem Dasein. Frauen waren fortan keine Göttinnen, keine Freundinnen, keine Sehnsucht mehr – sondern *Weiber* und ein kleiner Teil seines Herzens verwandelte sich in einen Splitter und stach tief ein. Künftig würde er seine Gefühle im Keim zerdrücken, die Künstlernatur als selbstverständlich unvereinbar mit der Trockenheit und Unbeweglichkeit der Ehe ansehen, Sentimentalität umgehend umstürzen und allen Zauber, jede Verliebtheit und jeglichen

Wunsch nach dem weiblichen Geschlecht nur noch von viel Mattgold umhaucht in seine majestätischen Bilder schleusen und unsichtbar erschrocken im Atemglanz seiner erdig mythischen Farbeinsamkeit aufgehen …

… Tschudi nahm sich den Kneifer von der Nase herunter, fuhr sich mit der Fingerkuppe immer wieder ans Nasenbein.

«Was ist mit Ihrer Nase?», fragte Marées und beugte sich zu ihm herüber.

«Gar nichts», sagte Tschudi, «ich schätze, ich habe zu viel gelesen in letzter Zeit und an der Stelle meines Zwickers die Haut gereizt.»

19

ES WAR KLAR WER HINTER ALL den Zeitungsattacken steckte.

Anton von Werner.

Mal als Anton von Werner, mal getarnt als Anton von Werner, aber stets Anton von Werner.

Und zum ersten Mal hatte seine Stimme einen hohen Schall im Protokoll der eingeübten Treue für Preußen, er war nun eine Figur geworden, die, ohne Rückkehr, in die für ihn erdachte Rolle hineingewickelt war.

Aber war das auch seine Wahrheit?

Da saß er, dieser Sproß einer verarmten Offiziersfamilie, lächelte liebevoll seiner Frau zu, während sie ihn erwartungsvoll – ihrer Stickerei gewidmet – anhimmelte, doch … *innerlich* hielt er Tschudis Blasen werfenden, nach Luft schnappenden Kopf fest unter Wasser gedrückt …

… Tschudi stand vor dem Spiegel. In wenigen Stunden würde er seine Rede halten, seine Rede zur Kunst. Und der *Wolf* war da gewesen und hatte wieder gefressen.

Von den dunkelroten, verdichteten Lupusknötchen breitete sich ein Schild über das Gesicht aus, dessen Oberfläche leicht durchsichtig war, manchmal blutete oder eiterte und an den Seiten der Herde aufriss, sodass die Besonderheiten und Merkmale von Tschudis Aussehen, seine Züge, von der Krankheit ummodelliert wurden.

Das Gewebe um die Nase, Nasenspitze, Nasenflügel – das Gebilde der Haut wurde einfach zerstört. Die Oberlippe drang mehr hervor. Die Ohrläppchen verschwanden …

… und der Kaiser verschwand vor sich selbst, zu arg hatte sich Tschudis Auftritt beim Ordensfest wie eine *Scherbe* in den Monarchen geschnitten.

Eine unvergessliche, vom Licht hell geleckte Scherbe.

Eine, die man um ihren alles brechenden Strahl beneidet und wie sie sogar als Bruchstück alles erleuchtet.

Wilhelm II. hatte noch genau Tschudis Blick vor sich, dieses ihn, den Kaiser des Deutschen Reiches, überhaupt nicht ernst nehmende Absuchen. Die breiten Schultern Tschudis, die Tafelstirn, die Wucht, die geistige Unerreichbarkeit und Raffinesse, das Sprühen von Eleganz und Macht, das Umschwärmtsein, das Gefürchtetsein, die Leichtigkeit, die Blicke der Frauen … und er dachte daneben an sich selbst, an den Arm, den er immer verstecken musste vor den Augen seiner gesunden Generäle, vor denen der Welt, vor den eigenen Augen …

… die Menzel soeben mit verstimmtem Aufdruck und der breiten Seite seines Stiftes überfuhr, dabei die drei Balkenfalten zwischen den Brauen aufgestellt, die Unterlippe weit hervor geschoben. Nein, dieses Selbstportrait wollte er nicht sehen, nicht jetzt, nicht, wenn er *eigentlich* daran denken musste, dass sein Körper nichts als ein Jahrmarkt war, nichts als ein nicht wiedergutzumachender Streich Gottes. Und da, wo eben noch das Skizzenbuch die phantastische Glasschönheit seiner Lider hervorstechen ließ, war nun nur noch Schwarz …

… zu Schwarz kamen Max Liebermann selbst zuweilen seine Brauen vor und jedes Mal, wenn er Martha zum Fleischer begleitete, um sich die unterschiedlichen Rubensfarbschichten der Schinken anzusehen, wurde er das Gefühl nicht los, dass der Fleischer ihn, den Maler, ganz seltsam angaffte, als wolle er ausdrücken, du *bist* eine andere Art, egal, wie sehr du es nicht sein willst.

▪ ▪ ▪

Tschudi betrat an diesem frühen Januarabend mit seinem Assistenten an der Nationalgalerie und noch einigen weiteren, darunter Schöne und Liebermann, den Großen Saal in der Akademie der Künste Unter den Linden. Die traditionelle Festansprache fiel zusammen mit dem kaiserlichen Geburtstag.

Alle blickten in ein neues Jahr, das Jahr 1899.

Mit einem lockeren Sprung war Tschudi auf dem Podium.

Welch Stille umlauerte ihn!

Licht beschien einzelne Gesichter, manche nur zur Hälfte, wie das Anton von Werners, der natürlich heiß in Erwartung eines ganz gewiss eintretenden Skandals war.

Andere aber, wie Schöne, waren überzeugt, Tschudi würde in diesen höchst empfindlichen Belangen nicht *noch* weiter gehen, als er ohnehin schon gegangen war.

Tschudi senkte den Blick, hob ihn wieder.

Den Kneifer fest im Gesicht, das Gesicht wolfskrank und doch ohne Aufregung und ausgedacht schön, die Augen nach den Anwesenden greifend.

«Hochgeehrte Festgenossen», eröffnete er.

Und Liebermann wurde schon jetzt fast ohnmächtig, Anton von Werner hetzte mit einem Blick zum Kaiser.

Schließlich …

«… nicht ungünstig lagen in Deutschland die Dinge nach Schluss des letzten großen Krieges. Er hatte das Land nicht nur *nicht* verarmt, sondern der Regierung Geld, ungewohnt viel Geld in die Hand gegeben. Und man fühlte das Bedürfnis, die großen Ereignisse von der Malerei verherrlichen zu lassen. Wenn dennoch die Resultate häufig weder den hohen Absichten, noch den großen Mitteln entsprachen, so lag das an mancherlei Ursachen. Aufgaben wurden der Malerei gestellt, auf die sie nicht vorbereitet war. Das Schwerste verlangte man von ihr, die künstlerische Gestaltung eines unkünstlerischen Stoffes.»

Stummheit lag über dem Publikum.

Liebermann schnappte nach Luft.

Werner beugte sich nach vorn, um den Kaiser im Blick zu behalten.

«Man wollte monumentale Wirkung und forderte gleichzeitig dokumentarische Genauigkeit. Man verlangte historische Gemälde und erhielt gemalte Historien.»

Werner rutschte auf seinem Sitz hin und her, Liebermann kratzte sich am Kopf.

«Der Künstler stand dem Großen, das er schildern sollte, zu nahe und schilderte das Kleine, das er übersehen konnte. Es fehlte der Abstand, dessen die künstlerische Phantasie bedarf, um einen historischen Stoff nicht nach seiner zufälligen Erscheinung, sondern in seinem inneren Wesen zu erfassen.»

Liebermann machte Atemübungen, Werner erzitterte vor Wut.

«Hundert Jahre mussten vergehen, bis die Friderizianische Zeit ihre künstlerische Wiedergeburt erlebte. Keiner der zeitgenössischen Maler wäre im Stande gewesen, das Bild des großen Königs und seiner Generale mit der zwingenden Wahrheit des innerlich Geschauten vor uns hinzustellen, wie es dem Meister des 19. Jahrhunderts glückte. Und noch etwas trug Schuld an dem *Misslingen*, vielleicht das Entscheidendste, man verlangte die monumentale Gebärde des Historienbildes in einem Moment von der Malerei, da ihr ganzes Sehnen nach einer *völlig anderen* Richtung drängte. Gewiss ist, dass ein frischer entwicklungsstarker Zug in den künstlerischen Betrieb erst mit dem allgemeinen wirtschaftlichen Aufblühen Deutschlands kam, und dass nun die Maler in der Wahl ihres Stoffes *weit abweichen* von dem, worin man geneigt war, den für die neue deutsche Kunst gegebenen Inhalt zu sehen.»

Wilhelm II., in ganzer Pracht seiner – sogar bei ihm selbst – Albträume gebärenden Uniform, sah auf die schlichte Gewandtheit des Redners, der sich mit einer Hand an der Hüfte abstützte, mit der anderen am Pult spielte.

Dunkelblaugrau war der frühspäte Himmel über Berlin.

«Dieser wirtschaftliche Aufschwung bedeutet nichts anderes als die Erschaffung eines großen Publikums. Daran kann kein Zweifel sein, dass die Maler heute ein größeres Publikum haben als zu irgend einer anderen Zeit ... es fragt sich ... welcher Art das Interesse für die künstlerische Tätigkeit ist und ob es sich der Kunst förderlich erweist.»

Werner räusperte sich laut und deutlich.

«... manchmal ist es wichtig, alten Wahrheiten aufs *Neue* ins Auge zu schauen.»

Liebermann schickte leise Stoßgebete an Manet in die Ewigkeit des Horizontes hinein.

«Das eigentümliche dieses modernen Publikums ist seine Zahl, seine ungleichartige Zusammensetzung und seine Unkultur in künstlerischen Dingen ... das hängt in seinen Ursprüngen mit dem Herauskommen des Bürgertums in Folge der Französischen Revolution zusammen. An Stelle der aristokratischen Gesellschaft, zu deren traditioneller Bildung ein bestimmtes Verhältnis zu den Künsten gehörte, trat nun eine aus den heterogensten Elementen zusammengewürfelte Menge, die ... zudem meist keine Zeit, vielfach kein Geld und vor allem noch keinen Sinn für die Bedürfnisse einer verfeinerten

Lebensführung hatte. Der lebendige Stil … in England erwuchs er ganz organisch aus dem Boden eines Publikums, das nie aufgehört hatte, seine Existenz nach den Anforderungen eines *gebildeten Geschmacks* auszugestalten.»

Liebermann bog sich vor Angst, Werner zischte kurz. Der Kaiser verharrte unbewegt, etwas zwischen ratlos und kontrolliert.

«In den meisten Fällen weiß der Künstler heute nicht mehr, für *wen* er schafft, ob er überhaupt für jemanden schafft. Die Kunst ist eine soziale Erscheinung. Die Konzeption des künstlerischen Gedankens ist die *unabhängige Tat des Schaffenden*, das Kunstwerk selbst ist die Mitteilung dieses Gedankens an Andere.»

Jemand hustete.

«Eine große unbekannte Menge steht dem Künstler gegenüber … mit meist sehr wenig verfeinerten Kunstbedürfnissen. Auf den Ausstellungen kann er sie durch die Säle ziehen sehen, stumpf und gelangweilt, mit müden Blicken über die endlosen Bilderreihen schweifend, da nur verweilend, wo ein besonderes Geschehnis die Neugier reizt oder eine süßlich glatte Malerei für künstlerische Vollendung bestaunt wird.»

Werner wollte der Rede nicht weiter lauschen, war kurz davor zu gehen und konnte nicht, der Kaiser war anwesend.

«… es gehört ein starkes künstlerisches Gewissen dazu, bei diesem Wettlauf um die Gunst des Unbekannten nicht mitzutun … es fehlt nicht an der Kaufkraft … sondern an dem lebendigen Bedürfnis, mit Kunst in nähere und dauernde Berührung zu kommen … dabei ist es merkwürdig, dass sich dieses Publikum seines Mangels kaum bewusst wird … wo doch für das Auge das gleiche besteht wie in der Musik», seine Augen schimmerten. «Der Unfähigkeit, Tonintervalle zu erfassen, den Rhythmus zu empfinden, harmonischen oder melodischen

Kombinationen zu folgen, entspricht hier der Mangel, den Linienreiz oder das innere Leben der Form nachzufühlen, die unendliche Mannigfaltigkeit des Spiels von Licht und Luft, die Harmonie starker Farben oder die feineren Wirkungen toniger Stimmungen zu erkennen. *Unmusikalisch* nennt man Jene, denen die Grundlage zur Aufnahme tonkünstlerischer Werke abgeht, auf dem Gebiet der bildenden Künste fehlt eine entsprechende Benennung … *künstlerisch blind*», schlug Tschudi daher vor.

Anton von Werner grub seine Finger so gewaltvoll in das Fleisch seiner Hand, dass diese zu zittern begann.

Dabei unterschied Tschudi gütigerweise noch zwischen «absoluter Kunstblindheit» und «mehr oder weniger günstigen Anlagen».

Liebermann fühlte sein Herz hinter der Weste pochen wie toll.

«Afffffront», fauchte Werner seinen Freunden zu, «Affffffffront!»

Der Kaiser versuchte ein angenehmes Gesicht aufzusetzen, was sich als kompliziert erwies, da alle auf ihn blickten. Im Rücken sein Volk, vor ihm ein Rätsel. Ein ihn niederschmetternder, unerschrockener, einzelner Mensch von unergründlich ausbalancierter Rebellion.

Tschudi trieb die vorzutragenden Gedanken immerfort auf die Spitze. Wie bei einer prickelnden Folter, wiederholte und zerlegte er die Wahrheit, sezierte die Vorwürfe, brutal und subtil und vollkommen ruhig, machte er weiter und weiter und weiter.

«Am bedenklichsten erscheint wohl die vielfach als Allheilmittel angepriesene Heranbildung des Dilettantismus. Die Gefahr liegt nahe, dass sich das dilettantische Können überschätzt und den prinzipiellen Unterschied zwischen seinem eigenen Ge-

baren und dem künstlerischen Schaffen übersieht. Daher bei Dilettanten so häufig die übertriebene Hochachtung vor dem, was sich durch bloße Schulung erreichen lässt.»
Liebermann wandte sich leicht um, den Leuten zu, ein großer Schauder kribbelte seinen Rücken hinab.
«Der sicherste Weg, zum Verständnis der Kunst zu gelangen, wird *immer* der sein, dass sich das Publikum durch wiederholtes vorurteilsloses Anschauen des Besten *selbst* erzieht. An der Gelegenheit zu schauen … fehlt es nicht … schwieriger schon ist es … sich über das Beste zu einigen …»
Ganz am Ende erhob sich ein zusätzlicher, unerwarteter Edelstein in seinen Worten. «Wir aber hoffen, dass er … der erlauchte Protektor unserer Akademie … der den Würdigsten fand für die Ehrung der Kunst, *(Menzel wurde kürzlich vom Kaiser ausgezeichnet)*, auch für die Mehrung unseres Kunstbesitzes stets die Männer finden möge, die geeignet sind, seinen hochfliegenden Plänen die künstlerische Gestaltung zu verleihen», er blickte jetzt in die Menge der Menschen, die ihm wie eine nicht mitziehende Leere entgegenschwappte. «Wir geben unseren Gefühlen Ausdruck in dem Rufe: unser allergnädigster König und Kaiser Wilhelm der Zweite, er lebe hoch.»

▪ ▪ ▪

Erst als Tschudi seine Rede beendet hatte, erst als er durch den undefinierbaren Beifall wie durch ein geteiltes Meer schritt, erst als Max Klinger seinen Arm ergriff und mit überwältigter Euphorie fragte: «Sehen wir uns gleich im *Westminster*?» – erst als Tschudi wieder zuhause war, um sich umzuziehen, eigentlich, um allein zu sein, atmete er durch.

Der Kaiser stand in seinem Badezimmer am Waschbecken mit den vergoldeten Hähnen und schrubbte sich die Hände minutenlang.

Die Wasserleitung durch die siebenhundert Zimmer des Schlosses hatte schon der Soldatenkönig legen lassen, der mit dem Waschtick.

Manchmal glaubte Wilhelm II., nein war überzeugt davon, dass seine Unfähigkeit mit lauwarmem Wasser und der feinen Hirschseife einfach den Abfluss hinab verschwinden würde.

20

AUF TSCHUDIS TISCH im Schein einer kleinen Lampe, lehnte eine Maske, die sein Vater von der zweiten Perureise mitgebracht hatte.

Eine Maske aus Kupfer, bösartig angelaufen in türkisenen Flecken, wie die Farbe der Kanäle in Venedig.

Die Form der Maske war interessant.

Breit und steif.

Sie war gedacht, um auf einem Totengesicht anzuliegen. Sie war kein Opfer, kein Kunsterzeugnis, kein Schmuck. Sie war das Gesicht für die Dunkelheit nach dem Leben.

Tschudi hatte einige Erinnerungsstücke aus Jakobshof, dem Hause seiner Eltern, nach dem Tod seiner Mutter zu sich geholt.

Er war nicht lange dort verweilt, roch und küsste nur rasch einige Schals oder das Parfum seiner Mutter. Kniete kurz vor dem Kamin seiner Kindheit. *Mit Staunen werden die schon längst Totgeglaubten von den friedlichen Indianern der Montanas begrüßt und ihr Wiedererscheinen wie eine Wundermär von Hütte zu Hütte erzählt*, hatte Johann Jakob von Tschudi seinem Jungen berichtet und die kupferne Maske im Feuer der Mittagssonne gegen das Antlitz Hugos gehalten.

Auf dem Tisch lag zudem ein Brief von Virchow und ein sorgfältig verpacktes Etwas.

Mein sehr verehrter, lieber Hugo von Tschudi!

Sie sind ein vielbeschäftigter Mann, ich habe Sie nicht erreichen können, so also bekommen Sie Ihre Gesichtsmaske auf diesem Wege. Ich habe mich mit einigen vertrauenswürdigen Kollegen beraten und wir haben Ihre Maske außen zusätzlich mit hauchdünnem Kupfer versehen, so haben Sie nach innen das schonende Wachs und nach außen eine Art gebildhauerte Partie Ihres Gesichtes. Ich hoffe, Sie sind damit einverstanden. Das Antiseptikum verwenden Sie bitte zur vorsichtigen Säuberung der Maske, gut ist, es enthält kein Karbol. Anbei noch eine säurehaltige Bleisalbe sowie ein Puder, beide allerdings hochtoxisch: Ihr Harn wird sich sehr wahrscheinlich dunkel färben und Entzündungen um die Haarfollikel sind ebenfalls nicht auszuschließen. Dann habe ich mir erlaubt, Ihnen noch ein Ätzmittel beizufügen, welches Sie vielleicht schon einmal verwendet haben, falls nicht, tragen Sie es alsbald einmal auf, auch hier gilt, Sie werden es als äußerst schlimm empfinden. Leider kommen bei Ihnen nur die hochkonzentrierten Mittel in Frage und die werden Sie aufgrund der damit einhergehenden Nebenwirkungen nicht in Ruhe lassen. Lassen Sie mich bitte wissen, wie es Ihnen damit ergeht, mit all dem zusammen, zögern Sie nicht, mich heranzuziehen, auch, wenn Sie weiteren Bedarf an Salben haben sollten.
Mit den besten und herzlichsten Grüssen und der Bitte um Entschuldigung, dass diese Zeilen nichts Schöneres für Sie bergen,

Ihr Rudolf Virchow

Tschudi blickte auf das Paket.
Kalt war ihm.
Er legte einen frischen Stehkragen an, die er sich, immer zahlreich und frisch gewaschen, aus England kommen ließ.
Schichten aus Papier wickelte er auf, eh hinter einem letzten Tor aus Pergament ein seltsames Objekt zum Vorschein kam.

Eine Rechnung lag dem Ganzen nicht bei, obwohl Tschudi bei ihrem Treffen darauf bestanden hatte.
Was für ein trauriges Geschenk …

21

MIT DER ELEKTRISCHEN fuhr er zurück, lehnte an der Stange des Hinterperrons, links und rechts von sich noch zwei Männer. Alle drei standen sie da in ihren Hüten, Tschudi mit der in der Farbe seiner Haut bemalten Maske. Der Mund lag frei, die Nase aber und ein Großteil der Wangen waren verdeckt, nur die Augen schauten einen an. Diese Tschudi Augen.

Oberhalb eines zweiten Antlitzes, das hinter den Ohren mit Hilfe von Bügeln befestigt war.

Diese brennenden Augen, vollendet in ihrem Ebenholz, schauten nass und unfehlbar.

Am Brandenburger Tor stieg er aus, den Rest zu Fuß.

Der Winter war im Grunde schon abgelöst, noch ein wenig auf sich bestehend, hing er den Wolken nach, die in die baldige Milde trieben, wissend, dass es doch eigentlich vorbei war.

So paarten sich die Klagen des Januars mit denen Tschudis, als er den Weg zwischen der stolzen Doppelreihe der kahlen Bäume abging, unter denen Bänke standen, Laternen in kurzen Abständen an je zwei bekrönten Adlermasten befestigt aufschienen und der Wind, wie in einem frischen Pissarro, einfach stehengeblieben war.

Hotel *Westminster* lag, hinein geschoben zwischen die große Lindenprachtarchitektur, mit einem Mal vor ihm.

Im ganzen ballettösen Übergriff des Beaux-Arts errichtet, regte es sich gebieterisch klassizistisch vor einem. Ein Luxushotel, in dem viele wohlhabende Reisende abstiegen, mit Billardsälen, viel Marmor, Orchestern, die rund um die Uhr spielten.

Hier, im großen Sitzzimmer, wartete eine ganze Schar auf den Direktor der Nationalgalerie. Als er hereinkam in den flirrenden klirrenden Raum, sah er auf den ersten Blick Liebermann, der bei Rathenau und Mendelssohn saß.

Schöne und der Direktor der Hamburger Kunsthalle, Lichtwark unterhielten sich an der Bar.

Bei den Bogenfenstern saß Max Klinger mit einer Frau, die eine Pfauenfeder im welligen Haar trug.

Einige andere, die er vom Sehen kannte oder auch nicht, waren auch da, allein, sie trauten sich nicht in seine unmittelbare Nähe, aber sie sahen ihn mitgerissen an. Sie alle waren gekommen und applaudierten, als er sich ihnen näherte.

Die Maske, dachte Tschudi, *ich trage diese Maske.*

Eine nie gekannte Scham tauchte tief in ihn ein.

Umstanden und gefeiert und in sich voller Schmerz. Ein nicht zu beschreibender Schmerz, fern der Vorstellung. Ein Schmerz, so anhaltend und so voll Hohn. Schmerz, der den Geist befällt und die wachen Stunden in der Nacht. Schmerz, der immer neu und immer verlässlich ist. Schmerz ohne Poesie. Schweißschmerz. Giftschmerz. Zwischen den kleinen Rosen, die sich bilden im Herzen, selbst dahin gelangt er. Selbst das holt er.

Panik in chronofotografischer Zeitlupe durchfloss ihn …

Tschudi sah die Flaschen voll Wein und Cognac und *f i e l* in diesen Abend.

■ ■ ■

«Kellner!», rief Mendelssohn aus seinem Klubsessel.

«Dit heißt jetzt neuerdings Ober!», meinte Liebermann aus seinem.

«Oberkellner!», rief Tschudi, «noch einen!»
«Mensch ick muss los, Marthalein macht mir de Hölle heiß», Liebermann machte es sich entgegen seiner Bemerkung jedoch sehr bequem. «Hugo, lassn Se dit bitte», flüsterte er Tschudi besorgt zu, weil dieser nicht aufhörte zu trinken. «Ick werd Se nach Hause bringn müssn wie't aussieht.»
«Tschudi verträgt das», sagte Mendelssohn. «Außerdem, lassen Sie den Mann doch mal entspannen, Max!»
«Hat nüscht damit zu tun. Wie spät is'n dit eijentlich?», fragte Liebermann.
«Zu spät», offenbarte der spendable Mendelssohn und er und Tschudi lachten los. «Schön hier!», rief Mendelssohn, «nicht so dunkel wie im *Borchardt* neulich, wissen Sie noch Tschudi? Stellen Sie sich vor, Max, da gibt's keine Fenster, keine Tafelmusik, nur vor sich hin schlemmende Eminenzen und das Licht über den Tischen war mir fast schon zu grell.»
«Ick hab da och schon jejessn, die wolln halt, dass man sich uff die Speisn konzentriert, man holt sich da lieber wat vom *Feinschmeckerhändler Borchardt* ina Französischn 48, gleich nebenan. Oder dit Ewest ina Behrn!», Liebermann bediente sich von den Delikatessen, die auf dem Tisch prangten – geräucherter Lachs, Krebs, Kaviar mit Zitronen, Prager Schinken, Kalbsbraten, 1876er Weißwein, Moët Chandon und Pommery, Château St. Julien Rotwein, Halb und Halb, Pfeffermünz, Absinth, Mirabellenschnaps, Whisky, Brandy, Advocat …
«Oder das *Monopol*, wo der Inhaber Louis Schaurté, ein fetter Rheinländer, etwas voreilig war mit seiner Gunst für den Kaiser: so habe ich mir sagen lassen, er hätte – *Deutschland in der Welt voran!* – auf die Speisekarte drucken lassen – jetzt zum Geburtstag unseres Königs!», Walther Rathenau, deutsch-jüdisch großbürgerlicher Sohn Emil Rathenaus, des Lichtgottes, lachte

los. Sein wunderbar dunkles Äußeres war nobel und gewählt, er strich sich über seine seidene Krawatte und rauchte.
«Und das fand der Kaiser etwa unangebracht? Das kann ich mir ja gar nicht vorstellen, nein wahrlich, es muss ihn doch sehr erregt haben», wunderte sich Tschudi.
«Oder unser armer Wilhelm war ganz einfach missgelaunt, weil seine Kirchenguste wieder mal ran wollte. Und überhaupt, alles, Hauptsache nicht beim Juden essen gehen», bat Rathenau, «die können sich nicht benehmen, essen wie im Zoo!»
«Meen lieber Couseng, muss ick Ihn wieder Ihrn Judnhass austreibn, ja?», fragte Liebermann kopfschüttelnd.
«Hat eigentlich heute einer von Ihnen den Herrn Menzel gesehen, bei der Rede?», fragte Schöne.
«Ick meine, der war nich da», antwortete Liebermann.
«Der war beschäftigt», sagte Max Klinger und biss in einen Schokoladenball, aus dem eiskalter Kniggebein in seinen Gaumen floss.
«Und womit, wenn man fragen darf?», wollte der etwas untersetzte Lichtwark wissen.
«Na mit Wachsen!», entgegnete Klinger und die Runde brach in Lachen aus.
«Na na na meene Herrn», rief Liebermann zur Ordnung, «wat soll denn die Dame von uns denkn? Keene Maniern oder wat?»
Die Dame, Klingers Muse Elsa, begann wie betäubt von Tschudis Blick auf ihn einzudichten. «Deine Seele ist scheu und zart … wie dein weißes Orchideengesicht … in deinem Geiste ruht des Jahrhunderts hellstes Licht! Dein Leib ist Stahl und Energie … wie dein starkes Leben!» – Klinger zog sie zu sich, sie rutschte an seinem Körper, an den Beinen herab, blieb liegen und schlief auf dem Teppich ein.
«Ist sie nicht wundervoll?», fragte Klinger.

Klinger sah aus wie ein Zwillingsbruder von Klimt. Er war groß, hatte lange Augen, war athletisch, war begabt, ja ein geheimnisvoller Künstler, der sich für viele Welten begeistern konnte. Viele seiner Arbeiten zeigten zu Goya – schonungslos, empfindlich, bedrückend. Er war ein großer Verehrer Tschudis und für die Rede angereist.

«Ich möchte gerne ein paar Worte sagen», er hob sein Glas, «was heute durch Ihre Lippen in mein Ohr drang, das war Magie. Ich habe von diesen Wahrheiten immer nur geträumt. Ich … ich kann nicht glauben, wie monumental das ist, was Sie da heute formuliert haben, getan haben und noch tun werden. Ich ahne einen großen Augenblick, der Sie sind, Tschudi – Sie.»

Liebermann und alle anderen hoben ihre Gläser. «Ick hab Angst um Sie manchmal, dit jebik zu, aber k'hab noch nie een so bewundert und jeliebt, wie Sie, Tschudi!»

Tschudi lächelte, aber keiner konnte es wirklich sehen.

Sein Kopf kreiste und kreiste und kreiste. Er durfte nicht trinken, er durfte es nicht, er tat es jetzt, doch, ganz gleich, wie sehr er sich damit zudeckte, es verhüllte nicht sein Gesicht und es verhüllte nicht sein Wissen um sein Gesicht.

«Wo kommen Sie jetzt her?», fragte Lichtwark Max Klinger. Lichtwark war Tschudi oft begegnet. In Bibliotheken, im Grunewald im Sommer, wenn alle weiß gekleidet waren und Klimmzüge an den Bäumen machten. Tschudi war jenseits dessen, was Lichtwark für möglich gehalten hatte jemals. Er betrachtete ihn eigentümlich und fühlte die Kraft, die aus Tschudi drang, die Worte, die wie exakte Punkte in den Gedanken saßen. Die Bewegungen, die nie übertrieben. Der Ernst, der so aufgeweckt war.

«Griechenland, das heißt nein, über Weimar hierher. Darum habe ich Herrn von Tschudi und Herrn Liebermann auch einige Monate nicht gesehen, wo wir uns sonst recht häufig bei den Bernsteins trafen, zu den abendlichen Salons. In Weimar besuchte ich übrigens Nietzsche», antwortete Klinger.

«N-Nietzsche? Aber jetzt erzählen Sie schon!», forderte Tschudi wie außer sich.

Klinger setzte sich ihnen allen gegenüber. Elsa lag da, ihre eigenartigen, mysteriösen, fast schon fiktiven Gesichtslinien waren nun im Tiefschlaf angelangt.

«Es war … beunruhigend. Ich meine, ich, wir alle haben *alles* von ihm gelesen. Ich habe Nietzsche gegessen, getrunken. Es gab Zeiten, da habe ich an nichts anderes gedacht, als an das, was er gesagt und verfasst hat. Und dann sah ich … ihn da liegen, in seinem Bett, in einem leergefegten Zimmer, seine Augen, die waren wie Löcher … er war tot und nicht tot … ich konnte nichts sagen oder denken, seine Gegenwart hat mich gelähmt, ohne, dass er etwas angefasst hat, ohne mich zu berühren. Ich schenkte ihm eine kleine Plastik, stellte sie auf das Fensterbrett. Ich könnte schwören, er hat sie verschoben … mit seinen Gedanken!», Klinger zuckte zusammen. «Die Skulptur stand am Ende, als ich ihn wieder verließ, nicht da, wo ich sie abgestellt hatte und während der ganzen Zeit war niemand sonst bei uns gewesen. Er hat meinen Kopf geöffnet, allein mit dem Skalpell seiner Aura und als würde er einen würgen mit seiner Seele. Er sah grauenhaft einsam aus. Böse und zerbrechlich und einzigartig. Der Bart, dieser vollkommen überdimensional große Bart hing da wie ein Tier, das in seinen Mund kriechen wollte. Er konnte sich aufsetzen und manchmal formte er Sätze, aber die waren gleißend und nicht irdisch. Ich verstand nichts. Ich meine, ich verstand nichts mehr von meiner eigenen Existenz, so mächtig war er immer noch, selbst in diesem Vampirzustand, ganz so, wie es Bram Stoker in seinem *Dracula* beschrieben hat, tot und nicht tot.

Und ich fragte mich, zerfällt ein Teil Deutschlands, wenn so jemand zerfällt? Ein Teil von unserer Psyche, von unseren Grundlagen, von unserer Sprache?»

«Nein», sagte Tschudi leer und wie vergoldet von Klingers Beschreibungen. «Denn die … die Welt hat er schon zu … zu Lebzeiten als *kotiges Ungeheuer* getauft.» Er wollte die Maske wegreißen, wollte schreien, wollte sterben, wollte so sehr leben. «Stimmt es, dass … dass Anton von Werner Sie einst als … als Schüler abgelehnt hat?», fragte er.

«Ja», sagte Klinger, «ihm gefielen meine Arbeiten wohl nicht. Ich hatte allerdings damals die Gelegenheit, eines seiner Schubfächer zu öffnen, als er gerade den Raum verließ. Da lag ein Selbstportrait Werners, er musste sehr jung gewesen sein, als er das gezeichnet hatte. Schnell, locker, freundlich, neugierig. Kein Manet dieser Erde zeichnete je freier! Würde mich nicht wundern, wenn er diese Arbeit inzwischen verbrannt hat, in seinem persönlichen Folterzimmer.»

22

LANGE HATTEN SIE DA noch alle zusammen gesessen. Lange lange lange …
Tschudi hatte erreicht was er wollte. Sein eigenes Zeitgefühl war zerstört und seine Seele von Nebeln irregeführt.
Und wieder war er allein und wieder war es geschehen, er wusste nicht, wo er war und wie er hierher gelangte.
Waren das die Anfänge vom Ende? Litt sein Gedächtnis? Flog er auseinander?
Es regnete stark.
Es stank.
Ein Baby schrie.
Tschudi hielt inne.
Sah sich um.
Nasse Nacht.
Er konnte kaum etwas erkennen, seinen Zwicker im Etui in der Weste. Was er erblickte, war heruntergekommen.
Er musste irgendwo hinterm Alexanderplatz sein, Scheunenviertel vielleicht.
Zwei Männer im Kaftan kamen ihm entgegen, sie kamen aus einem der ostjüdischen Lokale, sahen ihn erschrocken an und gingen eilig weiter.
Ganz langsam ging er zurück, blieb stehen, lief wieder ziellos umher.
Jemand trieb sich hinter ihm herum.
Tschudi spürte das ganz genau.

«Kann man dem Hochwohljebornen vielleicht helfn?», eine ordinäre Stimme ereilte ihn.

Doch wo kam sie her?

Tschudi konnte niemanden sehen.

In seinem langen Mantel, mit dem Hut auf dem Kopf und der Maske im Gesicht drehte er sich, doch nichts.

Zwei junge Berliner in zerlumpten Kleidern näherten sich ihm, tauchten wie aus dem Nichts auf.

«Wat so'n Herr zu so späta Stunde hier will, dit möcht ick ja ma jerne wissn», bemerkte der eine von ihnen.

«Man man man, nur vom Allerfeinstn Ihre Kleider, wa?», sagte der andere und umgeierte Tschudi. Eine Laterne streute ihr schwaches Licht über ihn.

«Wat hast'n da im Jesicht? Wat isn dit?»

«Lassen Sie mich bitte», sagte Tschudi.

«Wat isn dit? Is dit echt? Ne wa? Wat versteckstn dahinta? Zeich do ma!»

«Gehen Sie weg, lassen Sie mich.»

Doch da erfasste der größere von den beiden die Maske seitlich an der Schläfe, schnappte jedoch daneben, weil Tschudi seinen Kopf blitzschnell wegzog, wobei er den Hut verlor.

«Wat hastn? Wat is denn? Zeich do ma!» – Diesmal konnte er sie greifen und riss sie von der Halterung am Ohr.

«Wat … wat is dat denn?»

Sie starrten ihn an.

«Wat bist du? Bist du … n Monsta? – Ey, kommt ma alle her hier, ick hab n Monsta jefundn! Alle herkomm, hier steht n Monsta!», schrie er laut um sich. «Hört doch alle, ick hab n Monsta jefundn! Monsta! Monsta!»

Tschudi packte ihn.

Zog ihn zu sich hoch, die Beine lose in der Luft, die Maske fiel zu Boden.

Der andere rannte weg.
Tschudi hielt ihn ganz nah vor sein krankes Antlitz.
Zappelnd in seinen Händen hing der Mensch. «Denkst du, ich bin nett?», fragte Tschudi ihn.
«Wat? Ne, ick will nur weg, lass ma jehn, ick will weg hier, lass ma los!»
«Ich will dich fressen!», sagte Tschudi heftig zitternd.
Der Mann schrie los, schrie so laut, dass er binnen Sekunden heiser war.
Er ließ ihn fallen wie eine klapprige Puppe, die mit sich überschlagenden Beinen flüchtete.
Tschudi überkam die Wut, er rannte ihm hinterher.
So schnell, so schwer, gegen die ganze Welt.
Die Tropfen stachen in seine Augen.
Er rutschte auf irgendetwas Glibschigem aus und prallte heftig auf den Rücken.
Atemlos lag er da, auf dem dreckig feuchten Schlamm, ausgebreitet wie ein Schmetterling und blickte hoch.
Die Sterne.
Diamanten im ewigen Schwarz.
Meterweit entfernt von ihm lag die Maske in einer Pfütze.
Augenlos.

■ ■ ■

In einer Daimler-Motor-Droschke ließ sich Walther Rathenau bis zum Morgengrauen durch Grunewald fahren.
«Nicht anhalten», war das einzige, was sein Fahrer immer wieder leise von hinten vernahm.
In Berlin zwitschern die allerersten Vögel manchmal schon im Januar, das hören aber nur die allerwenigsten Menschen.
Rathenau hatte den vollkommen übermüdeten Kopf, der

Steine wog, an die Windschutzscheibe gelehnt und schaute hinaus.

Die Villen, von schlafendem Geäst umtaut, das stolze Baumwerk des Grunewalds eben, nahm die ihm so vertraute dunkel träumende Notiz von seiner Seele, die er so sehr brauchte, in der Einsamkeit, in der er lebte. Einsamkeit, die von Gesellschaft reich umgeben, aber die doch so von Scharfsinn und tiefer Überreiztheit gerahmt war.

Seine Mandelaugen waren schwarz wie das Leder, auf dem er saß.

Der gestutzte Bart und der weiße Kragen seiner Garderobe verrieten Bedacht, sein Blick lag über allem, weil er alles durchdrang.

Eine Fähigkeit. Ein Fluch.

Die erste trübe Windluft des Tages lag wie ein Stillstand der Welt um ihn herum, nur Bach konnte so klingen. Nach deutscher Sprühluft.

In eine stille Partitur konnte Rathenau ebenso vertieft sein wie in Automatisierungstechniken.

Und nichts und nirgends war es so wunderbar wie in Grunewald. Sein Grunewald, mit der zuckenden Stille.

Viel Unruhe tobte in seinem Herzen.

Gesagtes, Gehörtes und die Zeit selbst, die ihn quälte, die ihn kitzelte.

Schon früh hatte er bezeugt, wie extrem seine Begabungen waren und da dauerte es nicht mehr lang, zu erkennen, wie durchsichtig die Welt doch war.

Seither begab er sich nur noch in Gesellschaft, die ihn mindestens ebenso interessierte, wie er sich für sich selbst. Er war davon überzeugt, in einem zauberhaften Zeitalter namens Berlin zu leben, mit seinem persönlichen, seinem einzigen Makel – dem Jüdischsein.

Wär auch sonst zu schön gewesen.

Jude, dachte er, *so ein zartes Wort und doch so voller Entzündungen.*

Angewidert von Begriffen, von den mittelmäßigen Gefühlen der Menschen und der Geschmacklosigkeit der Geschichte, konnte er nicht fassen, wie bedeutend dieses Wort – Jude – geworden war. Zu einer Wolke in der Form eines Riesen-Elefanten erwachsen, die voll Tränen über Berlin zu zerplatzen drohte.

Als Berliner war er doch kein Jude, sagte er sich.

Was also hatte er mit diesem Wort gemein?

Nichts.

Nicht das Geringste.

Sein politisch balancierender Ehrgeiz, seine wahnsinnige Lust nach Kunst waren ihm eigen, sie waren einzigartig vermengt, er glich niemandem und doch musste er Jude sein?

Ein Vakuum für ihn, eine Zwangsjacke und dabei liebte er doch englische Anzüge.

Und dann nervte ihn der Journalist und Meinungsfanatiker Maximilian Harden in der letzten Zeit doch gar ein wenig zu sehr, der Rathenau immer und immer wieder zu überreden suchte, ebenfalls zu konvertieren und ihn vielleicht einmal zu oft ans Jüdischsein erinnert hatte, als wolle er Rathenau auf einen Boden der Tatsachen zurückholen, der kein Boden war, nur ein Sturz, als wolle er sagen: *vergiss nicht, bei all deinen erfolgreichen Augenblicken und all den brillanten Texten, die du für mein Blatt schreibst, du und ich, wir sind und bleiben doch nur Juden, du musst dich verwandeln!*

Rathenau konnte ihn nicht ausstehen. Harden schien Gedanken nur zu jagen oder zu benutzen, aber sie nicht zu erkennen oder zu genießen. Für Harden, der mit Talenten nicht so bestückt war, schien das Wort *Jude* die Aussicht in eine Existenz zu sein, selbst keine weiteren Eigenschaften mehr ausbilden zu müssen und aus den vier Buchstaben eine Art Blutgruppe des Vorwurfs zu machen, eine Flucht ins Nirgendwo, eine Drehscheibe, die man nur anstoßen musste, statt eine eigene Biographie in Angriff zu nehmen. Harden wollte Jude sein und hasste es doch, keine Seltenheit, allein – er konnte diese Not so wenig verbergen und man konnte ihm förmlich dabei zusehen, wie er in eine persönliche Hysterie geriet, die Gefahr lief, sich auszudehnen.

Als schlicht unkultiviert empfand Rathenau das alles und ärgerte sich nicht zum ersten Mal und auch sein enger Freund Max Reinhardt hatte ihn auf manchem Spaziergang nicht beruhigen können, Reinhardt, den Rathenau gern hatte wie einen Bruder. Jetzt hatte der Theaterwundermann mit der gütigen Disziplin und den hellen Augen natürlich kaum noch Zeit, mit Rathenau stundenlang in Berlin verlorenzugehen und auch Rathenau war eingebunden in einen so komplexen Takt aus Terminen, dass er eine solche Fahrt wie jetzt unendlich begehrte.

Diese Fahrten durch Grunewald waren wie eine Reise zurück und doch mitten in das Kommende hinein, eine Kapsel war seine Motor-Droschke, in der er dann die Raumzeit krümmen und verschwinden konnte, in die leisesten Arme der Äste seiner Stadt … Berlin.

23

DER KAISER betrat die Nationalgalerie mit einer Gefolgschaft, die es in sich hatte.

Nicht nur viele Uniformen, nicht nur sein Zivilkabinettschef und sein Flügeladjutant, nicht nur der Kapitän zur See, nicht nur der Kultusminister und der Generaldirektor, sondern zu guter Letzt auch noch Anton von Werner schritten bestimmt und blockhaft hinter ihm.

Möge es beginnen, dachte Tschudi.

Es ist soweit, dachte der Kaiser.

Endlich, dachte Anton von Werner.

Wie ein unglückliches, verratenes Kind lief Wilhelm vorweg, ohne Plan und ohne Rücksicht.

Wie ein König folgte ihm Tschudi, gütig und voller Zorn.

Wie ein Vogel ohne Flügel schwankte Werner hinterher.

Lange vor dem Impressionistensaal schon missfiel dem Kaiser so gut wie alles.

Er fragte wie ein Wilder, benahm sich wie ein Verrückter, wusste seine Überforderung nicht anders zu regulieren als durch ständiges Hineinreden und Verneinen.

Keinen Satz konnte Tschudi zu Ende formulieren, kein Bild erwecken.

Alles erfror in Ignoranz und Angst des Monarchen.

Als sie bei den Franzosen angekommen waren, bei Degas, bei Cézanne, bei Monet, war die Leuchtkraft unleugbar. Die künstlerische Freiheit, die kleinen Striche dicht anein-

ander gerückt, in der Fernwirkung explodierend als Rauschreise.
Wilhelm stand inmitten des Raumes, Tschudi irgendwo.
Es war, als sei ein Augenblick des Universums nach Berlin gefallen, hierher, in die Nationalgalerie, in diesen Saal, zwischen diese beiden Männer, die so weit voneinander entfernt standen.
Es war, als hätten die Farben des Lebens, der Einsicht, der Zugewandtheit und des ganzen menschlichen Stimmungsreichtums, auch der Unbestimmtheit, des Zweifels, der Verleumdung, der Bosheit, der Schwäche und des Wahnsinns, der Einfühlung und Vorstellung, kurz, einer aufgesprenkelten neuen, für immer glitzernden Philosophie hier Einzug gehalten, auf Leinwänden, so unschuldig und so bereit, dies alles irgendwie aufzurufen, ohne es wirklich zu erzählen.
«Das muss aufhören», flüsterte Wilhelm II.
Tschudi hatte sich nicht verhört. Sein Gesicht, von einer weißlich grauen Paste nahezu abgedeckt, schaute aufmerksam und todesweich.
«Diese Franzosen-Wirtschaft muss und wird aufhören», wiederholte der Kaiser lauter. Er winkte Tschudi zu sich und meinte: «Und was ist das schon hier?», und stand vor Manets *Treibhaus*. «Da sitzt eine jüdische Frau und dahinter steht ihr jüdischer Mann – und das alles auch noch finanziert, mein lieber Herr Direktor, von Ihren jiddischen Freunden.»
«Gehen wir doch hinunter, zu all den großartigen Neuerwerbungen», sagte Tschudi ruhevoll. Unten wartete Leistikows großer «Grunewaldsee», ein ganz seltsam melancholisches, flüsterndes Bild, aufgeschwemmt in brennendem Orange und Abend, ein Bild, das man nicht mehr vergaß, wenn man es einmal sah.
«Das soll der Grunewald sein? Ich glaube, meine Herren, wenn

hier jemand den Grunewald kennt, dann bin ich das und ich sage Ihnen, das hier ist nicht der Grunewald, so sieht der Grunewald nicht aus, und ich muss das ja wohl wissen, ich bin Jäger!», alle stimmten dem Kaiser zu, der seinen Arm ständig vor und zurück schob.
Anton von Werners Augen fingen Tschudi zwischen den Anwesenden ein. Ein Ausdruck von großer Unentschlossenheit und dem einzigen ihm wohltuenden Mittel, das er besaß, die Intrige.

Mit Herzdrücken verbeugte sich Tschudi, als der Kaiser sich verabschiedete und mitsamt all seinen Angefügten das Gebäude verließ.
Ein Herzdrücken voller Ungläubigkeit über diesen alles zerfetzenden Aufenthalt in einer Nationalgalerie der Wunder …

24

ICH HABE BEI MEINEM BESUCHE DER NATIONALGALERIE IM FRÜHJAHR DES JAHRES WAHRGENOMMEN, DASS GEMÄLDE, WELCHE VERMÖGE DES GEGENSTANDES IHRER DARSTELLUNG BESONDERS GEEIGNET SCHEINEN, EINEN BILDENDEN EINFLUSS AUF DIE BESUCHER AUSZUÜBEN, UND AUCH DURCH IHREN KÜNSTLERISCHEN WERT DIE NATIONALE KUNST IN HERVORRAGENDER WEISE REPRÄSENTIEREN, VON IHREM BEVORZUGTEN PLATZ BESEITIGT UND DURCH BILDWERKE DER MODERNEN KUNSTRICHTUNG ZUM TEIL AUSLÄNDISCHEN URSPRUNGS ERSETZT WORDEN SIND. DIESE VERÄNDERUNGEN FINDEN MEINEN BEIFALL NICHT, UND ICH WÜNSCHE, DASS DIE BEZEICHNETEN WERKE WIEDER AN IHRE ALTE STELLE GEBRACHT UND DIE NEUEREN BILDER AN EINER WENIGER HERVORRAGENDEN STELLE UNTERGEBRACHT WERDEN. ZUGLEICH BESTIMME ICH, DASS KÜNFTIG ZU ALLEN ERWERBUNGEN FÜR DIE NATIONALGALERIE, SEI ES DURCH ANKAUF, SEI ES DURCH SCHENKUNG, ZUNÄCHST MEINE GENEHMIGUNG EINGEHOLT WERDE. SIE HABEN HIERNACH DAS WEITERE ZU VERANLASSEN. NEUES PALAIS POTSDAM, DEN 29. AUGUST 1899, GEZEICHNET WILHELM R.

25

GANZ POTSDAM lag zu des Kaisers Füßen.
Die Kraft der Gartenkunst nach Lenné, die blühenden Parkachsen in alle Himmelsrichtungen, die Labyrinthe und Pavillons, die weißen Figuren, der Klausberg mit seinem Zauber-Belvedere, die Bögen der Kulturlandschaft mit ihren Alleen und Tempeln, die Weite, die Herrschaft, die Eroberung, das große Gesamtkunstwerk einer politischen und kulturellen Meisterschaft.
Und wo hielt er sich am liebsten auf, der Kaiser, wenn er im Neuen Palais verweilte?
In seinem Teehaus, das doch, wenn wir ehrlich sind, nichts als ein Schrebergartenhäuschen war.

■ ■ ■

Madrid.
Prado.
Goya.
Vom Hotel in die Droschke.
Von der Droschke ins Museum.
Weiße Stadt.
Weißer Prado.
Goya.
Goya als Velázquez.
Tschudi.

Die Droschken schneller als in Berlin.
Im Prado alles riesig.
Schweigende Bilder.
Goya.
Energisch wie Rembrandt.
Zart wie Tizian.
Goya.
Ein Maler, der nicht überlegt.
Beklemmender Kragen.
Tschudi schluckt.
Vor Goya.
Eine Bewegung.
Ein Lichteffekt.
Goya.
Nervös.
Wunderbare Schärfe.
Goya.
Überraschend.
Geistreich.
Einseitig, voller Leben, ohne Wahrheit.
Tschudi.
Schattenkönig.
Kalte Seele.
Feuerherz.
Karikatur, alles.
Die Welt.
Buntschillernder Realismus.
Goya.
Goya war viel.
War Fresco.
War Flugblatt.
Die zinnoberroten Fleischtöne.

Die starkvioletten Halbschatten.
Kontrast.
Harmonie.
Goya.
Tschudi.
Antriebslos.
Vom Prado in die Droschke.
Nichts sehen wollen von Madrid.
Nichts fühlen wollen.
Mehr.
Mit der Droschke zurück ins Hotel.
Auf dem Bett liegen.
Wach schlafen.
Schlafend wachen.
Die hohen spanischen Stimmen draußen.
Die Zeitlosigkeit in Tschudis Nerven.
Ruhelos.
Ausgehöhlt.
Vom Hotel wieder in die Droschke – in die gleichzeitig *s i e* einstieg.

26

ER SASS IHR GEGENÜBER. Sie saß ihm gegenüber.

Ohne ein Wort, ohne einen Ausdruck.

Beide wie gestorben, beide wie auferstanden. Beide wie umgekehrte Teile voneinander.

Er sah hinaus, sah nichts, doch sah hinaus, um nicht sie anzusehen, die so nah kam mit ihrem eben erst gebadeten Duft, der sich mit dem traurig-beißenden Geruch seiner Salbe mischte.

Sie sah ihn an.

Er spürte, wie sie ihn ansah. Er spürte den Abdruck ihrer schwarz-schwarzen Augen auf sich, wie einen großen Sonnenuntergang.

Er fühlte, wie sie ihn anblickte. Nicht aufhörte.

Die Fahrt stockte. Draußen der Verkehr. Rufe. Sonne.

Im Augenwinkel schon allein war ihr Haar schwärzer als Schwarz.

Sein Herz sprang auf.

Ihr Blick blieb ohne Unterbrechung auf ihm haften wie warmes Blut.

Dann wagte er, sie zurückanzuschauen.

Zwei riesige runde Sonnenfinsternisse, von den längsten Wimpern beflügelt, die er je gesehen. Vollkommen ernst der ans aufgerissene Donnerlachen gewöhnte Mund.

Das volle junge Gesicht ihm allein zugewandt, ausgeschaltet ihre Sinne für alles außerhalb dieser Droschke.

Sie zwinkerte kaum, die dunkel rasenden Brauen leuchteten.
Ein wenig wackelten die Köpfe von den Bewegungen der Fahrt.
Mein Herz fällt heraus, dachte er, *es fällt ja sogleich heraus.*
Ihres nicht. Ihres blühte massiv in ihrem weichen Körper, hinter ihrer gebräunten Tollwut.
Wahnsinnig sah sie aus, wahnsinnig und wundervoll. Überschwänglich und geladen und voller Irrtümer und voller Liebe. Verzweifelt schön. Diese kleine Nase. Diese ovalen Wangen. Diese dicken Haare. Die Augen, die spielen, die leben wollten. Die Stirn, vom Licht ihrer Heimat beglänzt, matt gepudert. Einen Hut seitlich angesteckt mit einem Anstecker, der einen Falter zeigte, übersät von teuren Steinen – so bunt wie ihr Schal, so bunt wie seine Impressionisten.

27

MENZEL.

Menzel hatte viel zu tun. Auftrag hier, Ball da. Seine Tage so durchsetzt zu wissen war gut, denn dann dachte er nicht über sich selbst nach, kam erst gar nicht dazu.

Einsamkeit und System für Rausch und Feier der Arbeit, bis zur vollkommenen Starre, aus der er erst wieder zu sich kam, wenn ein Kellner der Weinstube *Frederichs* einen Stuhl umwarf oder Anton von Werner klingelte.

Werner und Menzel waren befreundet, sie waren vielleicht nicht so vernarrt wie Tschudi und Liebermann, aber Werner verehrte Menzel, er log nicht, wenn er ihn den höchsten Punkt deutscher Kunst pries.

Die Tür zur Wohnung Menzel stand geöffnet, Werner wurde ja erwartet.

Dann, ein jedes Mal, nachdem er die vier Treppen vom Hinterhaus – in vornehmen Vierteln sprach man da eher schon vom Gartenhaus – erklommen, trat Werner ein, legte ab und betrat das große Atelierzimmer in der Sigismundstraße im Tiergartenviertel.

Die meisten Stühle waren von Papierrollen besetzt und es war kalt, immer, zu jeder Jahreszeit.

Menzel musste er erst einmal suchen, zwischen den Stapeln von Büchern, die wie eine geheime Zaubererbibliothek ungeordnete kleine Städte, überall verteilt, bildeten.

Fluchend schließlich tauchte ein weißer Kobold inmitten von

Beistelltischen aus Nuss und Eiche auf, die neben ihm gigantisch wirkten.
Die in der ganzen Anmaßung des Hochbarock gedrechselten und geschweiften Tischbeine und Tischfüße, ach so ausgebildet und entfaltet, neben seinen kurzen, in dicken Schuhen steckenden, kleinen Stampfern.
Begrüssung gab es nicht.
«So, ick hab dit Buch jefundn, nachdem Se jefragt hattn», und er reichte Anton von Werner ein verstaubtes, kostbares Exemplar.
Werner neigte leicht das Haupt. Es war Dank und mehr in dieser kaum merklichen Verneigung.
«Ja ja, setzn wa uns», meinte Menzel knapp, aber prüfte noch rasch, ob das Kissen in Werners Stuhl weich genug lag. «Wat is denn dit schon wieder!», packte das Kissen, schlug es zusammen und stopfte es dann, gänzlich ohne Unterschied zu vorher, wieder hinter Werners Rücken.
«So, froht Neuet!», rief Menzel aus.
«Noch sind es ja einige Stunden», sagte Anton von Werner. Der dunkle Bart im schmalen Gesicht verbarg das Lächeln. Es hätte auch gegen das Weh von Stillstand des eigenen Ausdrucks nicht ankämpfen können.
Er reichte Menzel einen kleinen Korb, Leckereien, zusammengestellt von Werners Frau Malvina.
Sie hat mich bei der ersten Begegnung schnippisch von oben herab angesehen, hatte Werner Menzel einmal erstaunlicherweise erzählt. Jedes Mal, wenn sie sich sahen, musste Menzel an diese Bemerkung denken.
«Wie jeht et den Kindern? Fritz und den Zwillingn Paule und Hans?», Menzel justierte seinen dunkelblauen Samtkragen, den darunter ihn wärmenden Schal in den schönen Gelbtönen. Die Augen klar, widerspenstig, neugierig. Chamäleonaugen.

Augen, süchtig nach Papier, süchtig nach anderen Augen. Augen, ganz ohne Frohsinn, einzig dem Zeichentrieb, dem Maldrang folgend. Die Brille, wie eine Goldlinienzeichnung da Vincis auf der aufgeblähten Nase schimmernd. Der Mund – Verwunderung, Verschmelzung, erwartungslos, weltlos.

«Gut», antwortete Werner. «Hans Anton wird Architektur studieren. Wie die Zeit vergeht.»

«Ach die Zeit! Ick wes ja och nich wat dit is, die Zeit. Neulich kam mir der Bode entjegn, Mensch du bist och krum jewordn, dacht ick, als ick den sah. Ob dit sein Thromboseleidn is? Oder der Herr von Tschudi, ist der vielleicht schuld dran?», Menzel schaute wie eine alte Wahrsagerin. «Der olle Bode kricht doch so'n Hals jedet Mal, wenn dem klar wird, dass er dit war, der Tschudi vorjeschlagn hat als Direktor der Nationalgalerie! Wollte ihn loswerdn, nachdem er ihn doch schon in den Achtzjern als vermeintlichn Mitkämpfer an die Museen jeholt hat – wie kann man den och leugnen, wa? – und hat nu dit Jegnteil erreicht. Wat sagt man dazu!»

Werner schluckte einen bitteren Tropfen hinunter. «Seien Sie nur froh, mein lieber Menzel, dass Sie nicht bei seiner verdorbenen Rede zur Kunst anwesend waren und wäre Seine Majestät nicht da gewesen, ich schwöre Ihnen, ich hätte mich entrüstet und diesen … diesen Schweizer hinausgejagt! Eine Rede voll Hohn! Vor seiner Majestät!»

Menzel sah Werner fragend und irritiert von der Seite an. «Seine Majestät? Der Kaiser? Wat redn Se denn da? Der war überhaupt nich bei Tschudis Rede, der Kaiser hat sein Jeburtstach jefeiert, abends war ick persönlich einjeladn zum Festessn im Kronprinznpalais! Suppe jabs, die war ausjezeichnet! Der Kaiser selbst hat mir zujeprostet.»

Anton von Werner fühlte, wie etwas Schreckliches, Furchtbares durch seine Knochen rasselte.

«Muss ick mir Sorgen machn, Werner?»
Werners Lippen zitterten. Das Atelier verzog sich zu einem unwirklichen Trapez. Er hob seinen Hemdkragen an, als wolle er Luft holen.
«Passiert Ihn dit öfters, dass Se den Kaiser wo sehen, wo er janich is? Jetzt zum Beispiel, is er jetzt hier, in meim bescheidnen Jemach? Jetzt jerade?», Menzel war ehrlich bestürzt, allein, das äußerte sich bei ihm dann oft in gesteigerter Verletzung. Seinen leidenden Freund, den er liebevoll einen *nichtsfühlenden Unteroffizier* nannte, sah Menzel mitfühlend an, allein, das äußerte sich bei ihm dann oft in einer Art strafendem Gesichtsangriff.
Das Leben ist die Hölle, dachte Werner. Eine kleine, immerfort werdende Hölle.
«Zeigen Sie mir Ihre letzten Zeichnungen?», bat er bleich, wie aufgeweicht, sich dann räuspernd und aufrichtend.
Menzel legte seine Hand auf die Lehne seines Nachbarn.
Aneinander vorbei schauend saßen sie so etwa fünf Minuten da, ohne etwas zu sagen.
Dann hopste Menzel von seinem Thron und schaute mal nach.
«Meen Schwesterherz hat hier ihre eijene Ordnung, wenn se kommt um nach'm Rechtn zu sehn. Wo is also jetzt Mappe siemundreißig? Die war doch ebn noch jenau hier ...»
Menzel kramte und Werner blickte sich um.
Lauter weiße Tonabgüsse von Gesichtern, Totschlafende, dazwischen weiße Hände, die aus der Wand kamen, ein Turm von Kamin, Dunkelheit und viele eingeschlossene Stundenzeitalter.
Ein Zimmer schloss sich diesem geheimnisvollen Raum an, in dem eine Hängelampe noch immer nicht von ihrem Preisschild befreit und die gerahmten Fotografien noch immer

nicht um einen Millimeter angerührt worden waren, in all den Jahren.

Die Aufnahmen zeigten Michelangelos berühmte Plastiken, zeigten Schlüters Großen Kurfürsten, zeigten eine Kriegermaske, zeigten eine Landschaft von Corot, einen Velázquez, einen Dürer und einen Holbein. Sie zeigten eben das, woran Menzel glaubte und es war das Einzige woran er glaubte. Gesellschaft war ihm lediglich noch eine Rokokokommode. Mehr hatte er nie besessen.

«'K habs!», Menzel weckte den brütenden Werner, der sich nun über die zuletzt entstandenen Blätter des Großmeisters beugte.

Anton von Werner war ein begabter Zeichner, mit ganz geraden, sauberen, kristallinen Linien und einer unendlichen Zerbrechlichkeit, gerade beim Darstellen härtesten sinnlosesten Militärs.

Doch jetzt, schwebend über diesen Skizzen Menzels, schossen ihm Tränen in die Augen, die er gut zu gefrieren gelernt hatte in seinem Dasein.

Es war nicht schwer abzuschätzen, dass diese Blätter, die vor ihm ausgebreitet wurden, dass diese Heftseiten, die vor ihm flatterten, das geistig Mächtigste, das künstlerisch Unschuldigste, das Anspruchvollste waren, was es überhaupt nur geben konnte.

Wie konnte dieser Zwerg, diese Spezies mit ihrer borstigen Maurerfräse, all das so dahertreiben, wie konnte er so schwungvoll umreißen, so hauchend schattieren, Bleistift und Papier so vereinen, ihren absoluten Schönheitsraum schaffen – das Leuchten an einer ganz bestimmten Stelle – und es zum schmerzlichen Genuss der Augen machen, die Augen, das Herz gefangen nehmen, es für immer erinnern machen, so kompliziert und übernatürlich gut zeichnen, Zeichnun-

gen, nach deren alleiniger Vorlage sogar Bildhauer arbeiteten?
Anton von Werner fühlte, wie sein ganzes Leben nur noch weh tat.
Er verließ Menzel, der sich für die Spezereien bedankte und die Tür, wie gewohnt, laut zuknallte wie ein Kanonenschlag.
Die Stufen kamen ihm ewig vor. Werner taumelte, fing sich gerade noch ab. Das Treppenhaus zog sich lang wie ein Gummiband.
Übel war ihm und ungewiss.
Er lehnte die Stirn an die verputzte Wand, presste sie fest dagegen, bis er seinen Schädel spürte.
… ein Gefühl des Gleichgewichts beruhigte ihn bald, die Erinnerung an die einmaligen Siegeszüge Preußens und seiner Kunst durch Berlin, über die Linden, die geschmückt waren mit Kampf-und-Sieg-Bannern, Velaria, Segeln seiner Entwürfe – *seiner* Entwürfe! Darin sich wirbelnd im Staub der Schlacht, Preußens schwarze und weiße Pferde, die Franzosen überrennend, sie zerschlagend! Die Deutschen vor blutenden Himmeln aufglühend im Schein der Erhabenheit!
Die Festdekoration, die die heimkommenden Soldaten empfing, glitzerte schon am Pariser Platz los und floss mit dem Licht ins Unaufhaltbare!
Der Sog des Jubels, der Triumph über Frankreich, die bunten Bänder im Wind, die Enthüllung der Siegessäule schließlich an deren Sockel seine Mosaike aufleuchteten – *seine!* Ach, seine Kartons waren hier verewigt! Seine!
… er fühlte noch das Rauschen der Stimmen, den Rhythmus der Hufen, den Zauber in den Sinnen … zu Hause in der Potsdamer Straße angekommen, dankbar, niemanden anzutreffen, lehnte er lange an der Haustür und horchte in diese Bilder hinein wie in eine Muschel.

Dann schritt er durch die Zimmer seines Wohnhauses, seinem Gesamtkunstwerk. Er hatte es aufstocken, hatte es umbauen lassen. All das waren seine Ideen, seine Gedanken, seine Überzeugungen. Und dann, nicht eine Wand blieb unbemalt von ihm. Überall geflügelte Hüter und Ranken, blaugetöntes Sfumato, Renaissancedekor, Putti und Illustrationen. Ein oft aufgesuchtes Musikzimmer. Im Esszimmer ein Fries. Im Kinderzimmer noch die drei Märchen vom Dornröschen, Aschenputtel und Schneewittchen, gemalt im Grisaille und an der Decke auf romanischen Bögen das Himmelszelt, wo sie es von ihren Wiegen aus betrachten konnten, als sie noch klein waren. Molly war mit sechs gestorben. Fritz wurde im roten Salon getauft, hoher Besuch hatte sich versammelt, die Kronprinzessin Viktoria und Moltke waren gekommen, um das Kind zu begrüssen. Hier, wo das Rot wie Wasserfälle von den Decken brach, hatte er Tizians, Velázquez', Raffaels und Rembrandts Bildnisse aufgestellt und überall zogen sich Lieder und Sprüche fort, zwischen den Wachsfarben, die er benutzt hatte und die sich wunderbar hielten, nur manchmal vielleicht, an manchen Tagen, länger schliefen.

Und dann, ja dann war da noch das Bildnis seiner Malvina. Seitlich, hoch aufgestreckt, ein ganz klein wenig Misstrauen in den eigentlich recht hübschen Augen. Auch die Mundwinkel waren toll anzusehen. Kluge Mundwinkel. Rosen zur Schleife im Haar. Einen Fächer haltend.

Wem oder was auch immer dieses Misstrauen galt, er hatte es zwar nie angesprochen, niemals, aber er hatte es *gemalt* und da hing sie, in ihrem engen zugeknöpften Prachtkleid mit Cul de Paris.

Cul de Paris auch *Pariser Hintern* genannt, war die besondere Hervorhebung des weiblichen Hinterteils mittels versteckter Unterbauten im Kleid, sodass sich hier in ihrem Fall, die gesteppt aufgefächerte Seide dicht am Steiß wie ein düsterer Berg erhob.

▪ ▪ ▪

Manches Mal noch stach es in Wilhelm Bode, dem geweihten Fürsten der alten Kunst, ein, die erste Begegnung mit Hugo von Tschudi, stach mitten in den Bauch und es ließ nie wirklich nach, wie eine Wunde, die Teil des Körpers wird.
An der Spanischen Treppe war es gewesen, 1883 in der Glut römischen Sommers, nachmittags, stand da dieser Mensch unbegreiflicher Eleganz und Anziehung vor ihm, der, mit dem ersten Wort und dem ersten Ausschütten seiner geistigen Vollendung bereits *eines* bei Bode hervorrief, Eifersucht.
Eifersucht so groß wie Rom, so teuer, dass sie nur mit dem Verlust der eigenen Persönlichkeit bezahlt werden konnte. Eifersucht über jede Pore, über jede Note, über jede Aussagekraft Tschudis, der zuvor noch Rechtswissenschaften studiert hatte und sich plötzlich, vor Bode, in den Sonnenaufgang der Kunstgeschichte verwandelte und jedenfalls das ganze Versprechen dessen ausstrahlte, das Bode nie zu verkörpern wusste, Bode, der Sohn eines Franzosenhassers, der eine Sammlung bei Niederländern oder Italienern ansetzte, aber doch nicht bei der französischen Moderne.
Eifersucht über die Augen Tschudis, die von vorbeiziehenden Frauenblicken gierig gesaugt wurden. Eifersucht über Tschudis Arroganz, die nicht wartete, einzig funkelte und überzeugte. Eifersucht über das Wissen, das Tschudi durchschimmern ließ, mit wenigen Sätzen. Eifersucht über das dann sogar immer erheblicher werdende Wissen, das nach wenigen Stunden ausgebreitet vor Bode lag, welch Klang an Nüchternheit, welch Gründlichkeit, welch Bildungsendgültigkeit, welch Jugend

des aufgeschlossensten Geistes musste dieser Mann bereitet bekommen haben von seinesgleichen! Dieser Adlige aus der Schweiz, der Wiener Gymnasiast gewesen war, bewundert und umschwärmt von seinen Kameraden, der ständig reiste, überall hin fuhr und der so gar kein Interesse für die Romantik und den Pathos der Soldaten empfand, ja nicht begreifen konnte, wie etwas so Ausgehöhltes wie der Krieg überhaupt existenzieller Gegenstand sein konnte, Bedürfnis und Ausdruck. Dieser Mann, der nichts nötig hatte, einzig aus Lust bestand, versehen mit einem goldenen Stempel.

«Ich bin hier um eine Studie über römische Skulpturen des fünfzehnten Jahrhunderts abzuschließen», hatte Tschudi wie beiläufig erklärt, gesäumt von einem Glanzzug aus Schwärmerei, Fleiß und Herrschaft und nichts vom Wesen seines Liebesgott-Aussehens war geschwächt von der Krankheit, die Tschudi da bereits an sich trug, den Wolf, der ihn noch ganz verschlingen würde …

Wie zurückhaltend und unvergleichbar er ist, hatte Bode damals gedacht.

Tschudis Bewegungen waren wie stehend, etwas, das Bode nur von Skulpturen kannte. Es musste ihn schier umgehauen haben.

Da hatte Bode, der durchaus konzentrierten Geschmack besaß – aber eben so gar kein Wunder war – das erste Mal den Neid hereingelassen, nein, er hatte die Kammern seines Herzens eingetreten, der Neid.

Zum allerersten Mal überhaupt wurde ihm da klar, an jener weltweit einzigartigen Spanischen Treppe, dass dieser Mensch, der so viele Zeiten zusammenschnüren konnte, etwas Höheres war, und zwar ganz objektiv, ja schopenhauerisch gemeinte Spitze.

Spitzenwerk, Geistesspitze, menschlicher Wahrheitsträger.

Aber der Neid, ja, der Neid, der das Höhere beherrschen und lenken will, es benutzen möchte und es dann nicht vermag und sich ein für alle Mal schwört, dieses Höhere mit aller Macht aufzuhalten, es einzuhausen, bei sich einzustellen, ihn kleinzuhalten.

28

IRGENDWO AUF IHREM WEG von Madrid nach Berlin saß Tschudi auf einem Hotelbett, stand sie vor ihm.
Sie, Angela Fausta Caridad Gonzales Olivares.
Adelig, katholisch, aus einer der wohlhabendsten Familien Barcelonas, häufigster Aufenthaltsort: Hotel de Vendôme, Paris.
Aber Paris war jetzt weit weg, Berlin auch, Orte gab es nicht mehr, nur noch den Zeitstrahl des Immer, an dem entlang sie wie zwei Fliegen der Ewigkeit rotierten.
Die Fenster fest geschlossen, der Abend hell und warm, breitete sich im Zimmer aus.
In ihrem Korsett, von langem Fischbein und Metallringen geformt, vorne und hinten kreuzweise zugeschnürt, sodass ihre Brüste wie aufgehüpft oben saßen, schaute sie ihn aus großen Augen heraus an.
Er bat sie, doch einmal ihren Rock für ihn zu heben, ganz hochzuheben.
Sie umfasste die Borte ihrer *Tournüre*, dieses grandiosen umbra-scharlachrot gestreiften Rocks, dessen Schleppe seitlich wie ein Keil anlag, erhitzt und aufgewühlt, mit je zwei Fingern, zog sie die Spitzen der Wildseide hoch.
«D o u c e m e n t», bat er.
Und er tat dabei eine stillende Bewegung, wie ein Dirigent, der sein Orchester zähmen muss.
Ganz vorsichtig hob sie es nun immer weiter.

Weiter und weiter hoch.
Eh nur noch ihre Augen wie über einem Vorhang ängstlich begehrend schlugen.
Er stand auf.
Ging zu ihr.
Zu ihr hin.
Ihr Höschen – das fast bis zu den Knien reichte und das sie ganz gewiss in Paris gekauft haben musste, denn im katholischen Spanien trug man derart rüschenbesetzte, unanständig süsse *pantalons* nicht, wie sie etwa bei Tänzerinnen des Cancans üblich waren – besaß vorne eine kleine Öffnung.
Zu dieser kniete er sich nieder, wie vor ein Rätsel der Menschheit.
Klappte sie mit seinen Fingerkuppen auf.
Sah dahinter wald-schwarzes, wild-glänzendes, melancholisch vertrauendes, feucht schwitzendes Haar. Dicht zusammengeschoben vom langen Sitzen, gewellt-zerwellt und kaum etwas vom rot-rosanen, schmatzend feuernassen Spalt verratend …
Fell, Raub, Schatz!
Ein Anblick, lähmend und belebend zugleich.
Er spürte seine Beine nicht mehr, erhob sich, sah sie an, setzte sich wieder auf das Bett.
Sein Herz zerfetzte ihn. Er fühlte sich, wie es Nietzsche einmal sagte, *wie aus dem Mond gefallen, wo man nicht mehr weiß, wie alt man schon ist, wie jung man noch sein wird.*

Sie kam auf ihn zu – l a n g s a m – wie sie nun verstanden hatte.

▪ ▪ ▪

Feuerwerk spritzte wenige Minuten vor Mitternacht in den blaugrauen Linsen des Kaisers auf, die, betäubt vom Schmerz, den er den ganzen Tag am Nacken und am Rücken auszuhalten hatte, vom Schloss aus auf den Schlossplatz blickten, wo er die Bürgerschaft der Stadt Berlin zu einer «würdigen» Feier geladen hatte und wo Musikantenvereine um die Wette bliesen, um die Böller, die nunmehr losgelassen wurden, zu übertönen.

Mit reichlich Champagner hatte er seine Gefühle kurz zuvor geflutet.

Was er dachte, er wusste es nicht genau.

Ein neues Jahrhundert lag vor ihm, unbeschriftet und unberührt.

Die Leute, er beobachtete sie, tanzten mit Fackeln in das 20. Jahrhundert wie vor einem *Sesam öffne dich*, dessen Dahinter sie nicht kannten, nicht kennen konnten.

Allein, sie waren doch eigenartig ziellos, wahllos, unbestimmt. Diese Ausgelassenheit war unheilvoll, neu, unverbunden mit ihm, kein Mensch dachte doch in diesen Augenblicken an ihn, an den Kaiser. Keiner glaubte an ihn. Niemand brauchte ihn und die Hüte wurden auch nicht mehr so stramm nach ihm gestreckt.

Tschudis dunkle Augen schlugen wie zwei Vögel vor ihm auf.

Wilhelm stand da, am Portal II, in seinem Raum-Schiff über der Wahrheit und trank ein Glas nach dem anderen leer.

Schüttelfrost suchte ihn heim. Halsschmerzen.

Das war nicht Teil seines menschlichen Vermögens, er war nicht bereit für die Zeit, die kommen würde, die ihn stellen, ihn herausfordern würde. Er wollte nicht, konnte nicht und je tiefer er das erkannte, je eiserner die Kirchenglocken überall hallten, desto verfluchter kam er sich vor.

29

UND ALS OB DAS ALLES nicht schon genug war, hatte er auch noch etwas gemeinsam mit dem Maler Max Liebermann.

Den Schnurrbart-Friseur nämlich.

Den Herrn François Haby, der morgens kurz vor sieben schon Zugang zum Schloss und in die Gemächer des Kaisers hatte.

Liebermann trug ihn aus Künstlergründen, ganz klar und glich damit, seines dunklen Aussehens wegen und ein wenig ungewollt womöglich, einem kleinen bengalischen Bösewicht, der seine unentbehrliche Bürste natürlich in den besten Händen wissen wollte.

Wilhelm II. sah im Schnurrbart viel mehr, für ihn war es der Inbegriff der Werte-Zugehörigkeitserklärung zum neuen frenetisch schmissigen, dynamischen Preußen, ein absolutes Schönheitskraftwerk, ein Streben in die Zukunft, nein gleich ins deutsche All.

Solch ein Bart ist schließlich ein eigenes Lebewesen, bei ihm zur Vollendung gekommen, weil jegliches Backenstörelement hinfort ist und nur noch und einzig und für alle Zeit die Flügel *seines* Prachtschnäuzers in den preußischen Äther auffuhren und so vielen weisen Untertanen zum Vorbilde erblühten.

Ein Gefühl des Glücks, des schauderhaften Glücks für ihn, wenn er all die pflegenden Rasierpomaden und all die Barttinkturen vor sich sah, mit all ihren treffenden Namen wie

Donnerwetter – Tadellos! – und der nette Herr Haby, beim morgendlichen Plausch und ausgestattet mit einem eigenen nicht gerade unauffälligen Oberlippenaufsteiger, voller Andacht an sein Werk ging.

Der Kaiser nahm selbstverständlich morgens sehr früh ein Bad, der Schnurrbart wurde ihm dann, bei bestens sitzender Uniform, wenn er fertig war mit der Toilette und der Garderobe, auf den Punkt gezwirbelt, parfümiert und gesegnet.

Und fürwahr, es war ein schöner, ein voller Wuchs. Es war ein tolles Stück, ein wirklich außerordentlich gut sitzendes, in sich versunkenes, nach der Aufmerksamkeit der ganzen Welt schreiendes Ich.

Es gab jemanden in Berlin, der seit einiger Zeit schon keinen Bart mehr trug.

Das war Hugo von Tschudi.

30

BERLIN WAR VOLLER GEWORDEN, immer voller und ein Getöse ging, das alles noch beschleunigte – die Automobile. Sie waren nichts anderes als pferdelose Droschken, allein sie waren mit ihren 40 Kilometern pro Stunde schneller als alles je zuvor, waren rasende Schummer und brachten all die noch immer fahrenden Kutscher, Zwei- und Dreiräder dazu, ebenfalls an Geschwindigkeit zuzulegen – *ick lass ma doch nich vona Seite anmachn!* – dazwischen dann noch die Trams, Laufburschen, Wurstmaxen und Kofferträger, sodass der Spaziergänger von Berlin an den wirklich getriebenen Knotenpunkten keine Chance mehr hatte, einzig sonntags, da ging er dann in Ruhe nach seinen Linden.

Man musste schlicht abwarten die Straße überqueren zu können und das dauerte. Die feinen Damen hielten ihre flauschigen Hüte und ihre Pelze fest und schnellten mit ihren kleinen spitz zulaufenden Schuhen von Insel zu Insel, um nicht erfasst zu werden, was unheimlich für sie war und die Männer in ihren schwarzen Mänteln mit den schwarzen Samtkragen, den schwarzen Zylindern und den Spazierstöcken – traten vor, traten zurück und wussten nicht wie sie das Spurenwirrwarr, das stinkende, rauchende, brodelnd ratternde Straßenfeld bezwingen konnten.

Aber man wollte ja draußen sein, man wollte in die Stadt, man wurde als Bewohner Berlins auch gleichsam süchtig nach Berlin, diesem immer mehr Form annehmenden Rhythmus-

karussell aus befremdlich liebgewonnenem Lärm, den Banken überall, der überfallenden Reklame.
Wunder-Großstadt-Puckern.
Man wollte natürlich auch ins Warenhaus *Wertheim*, ins Zauberland, bekleidet vom Fabelwesen unter den Architekten, Alfred Messel.
Die gotische Kathedrale des Einkaufs stand am Leipziger Platz. Pfeiler schnellten die Fassade hoch, ungebrochen, durchsichtig und doch nicht durchsichtig, zart kolossal.
Der Märchenklang der Registrierkassen mischte sich mit dem Plätschern einer Fontäne irgendwo. Summen, Freudenjubel, gebanntes Staunen. Schaukästen, weiße Treppen, Lapilazulisäulen und einhunderttausend Glühbirnen. Sogar der Kaiser hatte zur Zierde beigetragen mit seinen rosanen Cadinener Kacheln, die den Sommergarten ausstatteten, dort, wo das Plätschern herkam.
Selbst, wenn man etwas Bestimmtes nur im Sinn hatte oder gar nichts, man konnte und wollte sich nicht wehren gegen den Rausch, vermochte sich den Beglückungen nicht zu widersetzen, ergab sich der Menge, die einen mitriss zu den Spitzenkragen, wo Angela von Tschudi schon seit zwei Stunden zugebracht hatte, endlich fündig und erschöpft auf eine Chaiselongue gefallen, hochschwanger und in Begleitung zweier Dienstmädchen.
Das Gemüse für den Abend kauften die Frauen bei *Tietz* am Dönhoffplatz ein. Tschudi hatte Gäste geladen, er wollte seine Frau vorstellen, wenngleich auch ein wenig mit ihr angeben.
Mit Angela, *Ela*, wie er sie nannte.
Ela war schön.
Sie war nicht groß, nicht klein. Sie war feingliedrig, besaß jedoch eine dunkel temperierte Heftigkeit in allem was sie tat.

Das war für die, die sie kennenlernten ungekannt, unmöglich vielleicht, für ihren Mann war es ein Segen.
Tschudi hatte immer gezögert und gezweifelt und sich für keine Frau entscheiden wollen, hatte zu viel *nicht* gefühlt bei ihnen allen. Diese aber, mit ihrem plötzlichen Eintritt in sein Dasein, ihrer Aufgeschlossenheit, Auffälligkeit, Aufdringlichkeit. Sie bemutterte ihn nicht, sie redete nicht viel auf ihn ein, sie liebte es auszugehen und unterhalten zu sein und sie war dermaßen verliebt in ihn, dass sie manchmal gar nicht wusste, wohin mit sich, wohin mit Tschudis Schicksal.
Das war es, genau *das* war es, was er brauchte. Einen echten, freien, unerschrockenen, wilden, ungeordneten, grellen, unverstellten Menschen. Anwesend und angenehm und ausgeglichen in ihrem entzückenden Durcheinander, Teil von ihm, nicht anstrengend, nicht fremd, nicht starr auf ihn bezogen.
Spanisch sprach er nicht, sein Französisch aber war von deckender Geschmeidigkeit, die zwar von den Flügen der Verliebtheit trunken war manchmal, ja taub, aber den sicheren Enthusiasmus, den er auch stets über den Zeilen an den Pariser Galeristen Durand-Ruel zerpflückte, nur bestätigte.
Die neue Wohnung Tschudi blickte mitten in die voll rauschenden Kronen der noch jungen Ulmen des Kurfürstendamms 200, sowie auch nach hinten zum Gartenhaus.
Tschudi hatte diese sagenhaften zehn Zimmer – Vorderzimmer, Berlinerzimmer, Herrenzimmer und so fort – schon seit längerem im Sinn. Das Wohnhaus mit den Läden unten und der feinen Außenfassade mit ihren Ziergiebeln, war ein selten geschmackvoller Prachtbau am schwülstigen Ku'damm und im Gegensatz zu den Räumlichkeiten beinah aller Zeitgenossen war diese Wohnung atmend zu nennen, leer und intim. Tschudi hatte auf jegliche Jugendstil-Gründerzeit-Kaiserreich-

Einrichtung verzichtet. Es gab keine Dekorationen, keine Vertäfelungen, keine Marmorbuffets oder Anrichten, keine Stoffgewölbe, keine beängstigenden Uhren, die nur das Verstreichen des Lebens kund taten.

Die wenigen spanischen Kommoden, venezianischen Schreibtische, der Mahagoni Spieltisch und der große Esstisch waren schlank und aussagend genug. Die Türen standen alle weit geöffnet, es gab Bäder, Licht, Heizung, die Wände in Crème und Bisquit gestrichen und Bilder hingen hier, die unaussprechlich waren.

So etwa ein Max Liebermann. *Bleiche auf den Dünen bei Katwijk.*

Ein ewiger Tagtraum, dicke Farbe im Wind, eine Frau bei der Arbeit, grüne Landschaft ohne einen Beginn, ohne ein Ende, einzig von einem blassen Stundenlicht getragen. Es war der sinnlichste Liebermann, den Tschudi kannte. Ein Meisterfenster.

Eine Kette Bilder schnürte sich einmal um die gesamte Wohnung. Landschaften aus Tschudis Familie mütterlicherseits, von seinem Großvater Ferdinand und seinem Großonkel Julius Schnorr von Carolsfeld, außerdem spanische Altmeister sowie ein prachtvolles Altarbild aus der Familienkapelle Angelas und natürlich dutzende Ölstudien aus Italien und Frankreich.

Der Boden des Salons schimmerte in einem Mamluken Teppich aus dem 15. Jahrhundert auf, Tschudi hinterlassen von seinem Onkel aus Wien. Ein Farbmeer, in dem unerwartetes Türkis dicht an plötzliches Smaragd und unbezwingbares Rubin geknüpft war.

Von den südamerikanischen Reisen des Vaters standen, überall verteilt, Bruchstücke von Pyramiden, eine Trommel – als Fell über einen Reif gespannt, Insekten hinter Glas, seltene Steine, die großen hölzernen Steigbügel – mit denen sein Maultier bespannt wurde, Stäbchen mit flatternd buntem Papierschmuck – die sich die peruanischen Stierkämpfer ins schwarze Haar flochten, Arm- und Fußspangen, Goldschmiedearbeiten, Eisenfiguren.

In Cuzco und den umliegenden Provinzen, beschäftigen sich viele Indianer mit Ölmalerei, in der sie freilich keine Meisterwerke liefern … doch muss man ihnen ein großes Talent zugestehen, das unter gehöriger Leitung sich weit über die Mittelmäßigkeit erheben würde.

Und ein geheimnisvoller Becher stand zwischen den Unmengen von Büchern.

Nirgends habe ich die Wasserscheide der beiden größten Weltmeere so schön und so sichtlich genähert beobachtet wie auf der Passe von Antarangra. Kaum dreißig Schritte voneinander entfernt liegen zwei Lagunen. Die westliche ist eine der Quellen des Rio de San Mateo, der sich als Rimac in den großen Ozean stürzt, die etwas mehr nach Osten gelegene ergießt ihr Wasser durch eine Reihe kleinerer Bergseen in den Rio de Pacchachaca, der einen unendlich kleinen Beitrag zum mächtigen Amazonasstrom liefert. Es ist eine fast lächerliche Spielerei, einen Becher voll Wasser aus der einen Lagune in die andere hinüberzutragen, aber ich widerstand doch diesem eigentümlichen Reize nicht. Vielleicht rannen einige Tropfen Wasser, die für den Atlantischen Ozean bestimmt waren, in das stille Weltmeer.

Die beiden Frauen, die den Haushalt machten, waren eigentlich nur eine, Frau Krause.

Doch seit einigen Wochen war die sehr junge Helen oder wie sie sich selbst nannte, *Helln*, dazu gekommen.

Als Tschudi sie einmal fragte, woher aus Berlin sie stamme, sagte sie: «Aus'm Lichtnberger Kiez, gnädjer Herr», dabei

knickste sie unentwegt. «Vattern lebt nich mehr, Muttern muss nu doppelt Wolle spinn. Jawohl, gnädjer Herr, alle zusamm schlafn wa in eener Stube, die hat n Ofen, wissn Se. Icke und Muttern und meene sechs Brüders.»
Und nur auf Tschudis ausdrückliche Nachfrage, was sie am liebsten esse, antwortete sie stolz und errötet: «Klopse, gnädjer Herr!»

▪ ▪ ▪

Tschudi stand in seiner Mittagspause an die Brücke zum Kupfergraben gelehnt, die Maske im Gesicht.
Der Sommer war kein heisser, es war mehr ein großer Frühling.
Am Alten Museum entlang schaute er zum Schloss, rechts die Spree.
Seine Augen, die sich hinter dem Zwicker in zwei dunklen Linsen ausbreiteten, schauten wie in etwas hinein, das nur ihm sichtbar war.
Eine Frau passierte ihn.
Sie bemerkte gar nicht, wie ihr Gang sich verlangsamte, wie ihr Ausdruck sich ergab, als sie ihn im Vorbeigehen da stehend fand. *Niemand steht so da*, sagte sie sich. Jedenfalls hatte sie das so noch nie zuvor gesehen.
Es war dieser alles anhaltende Blick über der Maske, Gefangenschaft in sich selbst und doch so überragend und triumphierend. Ein magischer Ausdruck, starr, voll sinnlichstem Umfang, er war so groß, in dem er da nur stand. Diese Präsenz. Diese Ergriffenheit seines Blicks in Richtung Schloss und seiner glänzenden Kuppel. Der ungeheure Körper dieses ihr unbekannten Mannes.
In diesen Sekunden zog sie vorüber, schnell wie ein Corinth,

langsam wie ein Caspar David Friedrich und wandte sich noch mehrmals um, nach dem untergehenden Antlitz mit den sengenden Augen.

… die sie nie mehr vergaß.

31

SLEVOGTS WAGEN fuhr scharf bremsend vor.
Der sehr junge Maler wurde von Liebermann – rechts – und Slevogts Frau Nini – links – in die Tschudi Wohnung gestützt.
«Ich bin erblinde-e-e-e-e-e-e-t!-», rief, nein sang Slevogt außer sich. «So helft mir doch, ich bin erblindet! Blind! Bli-i-i-i-i-i-i-nd bin ich!»
Tschudi lehnte an der Schwelle zum Salon, eine Zigarre in der Hand.
Slevogt fasste den Gastgeber an beiden Schultern, legte den Kopf auf Tschudis Leinenweste.
«Ich bin nämlich», sagte Slevogt, «in die Kaiserparade geraten und die Kürassierblitze haben mir mein Augenlicht genommen, es herausgestochen. Was soll ich jetzt tun? Ich kann vielleicht nie wieder malen.»
Tschudi sah, wie ein sorgfältig verpacktes großes Rechteck im Gang abgestellt wurde.
Slevogt war in letzter Zeit häufig bei den Tschudis gewesen. Er war kaum älter als die dreißigjährige Angela. Sein wuscheliges kastanienbraunes Haar schüttelte sich wie frisches Herbstlaub. Die Augen, an den Seiten leicht nach oben gezogen, stachen auf.
Er warf sich ungeniert zwischen Liebermann und Martha auf das Sofa. «Ist hier noch Platz für meinen dicken Hintern?»
Unterhalb des Sofas lag in einem Korb eine tragende Da-

ckelhündin. Sie blickte erschöpft die Besucher an und tippte manches Mal mit ihrer netten Schnauze gegen Liebermanns feine Schuhe.

Slevogt rutschte auf seinem Platz hin und her. «Ja was ist, ja du, na du, was schaust du, ja was hab ich da, was ist das, schau mal, schau mal hier, ja was guckst du so neckisch, ja was willst du mir sagen, ja du willst portraitiert werden, stimmt's? Den Blick kenn ich doch von den Frauen, du willst gemalt werden, jawoll du, ja komm her du!»

«Jetzt is aba mal jut hier!», Liebermann erhob drohend seinen Spazierstock. «Eene Dackelin maln, so weit kommt's noch!»

Ela trat ein. Sie zwinkerte Slevogt zu, wie zwei, die ein Geheimnis hüten. Die Männer küssten ihr die Hand, Tschudi stand, weit ins Hintere des Zimmers zurückgezogen und schaute sie an. Ein Geist aus Blut und Stein. Sein Torso war unverkennbar, massiv, gleichzeitig wärmend und bergend.

Nini umarmte die Spanierin und Martha küsste sie mehrmals und streichelte ihr den Bauch, der kugelrund vor ihr schwebte, wie ein kleiner Planet, der in ihr schwarzes Kleid gefallen war.

Alle guckten einander an und dann lachten sie los. Tschudi sog seine Zigarre ein und seine Gesichtsmaske verschwand im Nebel seiner Gedanken.

«Gibt es hier noch was zu trinken oder nicht?», Slevogt rieb sich die Hände. Er war in hellen Tönen gekleidet, wie Liebermann und Tschudi und trug eine gestreifte Krawatte.

«Bedien wa uns ruhig – ja, ja Lichtwark kommt och noch später und Kessler leider och», meinte Liebermann. «Tschudi hat ihn jednfalls einjeladn. Meier-Graefe hat zu tun, na wer weß, wann der sich mal blickn lässt, Ewichkeitn wie der an seine Texte feilt.» Er stieß mit Slevogt an und betrachtete die Frauen.

Seine gebogenen Wimpern begannen zu malen bei diesem Anblick. Sie hatten alle drei nebeneinander Platz genommen.
Martha trug ein sehr langes, bis zum Boden reichendes nachtgraues Kleid, die schmale Taille von einem Seidengürtel umwunden. Sie nahm ihren Hut ab, eine schräg nach oben weisende, mittelalterlich anmutende, riesige, stark vereinfachte Jägermütze. Ihr Haar, von einem leicht verschobenen Scheitel geteilt und hinten eng zusammengebunden. Das hell matte Gesicht, mit der spitzen Nase und den fast eckigen schwarzen Augen, die so behutsam wie klug zu schauen wussten, strahlte auf, von ihren Perlenohrringen irisiert, die sich um ihre Ohrläppchen wanden und ihr einen gewissen Schmelz vermachten. Ihre Anziehungskraft verbarg sich in einem leichten Ernst, der aber von vornehmer Wildheit war.
Nini, in einem sonnengelben Atlaskleid, von mehreren Reihen Spitze gesäumt, passend zu ihrem chinesisch bemalten Sonnenschirm, der gegen die orchideen-butter-farbene Wand gestellt war. Ihre schneeweiße Haut zum weichen rotbraunen Haar und den geraden schwarzen Brauen, der sachte nervösen Spannung inmitten der Stirn und schwermütig aggressiver Ringe unterhalb der feuerbraunen Blicke – es schien, als trieben die Brauen empor und die Lider herab – zerstörerisch und hinreißend. Auch sie nahm ihren Belle-Époque-Hut ab, eine elliptische Scheibe, von immer hauchartig wehenden weißen Federn umwachsen.
Dazwischen saß Ela in einem rabendüsteren Kleid. Die gebräunten Wangen, der gelockte Pony, der halb zur Seite gestrichen war, die kleinen dunklen Härchen um den Mund, die Sommersprossen auf der Nase, das Lispeln ihrer zusammengemischten Sprache, ihr lustig erregender, wissend fragender Blick zu i h m , der da saß, in seinem Sessel am Fenster, rauchend, schweigend, sie musternd.

■ ■ ■

«So, ick würd ma sagen, ick bin jetzt leicht jehörlos uff der rechtn Seite», Liebermann setzte sich zu Tschudi. Der Esstisch hatte sich allmählich aufgelöst.
Warum, wollte Tschudi wissen.
«Ihre Frau Jemahlin saß die janze Zeit nebn mir und sie hat so'n Lachn, dass mir dit Trommelfell platzt».
Dann beugte sich Liebermann zu ihm vor. «Lichtwark is ja wie versteinert von Ihrer Wohnung und dem Fümf-Jänge-Menü, wa? Isser satt jewordn überhaupt? Der kommt ja aus'm Kieckn janich mehr raus! Und Kessler kiekt wiederum völlich verdutzt die Angela an! Kannet wohl nich begreifn, wat Sie für ne Schönheit jeheiratet ham! Und dann hat er janich mehr uffjehört von Ihrn jemeinsam' Atelierbesuchn zu erzähln, ob er weß, dass Se ihn nur aus Jutmütigkeit mitjenomm ham? M-ä-z-e-n, pfff, dass ick nich lache. Hat der eijentlich schon ma wat jestiftet? Ne wa, der is sein eijener Förderer! Allet ausjerechnet jetzt, wo er doch jerade seine Wohnung ina Köthener vom van de Velde hat erneuern lassn, mit sein Büchern konnte er ja nich die erwünschte Uffmerksamkeit jewinn, so hat er's also uff die Tour versucht und da komm *Sie* mit so eem freijeräumtn Knüller hier an, janz ohne Damast und ohne Plüsch und schwängern obendrein och noch so'ne wildjewordne Prinzessin da!»
Tschudi war da, doch eigentlich wandelte er in seiner Nationalgalerie.
Die von ihm dem Haus zugeführten ausländischen Werke hingen jetzt nicht mehr im Hauptgeschoss, sondern im Obergeschoss, nicht auf der Fläche, die er beantragt hatte, sondern deutlich zurückgedrängter.
«Ich werde weitermachen», sagte Tschudi plötzlich. «Ich habe

Genehmigungen für Bilder bekommen, das glauben Sie nicht. Sein Erlass ist weniger erheblich, als Sie vielleicht denken. Ich werde weitermachen.»

«Weil er im Rausch seiner Siejesallee treibt, seine Depressionen hat, nich jenau in Ihre Anträge kieckt. Ick hab jesehn, wat Sie jezaubert ham Tschudi. Den Wilhelm Leibl haick jesehn.»

«Ist er nicht wundervoll?»

«Unbegreiflich!», sagte Liebermann fasziniert.

«Diese tausenden Flecken, die bei ihm zu einem Gesicht zusammen kommen, die absolute Entscheidung für das Verschwommene und wie er Hände malt, manisch zitternd», Tschudi sah Liebermann an. «Und den Johann Sperl, mit dem Frühlingsblütenschnee im erwachenden Geäst, haben Sie den gesehen? Ich werde da tief hereingeholt ins Bild, ins starke Dunkelgrün der Bäume. Den *Drachentöter* von Marées! Cosima Wagners Geschenk an das Haus, ein Überfall seiner goldsilbrigen Malerei, finden Sie nicht? Den Moritz von Schwind liebe ich auch sehr, ein Bild wie zu einem Goethe Gedichte. Ganz so, wie jener schrieb klingt dieser *Abschied im Morgengrauen.*»

«Der Jabriel von Max!», warf Liebermann ein, «die *Drei Schwestern*, ick bin fast durchjedreht, ick dachte so bei mir, die führn doch wat im Schilde die drei, in diesm verhängnisvolln Licht! Und wat ick och toll fand, den Klinger, mein Jott! Die Perspektive hat mich umjehaun!»

«Und Eisen, wie er seine Mutter gemalt hat, unterhalb des Bücherregals», sann Tschudi.

«Janz großartig!», leuchtete Liebermann. «Der François Daubigny, um Himmls willn! Wat een Zauber von Luft, Wolkn und Graslandschaft, ick kann die Zikadn hörn, wenn ick vor dem Bild stehe. Jut, dasset die Mendelssohns und den Arnhold jibt, saick da nur! Sonst hättn Se den Franzosn nich reinjekriegt!»

«Henckel von Donnersmarck hat auch gestiftet», sagte Tschudi.
«Der Kaiser merkt scheinbar janich, dass Sie nich französisch denkn, sondern allein aus der Kunst heraus. Aus den innern Bewechgründn, aus den helln Farbn. Wat Sie schaffn is Echtzeit von Kunst. Sie verschiebn und entzündn, allein der Leibl hat mich eene Woche lahm jelecht, ick hab Fieber jekricht! Wie Se dit machn, Tschudi. Wie machn Se dit, Tschudi? Und denne, wie in Jottes Namen ham Se dit jeschafft, dass der Rodeng da steht? Wie? Hat Klinger wat damit zu tun? Ick bin fast ohnmächtich jewordn – ohnmächtich!»
Ein Bankier hatte Tschudi einen Rodin für die Nationalgalerie vermacht, der wahrhaft Verheißung war. Ein Mann haucht Leben in den, aus dem Marmor. Ein großer weißer Block, ein Kuss aus Hoffnung und Menschlichkeit, modellierter Existenzialismus lange bevor es ihn gab.
«Dit sind Sie Tschudi, wie Se den Menschn Erkennen schenkn und Einsicht. Wie Se den Kaiser versuchn zu belebn.»
Kessler warf den beiden Männern einen ausgegrenzten Blick zu. Die Vertrautheit, in der Tschudi und Liebermann sprachen, war fern von Gesellschaftlichkeit oder Gelerntem, war uneindringlich.
«Oh und der Trübner!», ergänzte Tschudi, «Die *Frau auf dem Kanapee* habe ich bei ihm persönlich erworben. Was für ein berührender Blick in den Augen der Dargestellten. Schaut sie nicht beinah ein wenig wie Manets Sitzende im *Treibhaus*? Dieser jenseitige Ausdruck … als hätte man ihnen etwas … angetan», Tschudi war weit in den Sessel gelehnt. «Während meiner Lichttherapie geschah es, dass ich einen süddeutschen Nervenarzt kennenlernte, besser, ich fand in ein Gespräch mit ihm. Ich sah immer wieder eine seiner Patientinnen auf dem Gelände, die mich seit Tagen nicht los ließ. Sie war kein

gewöhnliches Mädchen, das konnte man sehen. Sie saß da, auf einer Bank, und starrte für Stunden ein und denselben Punkt an, manchmal auch im Regen, bis man sie irgendwann – gegen ihren Willen – in die Klinik zerrte. Als ich ihn fragte, was ihr fehle, wissen Sie, was er da antwortete? Sie sei voll abwegiger moderner Ideen, sagte er. Statt mit Begriffen des bürgerlichen Anstandes zu operieren, lese sie Nietzsche, verkehre im George-Kreis im Münchener Schwabing, habe extravagante Neigungen und rede ungeniert von freier Liebe. Sie gehe nachts noch in Cafés und das als Tochter eines Akademieprofessors. Er hatte nicht vor, sie nachhause zu schicken. Er erzählte mir reinsten Gewissens, dass er sie demnächst in Schweizer Nervenheilanstalten schicken wolle und sie weiterhin beobachte und es nicht dulde, dass sie keinerlei Verkehr mit ihrer Umgebung suche und mit Bezeichnungen aus der Psychoanalyse hantiere, stellen Sie sich vor, sagte er mir, sie spreche von ‹Vaterkomplex› und dergleichen. Gewiss habe sie einzig mit Psychopathen und sogenannten ‹Künstlern› zu tun gehabt, meinte er. Am Tag meiner Abreise, als ich meinen Teil des Krankenhauses verließ, sah sie mich plötzlich von ihrer Bank aus an. Ich blieb stehen, meinen Koffer in der Hand, nahm den Hut ab, blickte sie an. Sie schaute wie durch mich hindurch. Genau so wie die Sitzende von Manet in der Nationalgalerie. Für immer zerrissen und gekränkt, zerbrochen, erloschen. Dieses Werk haben wir hier in Berlin hängen. Was für ein Spiegel. Was für ein Schritt.»

▪ ▪ ▪

Alle Anwesenden klatschten, als Slevogt sein Geschenk für Tschudi offenbarte.
Er hatte Ela gemalt, in einem braunen Kleid.

«Sagenhaft …», Tschudi umlief das Bild voll freudiger Hochspannung.
Alle sahen ihn an, wie der Mann mit Maske aus dem Genuss nicht mehr herausfand.
«Donnawetter Slevogt!», gratulierte Liebermann. «Ina Nationaljalerie hängn Se ja noch nich, aba beim Direktor höchstpersönlich!»
Kessler, der die Festlichkeit Elas in dem Bild und in Wirklichkeit nicht zu leugnen wusste, stand da und nippte an seinem Brandy. *Wie albern kann man sich eines Bildes wegen aufführen bitte? Dieses Weib besetzt ja den ganzen Abend.*
Alle standen wild herum und bestaunten das Bild. Die Frauen küssten Ela und Slevogt sonnte sich auf dem Sofa im Applaus.
Tschudi stand neben Liebermann, der Größenunterschied war ein Spektakel für sich.
«Sie haben ein Bild vergessen, in der Neuhängung der Nationalgalerie», flüsterte Tschudi Liebermann ins Ohr.
«Welchet?»
«Ein Meisterwerk, ein Lieblingsstück von mir – die *Schusterwerkstatt*, die ich bei Cassirer kaufte. Die Majestät der Arbeit, die uneitle Schönheit der Stille, die mageren Glieder des Schusters, der Einsatz und die Versunkenheit, das Licht, das Licht, das Licht, das Licht … das … Licht. Ein echter Liebermann eben.»
Liebermanns Herz drehte sich einmal um sich selbst.
Er sah den hochgewachsenen Mann neben sich an. Sah dessen länglichen Kopf, den Nimbus, der von ihm ausging.
Was er nicht sehen konnte war Tschudis Nacken.
An dem sich, bis weit in den Hinterkopf hinein, neue eitrige Geschwüre zogen.

32

TSCHUDI NAHM DIE MASKE AB.
Es war spät in der Nacht und alle waren gegangen.
Ela schlief.
Im Bad vor dem Spiegel betrachtete er sein Gesicht.
Voll Widerwillen, voller Angst.
Er konnte sich nicht mehr beruhigen, als er die wegbrechenden Hautstellen sah.
Der Tod war seine Erlösung, dafür würde er das Leben verlieren. Was für ein schmutziges Spiel des Schickals.
Seine Nerven brannten los. Aus seiner Brust, die durch das geöffnete Hemd durchschaute, brach ein Fluss aus Tränen, die er lange weinte. Allein.
Hätte jemand hinter der Tür gelauscht, hätte derjenige ihn schluchzen hören wie hinter einem Traum.
Er biss sich auf die Zähne, ballte die Fäuste, stöhnte in sich hinein, zerpresste seine Verzweiflung, in einer Bedrückung tief in der Seelenmitte, die ihm nichts hinterließ als Schwärme traurigster Gedanken, lähmender Leere und qualvoller Klarheit.
Er brach in sich zusammen, lag halb auf dem Boden, am Leben, wissend, dass er dieses Leben nicht mehr lange haben würde – es *wissend.*

33

DIE GEBURT SPÜRTE ELA von ihrem Kopf bis zu den Füßen.

Übelkeit bespülte ihren gesamten Leib.

Niemand schien ihr jetzt nahe genug zu stehen, sie glaubte aufzubrechen.

Alle zärtlichen Gefühle wurden von den dicht aneinander stoßenden Wehen verdrängt.

Sie hatte nicht einmal mehr die Kraft zu brüllen, das Kind aus sich heraus zu stoßen.

In ihrem Hirn staute sich der Druck, sie wusste kaum, was sie tat. Das Kind steckte wie ein Pfropf in ihr.

Immer wieder gelangte das Köpfchen bis zur Öffnung ihres Schoßes, immer wieder flutschte es zurück.

Die Zeit wurde knapp. Die Gesichter besorgt.

Als würde sie einen Teil von sich abspalten, in die Ewigkeit der Sterblichkeit entlassen.

War das der Beginn aller Sorgen, das Ende der Jugend, der Eintritt in die Hölle, in die Liebe, die sich verwandelt und verwandelt bis zum Tod?

Nichts am Blut-Kot-Schleim den sie verlor, nichts an der Haltlosigkeit dieses Zustandes lief auf ein kleines Geschöpf hinaus, viel mehr befand sich doch ein Klumpen aus Fels und Sturm in ihr.

Etwas, das nach ihr griff, sie aufriss, sie entzweite.

Da klaffte ihr Geschlecht wie eine aufgeschlagene zuckende

Frucht und ein Mensch wurde bis zur Schulter herausgezogen, Angela fühlte ihn noch zu dreiviertel in sich und *schrie ihn aus*.
Ihn, den kleinen Sohn.
Er war da.
Mit langen nassen Wimpern und erdfarbenen Augen, die sie ansahen.
Nein, das könnten Säuglinge noch nicht, versicherte man ihr.
Sie glotzte das Bündel zurück an, sie war sich gewiss, es schaute seine Mutter an. Erschrocken, elegisch, vollkommen überzeugt davon, hier richtig zu sein.

▪ ▪ ▪

Ein lästiger Schnupfen befiel Tschudi.
Seine Nebenhöhlen waren entzündet, er litt an heftigen Schmerzen der Schläfen, Bewegung und Sport wollten nicht helfen und der Herbst versprach sich dem Winter.
Er lief im goldgrauen Nieselregen und im tiefen Mantel die Königstraße in Richtung Kurfürstenbrücke ab, vorbei an den Destillationen und den *Vornehme-Immobilien-Schildern*, die Laternen zählend, lange die Streifen der Wagen und Droschken auf der Straßenleinwand parallel zu sich mitzeichnend. Für einen Augenblick schien es, als seien keine Menschen mehr auf der Welt.
Wenn er abends Ela und die Knospe von Kind sah, musste er immer häufiger das Zimmer verlassen. Dann drückte er sich in irgendeine Zimmerecke der entfernten Räume, schnaubte all seine Todesahnung in die Wand und kehrte wieder zu ihnen zurück, zu ihren drolligen Lauten, ihrer Unversehrtheit, Leichtigkeit.

N e i n knirschte er immer und immer wieder vor dem Spiegel im Bad. *Nein … nein …*
Umfasste seine Wangen, die Lippen, er wollte diese Krankheit nicht mehr sehen, starrte sich an, *ich löse mich auf …* ungläubig, ohne Trost, ohne Heilung. Wutentbrannt, leise schluchzend. *Ich sterbe nicht, ich sterbe nicht …* immer wieder zerrieb er diese Worte, immer wieder fauchte er sie in den Spiegel, während das Wasser lief und seine Krämpfe, sein Seelentoben überrauschte, sodass niemand etwas davon mitbekam.

▪ ▪ ▪

Nachts, der kleine Hans Gilg wachte mehrmals auf, ging Tschudi zu ihm, sah ihn an.
Dunkle Augen blinkten die anderen dunklen Augen an. «Siehst du mich lächeln?», fragte Tschudi. «Siehst du deinen Papa lächeln?»

▪ ▪ ▪

Tschudi wälzte sich im Bett umher. Ela streichelte ihn, schläfrig und müde, sie konnte sich kaum so recht bewegen, die Brüste waren wie die einer Gottheit blaugeädert und heiß angeschwollen von der Milch, die alle paar Stunden von neuem anlief und die sie häufig auch abstreichen musste, weil sie sich staute. Diese Milch der ersten Zeit hatte eine köstliche Farbe, sie glich paradiesischem Fruchtrahm.
Ela liebkoste Tschudi ununterbochen, aber nichts konnte seine Trauer lindern, aufhalten, beenden. Er flüsterte ihr etwas Liebes, etwas Schönes, Beruhigendes ins Kissen, aus einem Gaumen betrübtesten, belegten Kummers und sobald sie ein-

geschlafen war, war es wieder kalt in ihm. Hugo von Tschudi, du wirst sterben.

■ ■ ■

Er trat ans Fenster. Berlin war ganz arg blau und voll von Dächern, er schloss die Augen, flog über die Nachtstadt hinweg, über die Warschauer Straße, wo das Blau ins Grau-Dunkelgraue überging, flog über den Grunewald, wo das Blau harzig-schattig war, flog über den Landwehrkanal, wo das Blau schwarz-silbrig war und entlang der schwarzen Metallzäune zurück zum Kurfürstendamm.

Hätte auch Paris sein können, wenn es nicht Berlin gewesen wäre.

■ ■ ■

Etwas kippte in ihm. Jetzt, da die Liebe in sein Leben und das Leben in die Liebe getreten war, jetzt hob sich die Krankheit ab von allem und es fiel ihm nicht mehr leicht, sie zu ignorieren.

Wie sehr konnte Sehnsucht weh tun, wenn sie versprach verlorenzugehen, man ihr doch folgen, sie festhalten wollte.

Sein Gefühl war schwer zu beschreiben. Es war Bangigkeit bis zum Zerfließen. Es war übermächtiges Entsetzen. Nervengrausen. Schauderlachen. Reglosigkeit, darin Feuer. Und sie sahen sich gegenseitig an in ihm, all diese Kräfte und eine bekämpfte die andere, machte sie in Wahrheit aber noch stärker.

Ein jeder Mensch wird vom Tod gefunden, *sein* Tod jedoch war anders. War ganz eingetunkt ins Farbenreich der ganzen Ausschöpfung des Wunderbaren. Er, der immer nur gestaunt hatte im Leben, der immer nur entdeckte und intensivierte,

dessen Aufenthalt immer der goldene Kern der Wahrheit war, er war am Ende nichts als ein Sterbender, war eine Serienaufnahme, die plötzlich aufhören würde.
Fest und gedankenversunken drückte er sein Schuhwerk gegen den harten goldbraunen Blätterteppich vor Rodins Hausatelier in Meudon, das sich ihm wie eine Manet-Luftspiegelung näherte, im weichkalten Nebel.

34

NOCH EIN WENIG KORALLENROT.
Noch etwas Zink auf die aufgebrachten Wellen.
Noch ein wenig mehr Rauch aus den Zylinder-Dampfkesseln.
Diese Malerhand ging sehr bedacht vor.
Die *SMS Wilhelm II* war ein Schlachtschiff, das vor dem Wind lief, weswegen die Rauchfahnen senkrecht nach oben stiegen, ganz in seiner Vorliebe.
Jetzt nur noch ein wenig Glut in den Sonnenuntergang mischen. So, ja, so ist es gut.
Der Kaiser legte seine Pinsel beiseite und betrachtete wohlwollend das Bild.
Zufrieden war er mit sich.
Fort waren die Zweifel und Sorgen.
Für wen hielt sich dieser Direktor schließlich?
Ich bin der Kaiser des Deutschen Reiches.
Ich allein.
Ich, mit meinen sechs Söhnen und ihren sechs Schnurrbärten!
Wie? Mein Admirals-Sohn trägt gar keinen? Doch! Im Herzen wächst er ihm!
Und gewiss war mein Erlass eine gehörige Ohrfeige für diesen Schweizer, diesen Subjektiven da. Und überhaupt.
Nein, der würde es nicht wagen, weitere Dummheiten zu begehen, oh nein.
Wilhelms Mutter war obendrein verstorben, die, die seinen

Kopf strecken ließ, immer nachdem der Arm langgezogen wurde, einen Versuch war es gefälligst wert – die liebende Mutter eben – die ihn denn auch alles über Kunst gelehrt hatte, mit ihrem Sinn für englisches Kunstgewerbe, weswegen er auch prompt den Herrn Muthesius dorthin entsandte, um, nun ja, um alles klar zu machen.

So macht man das halt, so behält man die Kontrolle, so hält man alles aufrecht!

Wohligen Gefühls, im spitz blinden Terpentinsog, schwelgte er in seiner Rede, Weihe, Gnade der Siegesallee, seinem geliebten Geschenk für sein geliebtes Berlin.

Groß musste man denken. Die Dimensionen *strecken.* Ein Nationaldenkmal aus dem Boden schlagen, aus einer Kette von Skulpturen, nicht nur einer oder dreien, sie sollten die Architektur selbst sein, zweiunddreißig Fürsten und ihre vierundsechzig fürstlichen Helfer, auf einer Strecke von siebenhundert Metern, mitten durch den Tiergarten durch. Ein Brunnen aus Granit gehörte selbstverständlich ebenso dazu, aber das versteht sich von selbst. Ob Bismarcks fünfzehn Meter hohes, bronzenes Standbild mit diesem schiefen Helm eigenartig wirke? Aber nein! Es soll seine militärische Sorglosigkeit zur Geltung bringen, verdammt! Das ist es schließlich, was bleibt, diese Siegesallee, nicht die Rinnsteinkunst eines Liebermann oder das Sabbern und Klistieren auf den französischen Leinwänden.

▪ ▪ ▪

Inmitten der traumartigen Mechanik seiner eigenen neuen Bühne hinter dem Deutschen Theater stand Max Reinhardt.

Sein Theater besaß eine eigene Tischlerei, ein Elektrizitätswerk.

Er war der Wunder-Reinhardt. Stand da, in den Blitzerzeugnissen seiner Techniker, zwischen den Monologen von Farbe und Licht, mit dem genauen Wesen, dem unkämmbaren Haar im Wind der Zeit.

… Menzel erschien pünktlich um die Kostüme zu überwachen, denn wenn Reinhardt ihn um etwas bat, weil er selbst keine Zeit hatte, ließ Menzel ihn nie warten. Freilich ging es dann auch über die Korrektur eines geflochtenen Zopfes hinaus. «Und außerdem, wie steht denn dit Slevogt-Bühn'bild da rum! Dit muss mehr nach links! Nach links haik jesacht, biste schwerhörich oder wat?!»

35

DER WIND PEITSCHTE gegen die Fenster von Auguste Rodin.

Er war keinesfalls groß, war gut ernährt, hatte einen Götterkopf in umgekehrter Pyramidenform und gestutztes, jähzorniges, weißlich graues Kopfhaar. Sein Bart wuchs in wundervollen, vergilbten Wellen. Er roch nach Bäumen und nassem Stein und roch mild-säuerlich nach Frauen.

Er hatte sich gut angezogen, ganz in Schwarz, die Stiefel blinkten. Die Weste war neu. Die Hose unten eng und modisch liegend.

Als er Tschudi eintreten und auf ihn zukommen sah, schlug ihm das Herz wie aufgescheucht.

Hugo von Tschudi erschien in einem Umhang, einem langen venezianischen Nachtwächterumhang! Ohne Kapuze, aus schwarzem Loden, dafür mit zwei dicken Goldknöpfen am Hals versehen, hoch aufgestelltem, gerade und steif umlaufendem Kragen.

Rodin blieb wie angewurzelt stehen.

Tschudi kam näher. Seine laut hallenden Chelsea Boots erklangen im ganzen Haus. Das mittelbraune Haar seitlich von der Stirn gestrichen, die jeden ansteckenden, sirrenden Augen in Rodin einbrennend, der sich vor Begeisterung, Furcht und Spannung nicht bewegen konnte.

Er sah Tschudis Gesicht, die Flocken der Haut, die beulig breiten, schwarzpinken Fetzen und die Papeln auf den Wangen, die seit Jahrzehnten aktiv waren, die grünlich transparenten Fresslöcher des Wolfes, die straff vernarbten, verschwindenden Nasenflügel, die Lippen, die allmählich weich krustig verwuchsen – Rodin rang nach Luft.

Sie aßen nicht im Esszimmer, sondern im angebauten Atelier.
Es wurde beheizt, man konnte umlaufend nach draußen schauen in einen lebendigen, zu Bewusstsein gekommenen *Poussin*, alten Mauern und schweigenden Bäumen, und befand sich innen in einem weißen Wald aus Marmor- und Gipsmenschen, die Tschudi um den Verstand brachten.
Ein kleiner Tisch, so klein, dass auf der Tischdecke nur eine Kerze, ein Rosenstengel, zwei tiefe Teller und zwei Rochère-Weingläser Platz fanden.
Zu Essen gab es Coq au Vin.
Zu trinken, eine Kiste mit vier Burgundern aus dem Côte de Beaune, zwei Flaschen waren bereits im Essen selbst.
Rodin bemerkte sogleich, dass er so gut wie keinen Mann kenne, der keinen Bart oder Schnurrbart trüge.
Tschudi erklärte, dass sich die Haare um den Mund entzündet hätten und er es natürlich nun außerordentlich bedauere, keinen mehr tragen zu können, wobei sie sich vielsagend und lächelnd zuprosteten.
Der Wind pfiff.
Das Atelier war sehr stark beleuchtet, Tschudi zog mit seiner Gabel das Hahnenfleisch vom zarten Knochen und kostete es, von einer Blüte Schalotte und einer Möhrenscheibe begleitet. Es war erlesen. Und der Wein! Fast farblos dunkel, süss schwer anschmiegsam.
Auguste Rodin war einst von drei Kunstakademien abgewiesen worden, nun war er der unnachahmlichste Bildhauer

geworden, mit dem erotischsten Sinn, mit dem anmutigsten Fieber.

Schüler aus aller Welt lagen ihm zu Füßen. Neben seinen Figuren war die gesamte Antike das Werk eines inneren Spießers mit versauten Anlagen.

Rodin gehörte für Tschudi zu den unvergesslichsten Menschen seines Lebens. Der fleischgewordene Impressionismus, das Wesen der Kunst schlechthin, Opfer und Täter der Schönheit, die Negation aller Halbkönner, der brutal weiche König mit der zeitlosen Ur-Hand.

Rodin erzählte vollen Mundes, dabei sauf-schlürfend wie ein Bulle, er habe die Modelle nachhause geschickt, da doch bei einem so wichtigen Zusammentreffen keine nackten Titten – ja, er sagte *nichons* – hier herumlaufen könnten, wenn der Direktor der Berliner Nationalgalerie zu Besuch sei. Nein, das ginge nicht, schmatzte er. Noch dazu, wo doch Tschudi frisch verheiratet sei, was ihm selbstverständlich längst zu Ohren gekommen ist, schließlich sei ja ganz Berlin und halb Paris geil auf *monsieur le Directeur* – schmatz schmatz – und wie schön die junge Ehefrau aus Spanien sei, davon habe er – schmatz – natürlich auch erfahren und er hielt kurz inne beim Saug-kauen, schaute mit seinen hellscharf trüben Linsen in die offen sinnlichen Tschudis, ein Ausdruck, den Rodin hatte, immer wenn er einen vermeintlich neuen Körper in Aussicht glaubte. Gerade so ein Körper nach der Geburt habe etwas – schmatz schmatz – etwas äußerst Unbedingtes, beschwor er.

Tschudis Blick flog derweil los …

Seine Seele war wieder jene, die er als Fünfzehnjähriger begann, als die Kunstgeschichte, ja die Kunst, noch nicht formal für ihn geworden war, sondern sich ankündigendes lebensbegleitendes Geheimnis, die Vorstellung der Vorstellung und das sichtbar-unsichtbare Objekt höchstmöglicher Freiheit.

Es war, als hätte Rodin die abfallenden Schultern, die zur Brücke gebogenen Rücken und gespreizten Finger aus weißer Luft gebildet, aus warmem Schnee.
Eine aufschreckende Büste auf einem Sockel, die drohte, jederzeit herunterzustürzen! Ein abgewandter Mann, schlank und unwillig. Eine Figurengruppe, die zusammen vibrierte! Die Bewegungen der Köpfe zueinander, ganz leicht und ganz sanft, mit jedoch zum Schlage ausholendem Arm bei dem einen, was hatte er nur vor! Ein in sich Gekauerter dort, wie er seinen Kopf umkrallte.
Die Präzision der Details, ausgehend vom rohen Block, der dann immer bestimmender, immer entspannter, immer geschmeidiger, immer rätselhafter wurde und nie *zu Ende angefasst.*
Um sich greifende Gipsmodelle. Ton, der Ton begehrte. Marmor erklopfte er zur Skizze. Weiche Schockwellen und federnde Stöße seiner Arbeit gingen durch den ganzen Raum.
Überfluss, weiß glühende Orgie, sich ganz auskostende Wahrheit. Es gab kein Jahrhundert mehr, keine Zwänge, keine Versäumnisse. Hier gab es nur noch die Herrschaft der Körper, das Verständnis, die Verweigerung jeder Enge.
Unübertrefflich. Unerreichbar. Triumphal. Blendend. Gott ohne Gott.

■ ■ ■

Er besah anschließend eine Reihe Fotografien von Eugène Druet, für die er angereist war.
Druet hatte Rodins Arbeiten in einem milchig goldenen, stickig gewitterschweren Licht festgehalten. Die Figuren dünsteten nur so vor sich hin, ein Film grenzenloser Schönheit lag auf ihnen. Tschudi war entfesselt. Er war zu Hause.

Dann lauschte er Rodin, der davon erzählte, dass es ganz bestimmt so sei, dass die Franzosen ihre eigenen Meister verehrten und hoch hielten, doch doch ja, aber Ehre habe der Franzose nicht und er sei feige. Was Tschudi in Berlin unternähme, unternähme er vor allem *von* Berlin aus und es sei einer jener Augenblicke, die sich entfalten würden zu zwei Flügeln der Menschheit. Er schätze zudem den Umgang mit Tschudi, die Briefe Tschudis, den Dank, der immer darin lebe und dass Tschudi stets umgehend bezahle, das beeindruckte ihn sehr. Schließlich beschrieb Rodin, wie kitzlig es sei, wenn seine weiblichen Modelle sich vor ihm auszögen. Eine Zeitlang hätte er noch spanische Wände zur Verfügung gestellt, aber das sei irgendwie nicht nötig, lachte er brummend. Ich kann dann regelrecht spüren, wie aufgeregt die sind, sagte Rodin, aber die lassen sich natürlich nichts anmerken vor mir. Manche sähen ihm dabei direkt in die Augen, während sie ihre Unterröcke aufknöpfen, mit gierig erschrockenem Blick. Er bleibe da völlig ruhig, aber die Atmosphäre könne man beinah hören, die Gedanken lesen, wenn die Stoffe am Nabel entlang heruntergleiten auf den Boden – dann stehen die da immer erst einmal! Und nu? – frag ich sie – wohlwissend, wie gemein das ist – dann machen die so ein bisschen hin und her und zeigen mir ihren wundervollen Arsch und ich denke so bei mir, ja, das geht auf. Diese Grübchen unter den Pohälften, die vollen Nester zwischen den Beinen, die wachen Augen! Sie können sich nicht vorstellen, Herr Direktor, rief er …! Keine hätte je gekichert, die seien ganz entschlossen, entschlossen mich zu verführen mit ihren kleinen Brüsten und ihren schönen großen Hintern, er habe ja, und das hätte Tschudi unmöglich entgangen sein können, einen gewissen Typus am liebsten. Der müsse zierlich sein, aber mit weichen Linien und vollen ovalen Schenkeln. Den nachdenklichen Typus, den möge er.

Tschudi saß da, ihm seitlich zugewandt, eine Hand ans Kinn gestützt, die andere über das Knie gelegt, breitbeinig mit seinen enormen Knochen, nicht *ein* Wort wollte er verpassen aus diesem unschuldig geheimnisvollen Munde.

Rodin wollte weiter reden, doch versagte ihm die Sprache, er sah Tschudi an.

Der Denker.

Er erkannte seine Figur vom Denker, hoch oben am Kopf des Prachtreliefs vom *Höllentor* sitzend – aber nicht den Preisboxer Jean Baud sah er jetzt, der ihm dafür Modell gestanden hatte und dessen Gehirn die Größe einer Erdnuss besaß, sondern ihn, Tschudi!

Die durchgestreckte massige Kraft, die beachtlichen Schultern, die verfeinerte Handhaltung, der Blick, die Augen, die Mundwinkel … pur strahlende Intelligenz, in einem leisen Blutbad der Versunkenheit, Ausweglosigkeit für immer.

Rodin schlug beide Hände zusammen, als wäre ihm ein Stern zugefallen.

Kurze Zeit darauf wurde die Bronzefigur des *Denkers* von 72 Zentimetern auf 181 Zentimeter erhöht und als eigenständiges, losgelöstes Kunstwerk präsentiert.

36

MARTHA LIEBERMANN LIEBTE ES ZU LESEN.
Sie las alles. Einfach alles. Sie verschlang jedes Tageblatt, Zeitschriften der Erdkunde und Anthropologie, Kunsthefte, Zigarren-Broschüren und ganz besonders gerne mochte sie die anarchistische und von einem hoch gebildeten und sehr vermögenden Wissenschaftler unterstützte Zeitschrift *Kampf*, die ständig wegen Majestätsbeleidigung konfisziert wurde.
Dieser Sohn eines jüdischen Akademikers war Benedict Friedlaender. Er war jung und er war begnadet. Sein Herkommen freiester Bildung widersetzte sich jedem System. Vorgaben einer jeden gesellschaftlichen Art waren ihm zuwider, wie eine Speise, von der man nicht kosten mag, wie Luft, die man nicht aushält. Mit ansehen zu müssen, wie die Menschen *gemeinsam* nur dachten und fühlten, sich eine Seele der Masse erschufen, einen großen Schneemann für alle und dass der Einzelne immer mehr und mehr versickerte, das war sein Leiden.
Friedlaender wollte den Paragraphen 175 abgeschafft wissen, die Gefängnisstrafe homosexueller Männer. Seine kulturhistorischen Argumentationen kreuzten sich mit der modernen Souveränität jener Jahre, ihm ging es um die Anerkennung des tief im Menschen verankerten geschlechtlichen Changierens. Er selbst rechnete sich keiner Gruppierung zu, einzig dem freien Gedanken und dem freien Gefühl. Er zerbrach an der inneren Fragerei darüber, wie die Innerlichkeit des Menschen, die so elementar und täuschend, so heftig ist, erwachsenen Ge-

schlechtern nicht zugesteht, was sie empfinden. Er ging weiter und immer weiter und er wollte es und er wusste es, denn er war ein Schütze und hatte sich entschieden. Er war einer der Goldtropfen unterhalb einer teerig aufgeladenen Wolke, die das Licht manipulierte und die Gedanken aufeinander hetzte …

… Marthas schwarze Wimpern zwinkerten in ruhigen Abständen über den Rand der Zeitung, die sie vor sich aufgeschlagen hielt.

Im Frühjahr 1902 war Berlin von zahlreichen Unwettern halb lahm gelegt worden, es gab Überschwemmungen ganzer Stadtabschnitte bis zum Bauch der Laternen.

«Bülowstraße och unter Wasser», murmelte sie.

Max Liebermann, der ihr gegenüber saß im Musikzimmer, man hörte nur seinen Bleistift, erwiderte nichts.

Sie las weiter.

Er musste schmunzeln.

Seine geschwungene Nase, die Stirn voller Wunder. Das Schattieren seiner Hand war verstummt.

Sie blickte auf.

«Wat is?»

«Nüscht», sagte er.

«Da ist doch wat.»

«Nüscht is», wiederholte er knapp, schaute sie aber weiter mit seinen glühend durchsuchenden Lidern an.

Ein Blick, der wusste, dass er sie kannte, aber nie zu sehr kennen wollte, weil es dann keine Reise mehr zu ihr geben würde und sie hatte es noch Jahr für Jahr geschafft, ihm in mancherlei Klang ein vollkommen fremdes, aber anregendes Wesen zu bleiben.

«Dit kann ick och», rief sie, legte die Zeitung beiseite, verschränkte die Arme vor der Brust und schaute ihn an.

Durchdringend mit ihren schwarzen Linsen, schwarz wie ihr Kleid, schwarz wie die Brosche an ihrem Spitzenkragen.
Er neigte leicht den Kopf.
Sie lächelte kaum, aber ihre Mundwinkel warteten wie bei einem Raubtier und ihr hinter teurem Stoff verborgenes Dekolleté stieg atmend auf und ab. Ihre Wangen hoch glänzte ein unmalbarer Stolz.
Seine Brust kitzelte schmerzhaft.
«Du machst, dass dit Zimmer tanzt …», sagte er.
Draußen tanzten die schweren Wolken hoch über dem Lindengeäst, Tau besetzte Krallen.

▪ ▪ ▪

Ela von Tschudi stieg vor dem Juwelier *Friedländer* aus, Unter den Linden 28, das schmale Haus mit dem erlesenen Ruf befand sich zwischen Friedrich und Charlotten.
In einen Pelzmantel ihrer Mutter gehüllt, unterhalb eines Regenschirms die wenigen Schritte zum Geschäft tippelnd.
Die Friedländers, die Inhaber selbst, waren allesamt schon verstorben. Doch ein zugewandter Herr erwartete sie, empfing sie mit Handkuss und nahm ihr den Mantel ab.
«Nein, was für eine Freude!», rief er. «Eine echte Spanierin!»
Sie war an diesem Tag sehr schön, ihre Haut und ihre Augen funkelten.
«Und echter Schmuck», sagte er und legte ihr die reparierte Kette um, Ela nahm hierfür den Spitzenkragen ab, der über ihrem Kleid lag und offenbarte ein Dekolleté, bei dem der Herr ins Stottern geriet und statt: «Wie geht es Ihrem Mann, dem Direktor der Nationalgalerie» – fragte: «Wie geht es der Galerie Ihres Nationaldirektors?»
Wieder draußen, der Regen war angehalten, bat sie den Fahrer

der Kraftdroschke, sie ein Stück weiter vorne wieder einzufangen, sie wollte mit den Menschen, die teilweise auf der Straße gingen, weiterlaufen und sich die Frische der Luft dieses eigenartigen Berlins holen.
Das Schloss stand, lag, leuchtete – vom plötzlichen Licht getroffen.
Weiß angespannte Skulpturen, eine Linie des Geschmacks zog sich dahin, durchschaut und wach gehalten von einem Reiterdenkmal, das in seiner Ewigkeit doch eigentlich zum Brandenburger Tor ritt und niemals ankommen würde.
Schnell waren die Blicke bei ihr.
Schon ihr Gang – spitzschultrig, schnell, gierig.
Die Frauen tuschelten und die Männer lächelten und sie lief über die Linden zur anderen Seite, wo der Wagen, ihre Sänfte eigentlich, bei der Neuen Wache auf sie wartete.
Ein Junge drückte ihr ein Flugblatt in die Hand. *Wählt die Freisinnige Volkspartei!* – rief er und ging weiter.
Der Wind, der sehr stark war, riss ihr das Stück Papier aus der Hand und es flog in hohem Bogen einem Kinn erhobenen Wachsoldaten des Wachwechsels mitten ins Gesicht.
Er zupfte es sich von der Nase, der Wind blies es ein Gesicht weiter, die langen Gewehre des strahlend blauen Regiments Preußens, die links auf den Schultern ruhten, fingen an, unregelmäßig zu tanzen – denn das Flugblatt klebte mal an der Schulter des einen, mal am Mund des anderen und die vielen, gleichartig ausgerichteten Pickel ihrer auf Glanz polierten Helme, stachen erzürnt und für einen Moment alles vergessend empor.

37

Verehrter Hugo von Tschudi!

Um gleich Ihre Frage zu beantworten, ich hoffe, in ein bis zwei Jahren wieder in Berlin sein zu können, im Moment bin ich überall und doch nirgends. Vielleicht kennen Sie das von früher, mir scheint, Sie sind einmal ein Reisender gewesen. Kommt Ihnen auch manchmal alles wie im Traume vor? Ich finde die Wirklichkeit nur auf meiner Leinwand wieder, ich finde sie nur in meinen Lieblingsfarben, wenn sich Grün und Dunkelgrau mit Orange verbünden, dann bin auch ich ein Teil von ihnen und vermag so für Tage mich von aller Welt auszuschließen. Viel Neues ist entstanden, Dutzende Portraits, ich verkaufe ganz gut, Ihnen würde manches außerordentlich gefallen. Ich denke oft an das, was Sie in Berlin vorantreiben, wie Sie am Schicksal der Stadt feilen, dass es ja ein großes Schicksal wird und kein gewöhnliches und ich frage mich dabei nicht selten, woher Sie die Kraft nehmen. Ich freue mich sehr für Sie und Ihre liebe Gemahlin Frau Angela und sende meine herzlichsten Grüsse auch an das frische Kind, den gewiss prachtvollen Sohn Ihres alten Hauses.

Ihr Leo König

Tschudi blickte vom Brief auf, die Tram stand still.
Adlershof.
Er stieg aus.
Am Ostkreuz hatte er die Elektrische bestiegen und nicht von allein aus seinen Gedanken herausgefunden. Und nun war er hier.
Die Umgebung war gedehnt und rein. Aber auch ein Ernst lag über den leicht gebogenen Straßen unterhalb der Oberleitungen, die sich, wie von einer Feder gezogen, fortsetzten und am Horizont verschwanden.
Einzelne gestaltlose Menschen standen wie Schatten herum.
Der Wind war sehr frisch.
Die Bäume waren noch ganz kahl.
Er ging los.
Hier sind die Sommer gewiss voll und sehr früh morgens findet sich viel Nebel ein, dachte er.
Es roch nach nassem Leben, nach Nachdenklichkeit.
Ein bisschen Sonne fiel durch den Himmel wie durch einen Spalt.
Weißgolden.
Neue Häuser waren entstanden.
Er ging weiter entlang des Grabens, schaute in die vom Licht getränkte Gegend, sah ein paar Kühe, ein paar Schornsteine.
Immer weiter ging er, Richtung Alt-Glienicke, immer freier wurde er. Es tat gut, in Berlin zu sein, während man nicht in Berlin war. Die sanft herbe Ausstrahlung der offenen Wege, das Lauschen des Unkrauts, die graubraune Zeit, das Hellblau des Tages.
Vor ihm stand eine Barockkirche, ein Ziegelbau. Innen war sie hell ausgemalt und das schöne dunkle Holz der Bänke und die Orgel gefielen ihm.

Er setzte sich. Legte seinen Hut, einen Derby, neben sich. Das Schweißband war von besonders schonendem Material, er hatte ihn in England aufarbeiten lassen, denn er war ihm von seinem Wiener Onkel hinterlassen.
Stille in der Kirche.
Das Licht entlang der Sitzreihen pulsierte scharf und wie roher Diamant verklumpte es an den Kerzenständern. Ein Menzel.
Ach ja, Menzel … dachte Tschudi.
«Jutn Tach der Herr!», zwei Reihen hinter ihm hatte der Pfarrer Platz genommen. Ein kleiner, magerer Mann mit freundlichem Gesicht und langem grauem Haar.
Tschudi wandte sich um, sein Kopf – die zerschraubten Züge, darin die unbegreiflich sensiblen Augen – ließen den Unbekannten klar und inständig schauen.
«Kab Se hier noch nie jesehn, schön, dass Se hierher jefundn ham.»
Tschudi blickte wieder nach vorn, zum Kreuz. Ein einfaches Kreuz aus Holz. Das ewige Kreuz.
«Ich mag diesen Ort», sagte Tschudi. «Ich mag die Weite und die Nähe. Kommen viele Menschen zu Ihren Gottesdiensten?»
«Janz viele, so viele, dass wa die Kürche ham umbaun müssn. Jetzt strahlt dit wieder. Die Leute hier ham nich viel zum Strahln sonst.»
Tschudi sah sich um, warf den Kopf nach hinten. «Ja, es ist sehr wunderbar geworden.»
«Wat machn Se, wenn ick fragn darf?»
«Ich bin … eigentlich bin ich auch so etwas wie ein Prediger. Ich arbeite auch in einer Kathedrale. In einer Kathedrale der Kunst.»
Die zerbrechliche Stimme des Pfarrers jubelte. «Dann müssn

Se aber een janz berühmter Mann sein! Dit is mir aber nu ne Ehre, Se hier begrüssn zu dürfn!»
Tschudi schmunzelte.
«Auch berühmte Männer werden manchmal gejagt und müssen sich verstecken», sagte er leise.
«Ja wa? Kommt mir och jelejentlich so vor. Na sehn Se, hier sind Se jenfalls sicher, dit steht fest und hier könn Se och ümmer sein, wennset wolln.»
Tschudi drehte seinen Kopf nur minimal zur Seite. «Ein lieblicher Flecken Erde, ihre kleine Heimat hier.»
«Manchet verändert sich und doch nich. So een Bankier will hier Villn baun. Mit der Industrie dit find ick jut, dit is wichtig für de Leute, aber ick hab dit Jefühl, unsre Jegnd hier schlummert, wa? Trägheit ist dit nich, swat andret. Ick glob dit nennt man Melancholie, wa?»

Tschudi blieb noch lange sitzen.

38

ABENDS LIESS ER SICH vom Kurfürstendamm zur Friedrichstraße fahren. Sogleich fiel ihm auf, dass er seinen Zwicker zu Hause vergessen hatte. Er stieg noch einmal aus und machte die wenigen Schritte zurück zu seinem Wohnhaus. Nicht in Eile, niemals in Hast, immer in seinem schweren Schwebeschritt.

Ein junger Mann kam auf ihn zu. Sehr bürgerlich, aber mit einem verboten kapriziösen Schliff um die Augen herum, unbedingt anders anzuschauen, als all die anderen Menschen. Der durchlässige Bart auf der fast kindlichen Haut, kleine forschende Augen hinter einer schmalen Brille, das Haar sauber gescheitelt, der Mund verstohlen geschwungen.

Er ging hinter Tschudi her.

Ein Junge auf einem Roller fuhr zwischen ihnen vorbei.

Beide sahen dem Knaben nach, wie er, im Matrosenanzug mit Mantel, schlängelartige Bewegungen auf dem Gehweg hinterließ.

Tschudi verschwand in der Nummer 200. Nach wenigen Minuten trat er wieder heraus und bestieg von neuem die kurz vor Ecke Schlüter wartende Kraftdroschke, die bereits mit einem Taxameter versehen war, und fuhr fort.

Der junge Mann trat seine Zigarette aus und kehrte um.

Im *Café Friedrichshof* erwartete man ihn bereits. Vier Männer erhoben sich, als der Direktor der Nationalgalerie – groß, matt, breitschultrig – an den Tisch trat.
Eduard Arnhold, deutsch-jüdischer Großindustrieller.
Guido Henckel von Donnersmarck, Schwerstindustrieller und preußischer Graf.
Paul Freiherr von Merling, Mäzen.
Ernst Seeger, Bildhauer.
«Entschuldigen Sie die Verspätung», Tschudi bat alle, Platz zu nehmen, der Pianist spielte seine Préludes des Abends, Erik Satie, die Gymnopédie.
Alle vier waren im Smoking. Alle vier sahen unterschiedlich aus. Sie saßen nicht im Café, sondern im barocken Festsaal, mit den warmen Kristallkronleuchtern, den purpurroten viktorianischen Gardinen und ihren riesigen Messinghaltern, dem Wolkengeflüster an den Decken. Der Raum war fast ausschließlich schwarz gekleidet, nur wenige Frauen waren anwesend.
Tschudis weich glänzende Maske schimmerte auf, als er das Wort an Arnhold richtete und ihn mit seinen zart greifenden Augen ansah. «Sie, Eduard, sind mir Freund und Vertrauter geworden im Laufe der Jahre. Gerne denke ich an unsere gemeinsame Florenz Reise zurück. Sie sind einer der Helden von Manets *Treibhaus*, bedenken Sie einmal mehr, was das bedeutet. Dieses Bild lässt, auch nach all der Zeit, einfach nicht nach. Im Gegenteil, es hat die Nationalgalerie, die lebendig begraben war, wieder in den Zustand eines geheimnisvollen Bewusstseins geführt.»
Arnhold bedankte sich mit einem weichen Neigen des Kopfes. Sein dunkelgrauer, breiter Schnurrbart lachte auf und sein krauses Haar, das wild um die Ohren stand, funkelte im Schein der Lichter. Die große und witzige, vom Leben am Wannsee

gebräunte Nase, sah wunderbar aus zu dem machtvollen Blick, den er aussenden konnte. «Ich danke für die Einladung», sagte er langsam und bärig.

«Sie, Herr von Merling, zählen mittlerweile zu den großzügigsten Stiftern der Nationalgalerie, hinzu kommt Ihre eigene Leidenschaft für den guten Geschmack oder sagen wir, der Geschmack Ihrer Leidenschaft. Sie inspirieren mich und andere mit Ihrer Großzügigkeit, Ihren geistigen Überraschungen, Ihren Geschenken der Kunst, die sich in Abenteuer für das Haus und für die Augen verwandeln.»

Merling nickte kurz, lächelte sehr fein und gerade und schnappte kurz nach Tschudis Blick, der ihm dann doch zu wissend wurde. «Hat nix mit Großzügigkeit zu tun», sagte Merling, «mir gefallen die Sachen ja selber!» – in seiner Freude stieß er ein Glas um und stellte es mit einem «hoppla» wieder auf.

«Ernst Seeger, wie freue ich mich, Sie zu sehen. Ich hatte die Ehre, Leibls Portrait von Ihnen bestaunen zu dürfen, wahrlich, er hat Sie getroffen und Sie ihn – so wirkte das Bild auf mich. Lassen Sie mich Ihnen ferner die herzlichsten Grüsse von Auguste Rodin bestellen, der gern daran zurückdenkt, wie Sie ihm vor einigen Jahren in seinem Atelier halfen. Heute besitzen Sie Ihr eigenes Atelier, Ihre eigene Sammlung, ja handeln sogar mit ausgezeichneter Kunst. Danke, dass Sie gekommen sind!»

Seeger hatte sehr große Augen, einen eigensinnig vollen und seidenen Bart und ein wunderbares Märchenantlitz, Tschudi konnte gut verstehen, warum Leibl ihn gemalt hatte. Dieser sich auflösende und doch wieder von der eigenen Klugheit eingesammelte Ausdruck.

«War der Maître nicht schwer beeindruckt von *Ihrer* Erscheinung, Hugo?», fragte Seeger, glotzend wie ein Künstler, der nicht fassen kann, dass jemand mit einer Gesichtsmaske erscheint, ohne auch nur einen Augenblick lang Gebrechen zu verkörpern. Eher erstaunte ihn Tschudis metallene Wirkung und diese unvergleichlichen Augen, dunkler, als sie in Europa vertreten waren.

Dann wäre Henckel von Donnersmarck an der Reihe gewesen, doch zwei Kellner umstanden den Tisch, fliegend geschäftig und gekleidet wie bei Hofe. Sie verteilten die Karten und erfragten Getränke, was so seine Zeit in Anspruch nahm und der Pianist wechselte zu Debussy.

«Und ruhig die größte Flasche!», rief Donnersmarck dem Kellner nach. «Sonst komm ich persönlich runter zum Kühlschrank!», sein saftiger Bart unterhalb der Stupsnase bebte auf vor Lachen. Die sehr schönen Hände, die sehr schöne Haltung eines sehr schönen Mannes. Ein Kraftpaket, ein Erfolgsgigant, einer der reichsten Menschen seiner Zeit.

«Graf Donnersmarck», sagte Tschudi, «oder Fürst? Wie ist es Ihnen lieber?»

«Wollen Sie mich auf den Arm nehmen, Tschudi? Guido für Sie! Ihre Familie ist doch noch mal fünfhundert Jahre älter als meine!»

«Na wenn das so ist, Guido», freute sich die Maske, «dass Sie Zeit gefunden haben, dass Sie heute hier sind mit uns, dass Sie meiner Einladung folgten, ich kann Ihnen gar nicht sagen», Tschudi berührte ihn am Arm, Donnersmarck war einer der wenigen Männer, die es mit Tschudis Körpergröße aufnehmen konnten, «wie stolz es mich macht, Sie zu gewinnen für meine Arbeit: ich glühe!»

Donnersmarck fasste ihn zurück. «Jeder gibt seins zum großen Leuchten!»

Der Abend war eröffnet!

■ ■ ■

«Kunst und Stahl», erwiderte Donnersmarck und schlürfte an einem Stück Ananas. «Beides ist Macht.»

«Stahl hat viele Sorten, Kunst auch», meinte Arnhold, der sich den Mund abtupfte. «Auf die Zutat kommt es an, auf die Marke, auf den Namen. Ich glaube an die Hoheit von sich durchsetzender Qualität.»

«Und doch gibt es den *einen* Stahl und die *eine* Kunst, nämlich die, die bleiben», sagte Merling.

«Kunst ist unsterblich, Stahl nicht», meinte Seeger trübsinnig und unentschlossen innerlich.

«Stahl ist ein Prozess, Auslese, Stahl wird *geboren*», sagte Arnhold fest und festlich.

«Aus unmoralischen Voraussetzungen zwar», sagte Donnersmarck, «aber Moral ist schließlich selbst unmoralisch!», er lachte.

«Oh, Stahl ist unbedingt der Gegensatz zur Kunst!», sagte Merling und ließ sich ein Stück Apokalyptischen Reiter mit Likör-Biskuit auf der Zunge zergehen, gebacken mit Oetkers frisch patentiertem Backpulver.

«Noch eine Flasche Sekt!», rief Donnersmarck, «schließlich braucht Seine Majestät jetzt dringlichst Geld!»

«Die Deutschen trinken ja viel, aber ob mit der Schaumweinsteuer all die Großkampfschiffe bezahlt werden können?», fragte Seeger, «das bezweifle ich beim besten Willen, den ich durchaus habe, weil mich die See fasziniert.»

«Die See, ja, die See», seufzte Donnersmarck, «ich habe so einen Courbet zuhause hängen – *Die Welle* – Grau in Silber in Zinn rollt sie auf einen zu, ein riesiges Format! Das Bild zerschellt an der Wand, wie mein Herz damals, als sie …», er dachte an *sie*, an ihren jetzt toten Leib, an ihr schwarz gelocktes Haar – s i e – jene Kurtisane. «Wär was für die Nationalgalerie, Tschudi, der Courbet!», erwachte er.

«Wenn die Panzerung des Stahls leicht ist, ist der Schlachtkreuzer schnell auf dem stürmischen Wasser, der Stahl selbst aber schwer zu zerstören, das *ist* Kunst, um ihnen die Worte einmal neu zu mischen», Arnhold wandte sich an Seeger, «sehen Sie, mein Lieber, das ist fast schon Alchemie. Schlesische Steinkohle hat so einen Reiz, so eine», er rieb seine Finger aneinander, als würde er sein Essen salzen, «– so eine epische Rieseligkeit, so eine Harmonie, wenn sie auf Eisenerze trifft, dann behauptet sie sich, hält den ganzen Vorgang stabil, verleiht dem Stahl so eine goldene Härte im Entstehen. Stahl kommt aus der Erde, kommt aus dem Berg: was könnte wahrhaftiger sein? Stahlerzeugnisse haben eine eigene universelle Dimension und ihre Formbarkeit und ihre Anpassung begeistern», – Arnhold suchte ausdrücklich Tschudis Blick. Diesen alles in Frage stellenden und dennoch verständigen Blick.

«Die Deutschen spielen mit, die formen an der Welt wie am Stahl selbst, warum sollten sie nicht auch ihre Wasserwege schützen und ihre Energie zeigen? Man mag vom Kaiser denken was man will, aber ich sehe ihn oft und vertraulich und immer ist es ein Gedanke bei mir: der Mann ist glücklich über ein geeintes Reich, über die gemeinsame Dynamik der Deutschen», sagte Donnersmarck.

«Die Kunst sollte die Industrie unterstützen», sagte Seeger. «Vielleicht kann sie sie damit schützen.»

«Artillerie braucht keinen moralischen Schutz. Wenn das Weltgewissen seine Balance verliert, darf Deutschland nicht plattgewalzt werden. Die Engländer sind brillant, ja, aber sie bleiben immer irgendwo in ihrer geistigen Entwicklung stehen, weil sie ihren Tee nicht verpassen wollen. Die Deutschen haben keine Ironie, meinetwegen, doch sie bringen es auf den Punkt, bringen es zu Ende und das sollte auch einmal seinen unerhörten Beifall finden dürfen», Donnersmarck lehnte seitlich lässig auf seinem Stuhl und sprach vollkommen ruhig. «Der Kaiser muss jetzt bestärkt werden, er, der so gerne Fehler macht, er darf jetzt nicht allein gelassen werden im Schwanken unserer Zeit und – unter uns – die deutsche Marine gehört ordentlich aufgemöbelt. Es geht nicht nur um den Nutzen, es geht um die Aufstellung, um unsere Präsenz, wir haben ein Reich, Kolonien, da entsteht natürlich eine Eigendynamik und es geht nicht zuletzt auch um die Vermehrung des Wohlstands, den doch alle so sehr wollen und den die Aktiengesellschaften denn auch prima schaukeln. Die Unternehmen haben eingesehen, dass Privatinvestoren weiter denken und auch – unter uns – über mehr Geld verfügen. Habe erst letzte Woche darüber mit Rathenau gesprochen.»

«Ich sehe es ähnlich», erklärte Arnhold, «gerade auch der Chemieindustrie sollte man große Aufmerksamkeit schenken. Es geht nicht um die Endgültigkeit und Vollführung der Tyrannei des Materials Stahl, sondern um die Haltung, die bereits präventiv wirken kann, wenn es etwa darum geht, unsere Handelswege zu verteidigen. Die Vielseitigkeit der deutschen Schwerindustrie schüchtert andere Nationen längst ein. Deutschland braucht Werte aber ebenso eine militärische Formulierung. Warum sollte England den Handel lenken? Schließlich profitiert es nicht von seinem Geschick sondern von der Geographie, wie wir alle wissen», alle lächelten.

«Gegen eine solche, wie sagten Sie, militärische *Formulierung*, habe ich nichts einzuwenden, nur gegen eine *Formierung* eventuell», fiel Merling ein, «mich dünkt, den Briten tut es doch auch ganz gut, der Wettstreit unserer Flotten. Wenn alle profitieren, dann ist es gut. Und diese elenden Blockaden Englands wurden allmählich langweilig, in der Tat!»

«Ausreden», flüsterte Seeger. «Hoffentlich sind das mal alles keine Ausreden, meine Herren», er strich sich über und durch den Bart. «Wenn die Hochöfen und Eisenhütten nicht zum Schicksal Deutschlands werden, wer bin dann ich, mich zu widersetzen?»

«Deutschland darf kein Vulkan werden, so lange bin ich ein Freund all dessen», appellierte Merling. «Allein, wer verantwortet den Vulkan bei einem möglichen Ausbruch? Das Volk? Der Kaiser? Wer kontrolliert wen?»

Der Pianist war verschwunden und an seine Stelle setzte sich ein anderer. Das war Isaac Albéniz, der elegante spanische Komponist, der bei Liszt studiert hatte und die zartesten Stücke schrieb, mit der stärksten Magie. Er spielte in London, in Paris und nun wohl auch in Berlin. Das Stück hieß *Asturias*. Wächsern saß er da, mit geschwungenem Zwirbelbart, die Fingerkuppen zappelten die bedrohliche Melodie herbei, wie ein fernes Bangen, bohrten sich immer steiler und wie Schwaden empor.

Tschudi kippte sein Cognacglas hin und her. «Friedrich Krupp hat mir einen Goya an die Nationalgalerie geschickt.»

Alle am Tisch schauten ihn an.

«Es heißt *Der Maibaum*. Ein buntes Bild, innig. Wenn da nicht … so ein schwarzer Schleier über den Farben drohte … wenn da nicht … dieser schwarze Schweiß über den aufgebrachten Menschen, die kein Gesicht mehr haben, die nur noch eine Menge sind, läge … ein schmutziger schwarzer unbekannter Bildschatten», Tschudi trank aus.

▪ ▪ ▪

Cosima Wagner ging schlafen.

Sie weigerte sich, die kleine Öllampe an ihrem Bett durch eine moderne zu ersetzen, mit den bunten Schirmen am besten

noch, wo sich das Zimmer immer in so ein Bordell verwandelte.
Sie lag da, ihre Haube auf dem ergrauten Haar und besah das düstere Deckengewölbe über sich.
In ihrem Zimmer roch es nach warmem Staub in verjährtem Holz.
Und er *hat* gegrinst, sagte sie sich. Hugo von Tschudi saß im Publikum – sie hatte ihn damals nicht aus den Augen gelassen – und als Nothung das Schwert des Schicksals schmiedete, da hat der freche Schweizer gegrinst!
Der ganze Saal in Bayreuth war einer Ohnmacht nahe und was machte dieser Tschudi?
Er grinste.
Na und was will er denn jetzt mit einer Spanierin? Was weiß die denn schon? Er und ein Kind? Das kann man sich ja gar nicht vorstellen.
«Warum sind Sie meiner Einladung zum *Ring* gefolgt?», hatte Cosima Tschudi am letzten Abend misstrauisch gefragt.
Tschudi, noch nicht entstellt, im schwarzen Cut, senkte das Haupt liebevoll, küsste ihr die Hand. «Weil Richard Wagner mit jeder Gegenwart bricht.»

Sie schlief ein, in Gesellschaft einer kleinen Träne, die vom Lidwinkel ins Ohr floss.

39

ELA BEOBACHTETE TSCHUDI, während Gilg in ihrem Arm einschlief.
Er stand am Fenster zum Ku'damm.
Die Hände in den Taschen.
Tief angehalten. Die Brauen leidend zusammengeschoben.
Er schaute in den Baum hinein, der zögerte, sich zu verwandeln. Ein wartender Baum. *Ich warte mit dir*, sagte Tschudi. *Was hält dich auf zu grünen? Bist du zu verletzt, um endlich aufzuspringen? Verletzt, von der Gewalt der Einsamkeit?*
Elas Blick hatte sich verändert.
Die Bewunderung, das Einanderanschauen, das so kitzelte, das war nicht gewichen, aber Elas Spontaneität war vielleicht nicht mehr so haltlos und ihre Sorglosigkeit nicht mehr ganz so überdreht.
Ihn so zu sehen – von dieser vollkommenen Stille durchzogen – versetzte ihr einen Druckschmerz im Magen, der sich konzentrisch in ihr ausbreitete, manchmal mit plötzlicher Ausweglosigkeit geschmückt.
Öffne endlich deine Blätter, sagte Tschudi, *lass mein Herz ganz lange schauen. Sieh doch, wie der große Himmelsreif keine Grenzen für dich kennt. Bald leuchtest du in grünem Feuer, bald brennen deine Zweige in Absinth. Du kannst dich doch nicht ewig wehren, du bist auserwählt. Du wirst der Schwan der Straße sein, wenn Gott seine Könige zählt.*
Ela war nicht mehr im Salon.

Tschudi suchte sie.
Sein Gang durch die Zimmerfolge war gerade und weich, ein riesiger heller Schatten, der an den Wänden entlang stieg und im Schlafzimmer verschwand, wo sie ihr Haar bürstete.
Gilg schlafe tief und fest, sagte sie und schaute Tschudi im Spiegel an.
Die deutschen Bürsten seien nichts für ihr Haar, klagte sie. Der samtige Alt, der aus ihrem Busen dröhnte, marmorierte mit dem weißgrau stehenden Berliner Licht.
Eins, zwei dann drei Tropfen Regen.
Er stand hinter ihrem Stuhl, blickte in ihre Kastanien von Augen.
Sie legte die Bürste mit dem Silbergriff und synthetischen Borsten, wie sie nur wenige hatten, vor sich ab.
Tschudis Kneifer steckte fest zwischen seinen bedachten und kriegerischen Linsen. Er zog die Hände aus den Taschen, legte sie auf ihre Schultern, umfasste ihren Nacken und fing eine Perlenkette am anderen Ende ihres Halses wieder auf.
Sie strahlte auf! «Hugo!», rief sie und betastete die einzelnen Kugeln, Satin schimmernd wie die Spitzenschuhe in Degas' *Tanzklasse*.
«Ich habe sie in Frankreich gesehen», sagte Tschudi. «Ich hab *dich* gesehen.»
Ihr weiter türkiser Empirekragen bot von oben einen tiefen Einblick.
Tschudi drang mit einem Finger in den sehr warmen Spalt zwischen ihren mandelfarbenen Brüsten.
Schließlich fuhr er mit beiden Handflächen in ihre Robe, presste die einzig von einem umlaufenden Seidenband gestützte Oberweite fest zusammen und zog sie wieder auseinander … zusammen … auseinander … zusammen … a u s e i n a n d e r …

40

Lieber und hochverehrter Hugo von Tschudi, mein hoch geschätzter Direktor der Königlichen Nationalgalerie!

Wieder einmal erhalten Sie Post von mir. Sie und ich, das ist sowieso ein Bündnis: zwei Verächter des Schnurrbarts. Sie und ich, Nachbarn in Charlottenburg – Sie müssen uns bitte bald einmal wieder mit Ihrer schönen Frau in der Schlüterstraße besuchen kommen. (Bin im Moment zum Schreiben auch manchmal wochenlang fort, aber kehre immer gern nach Berlin zurück.)
Eigentlich wollte ich Sie ja anrufen, so überwältigt war ich, hab Sie aber nicht erreicht. Und so schreibe ich Ihnen, um Ihnen meine Hochschätzung auszusprechen, schreibe aus Euphorie über Ihren bei Cassirer erschienenen Text über Édouard Manet!
Ich bin sozusagen heillos überschüttet von Ihren Worten wie unter einem Regen aus Edelsteinen! Was haben Sie da nur Grandioses gefasst! Noch nie hat es einen deutschen Text über Manet gegeben! Ja, zählen Sie ruhig die Ausrufezeichen in meinem Briefe, ich werde nicht damit aufhören!
Wie schaffen Sie es, einen so beherrschten Rahmen für Ihre Gedanken zu finden? Wie können Sie so ausgezeichnet Ihre malerischen Gelüste beschreiben? Und wie nah kann man Manet noch kommen?

Jeder Satz fesselt mich erst, um mich dann wieder neu frei zu lassen. Ich begreife das nicht. Ich begreife nicht das Ausmaß Ihrer Talente und Wahrheiten und stehe stumm davor. Stumm heißt bei einem Schriftsteller, dass er explodiert!
Und dann erhebt sich da plötzlich so ein Satz von Ihnen.
«Alles lebt unter dem Licht, der schwarze Samt und die Tiefe des Raums, es ist zu lebhaften Kontrasten gesteigert und zu weichen Harmonien gedämpft. Velazquesisch ist auch, wie mit dem Pinsel gezeichnet ist, wie die Konturen nicht durch Linien, sondern durch verschwindende Flächen gebildet sind.»

Tschudi, ich habe so etwas noch nie gelesen und ich lerne neu zu sehen durch Ihre Augen, schon damals, 1896, als Sie mich durch Ihre neue Nationalgalerie führten, zu all den Franzosen.

Auch an nun folgender Stelle war ich so angefasst von Ihren Worten, dass ich das Heft schließen musste, weil ich glaubte, mich zu ertappen beim sehnlichen Wunsche zu weinen, weinen aus Sehnsucht, aus unendlicher Sehnsucht über das, was Sie schreiben.
«So sichtbar jeder Pinselstrich dasteht, so wirkt die Farbe doch nie materiell, nie als Pigment, er ist immer die lebendige Formel für das Dargestellte, sei dies nun die weiche von dem pulsierenden Blute gefärbte menschliche Haut, die lockere Hutfeder oder das Gewebe der Kleider, der stumpfe Anstrich der Holzbank oder der harte Glanz des Majolikatopfes.»

Sie lesen in seinen Gedanken. Sie fliegen durch seine Farben. Ich bin ganz versunken in Ihre Worte – bin «lichtdurchzittert», wie Sie sagen würden dazu.
Ich weiß nicht, ob ich all das empfinden darf, Fakt ist, ich empfinde es, wenn ich Ihre Schrift in Händen halte und kann mich nicht wehren gegen den befreienden Anspruch Ihrer Metaphern der Wirklichkeit.
Ich selbst suche die Wirklichkeit immerzu und habe sie wohl noch nicht gefunden und bin manchmal so unschlüssig über mich und die Welt und wohin ich gehöre und dann wieder platzt mir der Kragen, weil ich mich tagelang von meinen Irrtümern nähre, bis ich so vollgefressen damit bin, dass ich mich nicht wiedererkenne.
Ich beende meinen heutigen Brief mit einem untröstlichen, angesichts Ihrer einen jeden entwaffnenden Fähigkeiten, entsetzt krummen Lächeln, mein lieber Hugo von Tschudi.

Ihr
Gerhart Hauptmann

PS: Ist es sehr unverschämt von mir, mir noch weitere solcher Texte von Ihnen zu wünschen, sei es über einen Renoir, den Sie ja so prophetisch an die Nationalgalerie holten?

▪ ▪ ▪

Harry Graf Kessler posierte – wie immer – vor sich selbst.
In seinem Arbeitszimmer.
Der Dandy.

Würde jetzt eine Kamera, eine Rollfilm, auf ihn gerichtet sein, würde er den Kopf etwas zur Seite drehen, ungezwungen und verwundert dreinschauen, er glaubte, das verleihe ihm etwas Geheimnisvolles, und würde die übelwollenden Augen in die Linse richten, wie in einen imaginären Feind.
Die Hände legte er dabei übereinander und beugte sich leicht über seine Notizen. Seine Fingernägel hatten einen merkwürdigen Glanz inne und waren länglich gefeilt.
Ihm zu Füßen schlummerte ein junger Dackel, ein Geschenk Tschudis.
An der Wand hing ein Renoir.
Zwei Tage bevor Tschudi und Liebermann nach Tschudis Amtsantritt vor sechs Jahren, nach Paris zu Durand-Ruel fuhren, um die Werke der Impressionisten für die Nationalgalerie auszuwählen, zwei Tage vor ihrem Besuch bei Durand-Ruel – *zwei Tage* vorher hatte sich Harry Graf Kessler, eingeweiht in Tschudis bahnbrechendes Vorhaben, beim besagten französischen Galeristen noch schnell diesen Renoir geschnappt. Ihn Tschudi weggeschnappt, wie er heimlich in sich hinein flüsterte, der Trittbrettfahrer mit den leeren Eisaugen.
Es war ein hübscher Renoir, ein blühendes Lichtgewitter.
Aber das Bild fror.

▪ ▪ ▪

Wilhelm II. stampfte abends durch den Grunewald zurück zum Jagdschloss.
Die Kiefern am See wappneten sich für den Frühling. Ein dunkles Band spannte sich wie ein Hufeisen um das Ufer.
Die Sonne ging unter.
Maßlos erstreckte sich ihre lavafarbene Glut in langen Gold-

fäden über den ganzen Himmel und stach in den Spiegel des Wassers und brannte fort im schwarzen Loch des Sees.

Wilhelm blieb stehen, unwillig sah er hinüber.

Leistikow.

Das Bild aus der Nationalgalerie.

Wie es gemalt worden war! Ebenso grell, ebenso fremd, genauso edel.

Seine Wangen, vom Reif der Waldluft gerötet, erstarrten.

Die Jagdbegleiter sahen ihn fragend an.

Wind fiel in die steifen Äste ein.

▪ ▪ ▪

Das «Heil!», mit dem die konservativen und rechten Parteien des Reichstages ihre Sitzungen abrundeten, hatte es in sich. Die Stimmfärbung der Männer und der bloße Klang des einstigen Rufes, waren zu einem Ohr zerschneidenden, alles einholenden, unnachgiebigen, unruhigen und Minuten andauernden *Schrei* mutiert.

41

DIE INTELLIGENTESTE SAMMLUNG der Moderne war für Hugo von Tschudi jene des Grafen Camondo.

Diese Sammlung brach einem das Herz.

Allein an Degas besaß er über dreißig Werke, ja sein Klavierzimmer war vollständig von Degas «tapeziert»!

An farbigen Wänden hingen Tänzerinnen mit Sträußen, Badende, die sich vornüber bückten zu ihrem Schwamm, Kopfstudien, Jockeys vor und nach dem Lauf, die gähnende Büglerin und der weltberühmte Absinth: Lustlos lässt sie die Schultern hängen, die Schuhe mit den Schlaufen von sich gestreckt, den Hut auf dem Kopf, lahmgelegt blickt sie ins Nichts, vor sich ein volles Glas des schummrigen Grüns.

Diese Sammlung war eine Sensation, ein Weltwunder, ein Traum gebärender Traum und sie zählte zu jenen Erinnerungen in Tschudi, die in ihm Entzücken und Orientierung und Elixier weckten, wenn er gelähmt war vom Stocken der Dinge in Berlin.

Mehrmals hatte er Camondo in Paris besucht, aber auch in Venedig zur Biennale waren sie sich tagelang über den Weg gelaufen. Er, sich mit dem Sommerhut Luft zufächernd, saß neben Tschudi auf einer Bank auf der immer blendenden Zattere-Promenade, vor ihnen der große Kanal, aufgebracht in Blaugrün, Algengestank wehte in Schüben her – offenbarte er Tschudi, er würde von Wagner gar nicht mehr wegkommen. Wagner könne die Instrumente manchmal so zum Glitzern bringen.

Camondo hatte den Komponisten noch selbst aufführen sehen.
Sogar seine Geliebte, Lucy Berthet, war eine Opernsängerin.
Tschudi hatte genickt und nickte auch jetzt all das erinnernd, morgens auf dem Weg in die Nationalgalerie.
«Ja», hatte er dem heiter-besessenen Ausdruck des wohlhabenden jüdischen Bankiers geantwortet, «Wagner ist am größten, wenn er am wenigsten theatralisch ist. Dieses Glitzern mag auch ich sehr – *sehr*. Es ist einmalig in der Musik, es ist wie vertonter Lichtnebel, goldener Staub.»
Er passierte die Kolonnaden und schritt seinem Haus der Kunst entgegen.
Selbst durch den kartonierten und rauen Stoff seines Anzuges hindurch waren seine Bewegungen vorsichtig und lockend.
Der lange, wohlgeformte Kopf voller Leben und im Rausch der Ideen.

▪ ▪ ▪

Anton von Werner warf eine Faust voll Erde auf den weit in den Boden des Friedhofes eingelassenen Sarg seines Sohnes.
Paul, *Paule*, wurde nur 21.
Das zweite Kind, das er begrub.
Die bröckelige Erde wog nichts in der Hand, aber schlug hämmernd auf das Eichenholz ein, wie böse Trommeln.

▪ ▪ ▪

Ela schnitt Tschudi das Haar.
Früher, ganz früher, fielen schwere Locken auf seine Schultern, jetzt war es dünner geworden und schütter.

Lupus vulgaris, die Schmetterlingsflechte, arbeitet sich in das Gesicht des Betroffenen ein, sickert in die Schichten der Haut und hinterlässt talartige Verletzungen.
Als Ela die Haarspitzen oberhalb der Ohren schnitt, sah sie, wie eigenartig die Ohrmuscheln durch die Krankheit verformt wurden.
Nicht wie bei Brandopfern, eigener. Sein sattes Hautgewebe wurde einfach von seiner natürlichen Richtung abgebracht und verdreht und verschluckt.
Die Knötchen brodelten krustig wabernd, sie lebten in ihm, sie hörten einfach nicht auf.
Zurück blieben *diese Augen*, die zu ihrem Baum blickten, an dem die Äste geschwollen aufgeplatzt waren und glasgrüne Perlen schlüpften.
Die Zeit war sichtbar an den Millimetersekunden, die eine Knospe sich regt und immer ein wenig spitzer und immer ein wenig ovaler und immer ein wenig voller wird.
Dann beginnt ein ganzer Wald in einem einzigen Baum.
Und der Baum wird zum Rächer der Zeit und alles steigt und die Winde werden wiedererkannt.
Und dann kommt das Flattern der Blättchen, in hell wechselnden Stufen beieinander gedruckt und nach nur wenigen düsteren Regenschauern ist der Baum gekrönt!
Gerne werden beim Fällen die größten Bäume ausgewählt, hatte Johann Jakob von Tschudi in Peru notiert, *denn bei ihrem Sturze reißen sie Dutzende von anderen mit sich oder brechen ihnen die Kronen ab, was immer ein großer Gewinn für die Umgebung des Hauses ist. Von den umgeschlagenen Bäumen werden vier ausgewählt, alle Äste, bis auf zwei, abgeschlagen, und diese gabelförmig zugespitzt. Dies sind die vier Eckpfeiler der Hütte, die je acht Schuh voneinander entfernt, ein paar Fuß tief in die Erde eingerammt werden. Vorzüglich geeignet dazu ist der weiß-*

rindige, gerade Drachenblutbaum, da er nicht leicht fault und wegen seines bitteren roten Saftes nur selten von den Ameisen besucht wird.

Du breitest dich ja aus wie ein Schwur, wie ein Schwarm grüner Schmetterlinge, dachte Tschudi und konnte die Augen nicht vom Fenster lassen.

42

Ein junger Mann saß im *Nussbaum* in der Fischerstraße, an einem mittelgroßen, sehr alten, fettigen Tisch.
Seine Augen waren groß und klar und der Blick verführerisch und frisch.
Die Haut besaß nicht eine einzige Unreinheit, nicht einen Makel. Die Brille, wie eine Acht etwas unterhalb der langen schönen Brauen und den weißblauen Augen sitzend und eine gepflegte Schifferkrause rings ums wahrhaft anmutige Antlitz laufend.
Vom Fenster aus sah er immer wieder in die enge Gasse, zeichnete die Häuserkanten, die Pflasterung, mit den nassen Einlaufgittern, die spitzen Giebel in sein Skizzenheft.
Im *Nussbaum* konnte man auch nächtigen, steile schiefe Treppen führten in die oberen Stuben, überall roch es nach Holz. Das Haus bestand seit 1507 und der Nussbaum am Eingang hinter dem Zaun konnte sehr groß und schattig werden.
Vor dem Gast stand eine riesige Weißbierschale.
Zwei Mädchen anfang zwanzig saßen ihm in dem winzigen Gastraum gegenüber.
Es war später Nachmittag und ihre Augen, seine und ihre, begannen sich anzuknistern.
Ein Hin und Her aus begehrendem Augenaufschlag, schnellem Zwinkern, Erröten und langem Mustern … so lange … so lange und so wundervoll.
Gelegentlich las er etwas, nur, um ihnen die Möglichkeit zu

geben, ihn anzusehen. Dann wieder aßen die Berlinerinnen, sodass er ihre Bewegungen studieren konnte.

Die Mädchen hatten grau-dunkelblaue und grüne Augen, schwarzes, glatt gescheiteltes Haar und trugen warme Tücher um die Schultern.

Ihre Gesichter waren jugendlich, aber die Hände halfen den Familien, das sah man.

Der junge Herr wusste um sein gesegnetes Aussehen und die raffinierte Disziplin, die er ausstrahlte und versprach.

Was für ein himmlischer Moment, dachte er. *Ich liebe diese Stadt und ihre Winkel und ihre Schlösser und ihre Augen.*

Er trank und trank und war überglücklich und voller Drang, das Glück zu wollen, es herein zu lassen in sein Leben.

Also erhob er sich mit dem sanftesten Lächeln und trat langsam auf die jungen Frauen zu.

Je näher er ihnen kam, desto kleiner wurde er.

Der kostbare Gehrock endete plötzlich fast oberhalb der Knöchel und sein Gang war wie der eines Kleinkindes, sein Kopf mit einem Mal immens.

Die Mädchen schauten erst verdutzt und dann, als er so vor ihnen stand, sahen sie sich an und das Lachen brach aus ihnen heraus.

Sein Lächeln verschwand an diesem Tag für alle Zeit.

▪ ▪ ▪

Der sehr alt gewordene Adolph Menzel drehte das Licht in der Sigismundstraße aus und ging schlafen.

Mit vollem Bauch, wie jeden Abend, er aß und aß, er fraß, um zu vergessen.

43

TSCHUDI SASS mit Julius Meier-Graefe in der Nationalgalerie vor Hans von Marées' ungebundenen Bildern.

Der ganze Raum fühlte sich neu und widerständig an.

«Was für eine noble Einfachheit», sagte Tschudi, als würde er in die Sonne schauen.

«Gemalte Malerei», sagte Meier-Graefe zugewandt, ein gutaussehender, edler, reichlich begabter Feuilletonist, ein feiner Mensch, wenngleich ein wenig zu ambitioniert. Vortrefflich kristallisierte er seine Eindrücke in der Kunstwelt, ja wagte manch einen beeindruckenden Aufruf zum Impressionismus und gegen seine Zeit, aber er hätte keine Geltung erlangt ohne die alles in Gang setzenden Entscheidungen derer, die an der Welt drehen und sie nicht nur beschreiben.

«Schön, was Sie über Toulouse-Lautrec geschrieben haben, wie er die französische Hochkultur mit exotischem Bruch mischt, ohne zu vergessen, dass er Franzose ist und er deswegen eben auch nicht zum Wilden wird. Ich suche noch nach dem richtigen für das Haus. Bei Camondo sah ich einen wahnsinnig bestechenden Lautrec, einen sehr sinnlichen», Tschudi sann lange nach, seinem Gegenüber dabei ganz zugetan.

«Ich habe keine Bedenken, dass Sie ihn finden werden und es wird, wie alles was Sie anfassen, undogmatisch triumphierend Fenster öffnen, Augen und Köpfe», war sich Meier-Graefe sicher. «Ihr Text über Manet schlug ja ein wie ein Komet, ich gratuliere Ihnen Tschudi!»

Er streifte Tschudis Profil.
Seit er ihn das letzte Mal gesehen hatte war Tschudi verändert. Stärker. Konzentrierter. Schlichter gekleidet, er trug keine Kläppchenkragen mehr, nur noch Windsor. Er schien direkter und charismatischer. Sein Anzug war auffällig erlesen. Kaum einer lief so sicher durch Berlin.
Wie auf einer Landkarte sammelten sich rotbrockige Flecken quer über den Wangen und Wangenrändern, an den Schläfen und Ohren leuchteten rote, Plätzchen große, embryonisch geformte Gebilde, teigig mit Innereien von schimmliger Farbe und an manchen Stellen bliesen sich neue kleine Pusteln auf.
Sein Nasenknorpel, einst stolz aus dem Gesicht ragend wie beim Vater, war zurückgegangen und ein Mundwinkel schien herabzuwandern.

Das besonders Gemeine dieser Krankheit ist, dass die Bakterien sich von ihren eigenen Fettschichten, die sie, sobald sie sich teilen, bilden, ernähren können und sich somit gegen die natürliche Immunabwehr des Kranken schützen, weil sie für ihre Vermehrung sogar noch körpereigene Zellen des Immunsystems kapern und für ihre Zwecke missbrauchen.

Tschudi wusste und fühlte, dass er betrachtet wurde.
«Was denken Sie, wenn Sie mich so ansehen, Julius?», Tschudi wandte den Blick von Marées nicht ab.
«Ich frage mich, wie Sie sich fühlen.»
«Eine langsame Krankheit», antwortete Tschudi, «aber seit einigen Jahren ist sie besonders hungrig und mittlerweile weit fortgeschritten … ich … verfaule …», plötzlich wurden seine schwarzen Augen ganz durstig. «Da, sehen Sie, wie Marées den Himmel malt, wie Wasser!»

Meier-Graefe sah hin. «Ja, wie wunderbar, wenn stehen bleibt, was der Pinsel sagen will, wenn etwas vom Maler darin zurückbleibt, wenn der Strich nicht mehr lügt.»

▪ ▪ ▪

«Halt still jetzt, Menne, gleich ham wat!», Liebermann tupfte das abschließende milde Braun in glänzenden Hieben neben das Pastellgelb des Sessels.
Menne, Tschudis zweiter verschenkter Dackel, leckte sich die Pfoten und wartete brav das Ende der Portraitsitzung ab. Die länglichen Mandelaugen waren zauberhaft, Linsen und Augäpfel waren beinah eins.
«Kriechst ja och gleich wat zu futtern, wat janz Leckret, weil de so toll mitjemacht hast!» – Liebermann hielt sein Versprechen und machte anschließend seinen täglichen Spaziergang mit dem Hund durch den Tiergarten, gerne entlang der Siegesallee, vorbei an den aufeinander folgenden Hohenzollern und, sagen wir es so, er hielt Menne jedenfalls nicht davor zurück, hier und da sein Beinchen zu heben.
Er rauchte und schaute abwechselnd zu Menne und den Spazierenden hin, die Menne ausgiebig wegbellte und nicht von der gestreiften Hose und den hinreißend eingelaufenen Schuhen seines Herrchens wich.
Der Tiergarten war vom Sommer durchblutet.

44

WENN HUGO VON TSCHUDI an den Hörer ging, sagte er nicht, wie es üblich war – *Wer da?* – er sagte auch nicht, wie es sonst noch üblich war – *Hallo?* – er sagte ein weiches, elastisches, unaufgeregtes, freies – *Tschudi*.

■ ■ ■

Der Baum vor dem Fenster wippte. Tschudi stand im Zimmer und sah auf ihn. *Verschlucke mich*, bat er. Es war einfach nicht möglich: ein Urwald war ausgebrochen! Die Straße schäumte Smaragdgrün auf. Man konnte schon nicht mehr hindurchsehen. Hunderte Umdrehungen an nur einen Ast gebunden. *Gestern Nacht*, flüsterte Tschudi, *trat ich hier heran und du mir entgegen, du, wild, ungeheuerlich, Ungeheuer der Liebe. Ich wich, ich schritt zurück und fürchtete mich vor dir und deiner Schönheit.*

Er trat auf die Straße, die Zigarre im Mund, es war ein warmer Sommertag.
Der unbekannte junge Mann mit dem manierierten Gesicht tauchte wieder auf. Er ging in großem Abstand hinter Tschudi.
Die Bleibtreustraße, ein einziges Grün.
Dunkelgrün.
Gewittrige Luft.

Alles zusammengedrückt von der heissen Jahreszeit.
Er stieg in die Stadtbahn, die stickig war und in der alle lasen.
Der vergoldete Bogen über seinem Kneifer aus schwarzem Horn blinkte auf, als er am Hackeschen Markt ausstieg.
Elektrische Trams und Pferdetrams fuhren in geschmeidigen Bögen und weiße Markisen waren überall oberhalb der Geschäfte und Cafés ausgefahren.
Er überquerte die Friedrichsbrücke, die zwischen der Berliner Börse – der inzwischen drittgrößten der Welt – und der Nationalgalerie schwebte, die er rechts liegen ließ und landete auf den Linden, völlig in Gedanken zerstreut.
Eine Schulter prallte an seine.
«Oh, bitte vielmals um Verzeihung, gnädjer Herr!», rief ein Student der Friedrich-Wilhelms-Universität, der so in Hegel vertieft war, dass er Tschudi nicht bemerkt hatte. Tschudi fasste ihn freundlich am Arm und ging weiter. Hegel war einmal Professor gewesen an genau dieser Universität.
Dann aber blieb er stehen und lief in die entgegengesetzte Richtung, vorbei am Schloss, das da platziert war wie es Gaertner festgehalten hatte, aus der Achse, aber im Fluss der flimmernden, gräulichweißen, sehr breiten Straße.
Links der Lustgarten, kristallgrün und bauschig umkränzt von runden Kronen, mit dem getreppten Reiterstandbild Friedrich Wilhelms III. und dahinter die Granitschale, die Hummel in ihrem Glanz so prächtig festgehalten hatte und *immer* kletterte da ein Junge mit Hut und verlor ihn in der Schale und *immer* gab es dann Ärger.
Automobile rasten aneinander vorbei, Kutschen hielten, die glitzernde Spree schwang sich quer und herbeieilende Kähne, beladen mit Ware, wurden entladen.
Damen in langen geraden luftigen Röcken und Strohhüten

kamen ihm entgegen, Hut ziehende Männer mit Spazierstock, Schnürsenkelverkäufer – *hat der Herr schon dit Neueste für den Mann von Welt?* – immerfort ging Tschudi tief in die Menge hinein und kam schließlich zum Alexanderplatz, vorbei an Bauarbeiten und dem *Grand Hotel*, das auch im Fremdenbuch erwähnt war und darin ausdrücklich seine elektrische Beleuchtung pries.

Tschudi schwitzte.

Mit einem Leinentuch trocknete er sich die Stirn, spürte eine Hand am Rücken.

Hinter ihm stand der junge Charlottenburger, freundlich und mysteriös, bis hierher musste er ihm gefolgt sein.

«Verzeihung? Kennen wir uns?», fragte Tschudi.

«Darf ich Sie auf ein Glas kühles Wasser einladen, Herr von Tschudi?», fragte der Unbekannte, «wie wäre es gleich dort drüben!», er zeigte zur Königstraße zu einem kleinen Café mit Stühlen und Tischen im schattigen Raum, mehr ein langer Durchgang, aber mit sauberen weißen Tischdecken und man konnte unmittelbar in die Straße blicken.

«Nachdem Sie mich nun schon bis hierhin verfolgt haben, meine Wege und plötzlichen Umwege kennen, habe ich nichts mehr dagegen einzuwenden», sagte Tschudi und sah an ihm herunter.

«Ein großes Apollinaris bitte!», bestellte er, als sie Platz nahmen und ließ Tschudi nicht lange im Ungewissen. «Mein Name ist Edmund Edel und ich bin ein Bewunderer. Seit langem sehe ich Sie bei uns in Charlottenburg und finde nicht dazu, Sie anzusprechen. Ich –», das Wasser kam, ein Glas, noch ein Glas, «– ich arbeite für den Ullstein Verlag und das *Narrenschiff*. Karikaturen, Illustrationen, nun, ein bisschen Wahrheit in die Oberfläche unserer Gesellschaft. Zudem plane ich einen Roman. Ich *musste* Sie kennenlernen, Ihnen sagen, wie sehr Sie verehrt werden von mir und meinen Kollegen und ich kenne Studenten, die in Ihrem Wirken erst erwachen!»

Edmund Edel war der Sohn eines jüdischen Arztes und vor etwa zehn Jahren nach Berlin zurückgekehrt.

«Ich wollte Maler werden, aber … nun ja. Sehen Sie hier!», er suchte nach seinem Skizzenblock und zeigte Tschudi seine Arbeiten.

Schlanke Berliner Männer mit Stehkragen und forschem Blick, dabei die Arme vor der Brust verschränkt und angewidertem Ausdruck.

Dicke Berliner Männer mit Doppelkinn im Smoking.

Der seitlich in die Tasche seines Sakkos fassende Berliner mit riesigem Kinn und Ringen an der Hand.

Der rauchende Berliner, der nichts sieht, wenn er in die Zukunft schaut, aber seinen Frack liebt.

Die Geliebte im langen schwarzen Abendkleid.

Der schadenfreudige schweinsnasige Kommerzienrat.

Der von Gier schon ganz zerknautschte Berliner.

Die hohe Tochter.

Die alte Baronin.

Der glattzylindrige Herr.

Der schwarzbärtig Grinsende, mit riesigen Ohren und Hakennase.

Die Tennis spielenden Freundinnen.

Die Reisende im Pelz und Muff.

Der tanzende Offizier und seine Frau, die von einem anderen träumt.

Der mit ihrer Schwester tanzt, die ein viel rückenfreieres Kleid trägt als sie.

Die zwei alten Opernbesucher mit den Orden am Kragen und den Ferngläsern.

Tschudi blätterte und blätterte!

«In Paris lernte ich Henri de Toulouse-Lautrec kennen, er war nur ein Jahr jünger als ich. Ich lernte viel von ihm, meine Plakate leben heute davon. – Oh und das hier, das ist meine Verlobte!», rief er stolz.
«Sie ist sehr hübsch», sagte Tschudi und sah Edmund Edel voller Faszination an. Das zärtliche Gesicht des jungen Künstlers strahlte voller Euphorie, in die sich der ganze Zauber eines furchtlosen Pessimismus schlich.
«Im Augenblick zeichne ich für den *Wahren Jacob* und nebenbei ein paar Werbesprüche.»
«Was macht Ihr Herr Vater?»
«Vater? Vater ist Irrenarzt», sagte Edmund Edel. «Hastet im Schädel, jeh zu Edel! – heißt es doch allseits.»
Tschudi blätterte weiter, das letzte Blatt zwickte sich in sein Herz.
Edmund Edel selbst, am Galgen baumelnd, über ihm eine Schar fliehender Krähen.

▪ ▪ ▪

Tschudi war den ganzen Nachmittag unterwegs.
Als er sich in die Tram setzte, versank er wieder.
Berlin im Sommer … das hatte etwas Nahes, sich immer mehr Näherndes.
Manche Tramstrecken waren so dicht umwachsen, dass man hätte die Arme breiten und das flaumige Laub von beiden Seiten berühren können.
Keine Klingel wurde gezogen, das behutsame Ruckeln des Wagens und die Halbkreise, die die Tram zog, schläferten ihn ein.
Der frische Duft der süssesten Stunden der abnehmenden Sonne wiegte ihn.

Ein kleiner Schauer.
Jeden Tropfen hörte er auf dem Blattwerk, wenn er die Augen schloss.
Es klang, als würden die Sträucher und Äste ganz von allein zirpen.
Die Luft wurde grüngolden und wie eine Wand, durch die man flog.
Dichtes Baumsäuseln, das sich ausdehnte und sich gleichzeitig immer fester an ihn schob.
Und er spürte seinen Körper nicht mehr, die matten Blockaden seiner Seele und die Vorstellungen des Todes.
Er ging in all das nieder, wie in eine laue Rast und es duftete nach Sommerflieder und nach Bier.
Berlin …

45

FRIEDRICH ALFRED KRUPP steckte sich den Kneifer an und betrachtete voller Wohlwollen eine *Medusa*, eine Qualle, aquarelliert von Ernst Haeckel, dem Virchowschüler, der aber dann den Meister übertraf, Darwin begegnete und zum Zeus wurde mit seinem Weltbestseller *Die Welträthsel*, woraufhin er sich sich dann seine Villa Medusa errichten ließ.

Wie der zeichnen konnte! Zeichnen, was Wahrheit war! Die Tentakel in all ihrer linearen Farbigkeit!

Friedrich Krupp war von Sehnsucht durchströmt, wie der Golf von Neapel von gebräunten männlichen Schwimmern …

▪ ▪ ▪

Hans Gilg war ein schönes Kind.

Zimtfarbenes Haar und dunkle Augen wie die Eltern.

Er konnte auch schauen wie sie.

Friedlich und kraftvoll.

Wenn Tschudi seinen kleinen Sohn ansah, dann sah er das Leben.

Überhaupt waren diese Kinderblicke das Unberechenbarste, was es für Tschudi gab. Sie ließen kaum Nebengedanken zu, er war in Gefangenschaft des Jungen, alles an dem Kind war Aufforderung zur Liebe.

Tschudi wollte nicht krank sein.

Er wünschte so sehr, nicht krank zu sein.

Er flehte in sein Kissen und knirschte vor Empörung und Wut über sein eigenes Schicksal, das er nicht wahrhaben, nicht anerkennen wollte …

… und der Baum war von leisem Orangegelb heimgesucht. Tschudi betastete ihn mit seinen Augen, nachdem er sich vom Bett und Schlafzimmer entfernt hatte, weil er keinen Schlaf mehr fand, dafür aber einen Blutfleck von Ela auf dem Laken. Das Blut der Frauen. Das hellrote dicke Blut der Frauen.

Deine Blätter, klagte er am Fenster, *sie sind zerrissen. Jetzt streichst du dein trockenes Todesstreichen. Winde ziehen von weit her. Du verlierst deine Träume. Kein frisches Zappeln mehr an deinem Geweih. Der Schwan ist müde. Oben schließen trübe Himmel alles zu. Krähen! Da, Krähen in später Nacht, sie vernarben den Morgen mit ihren Schreien. Bald wirst du versteinern unter den Schneeschleiern des Schweigens. Mein Herz wird dich nie vergessen.*

▪ ▪ ▪

Wilhelm II. ging hinter dem Sarg Friedrich Krupps.

Ein verregneter Tag gegen Ende des Jahres.

Die Straßen waren nass, alles beschlagen, Dunkelgrau in Silber.

Kein Mucks, während alle langsam hinter dem Monarchen herzogen.

Nur das zischende Nieselrauschen der Zeit.

46

MAX SLEVOGT WAR AM BODEN ZERSTÖRT.
Eigentlich hatte der Tag ganz gut begonnen, er und seine Nini hatten gefrühstückt, ausgiebig, wie er es jeden Morgen tat. Dann ist sie mit ihren Freundinnen ins *Wertheim* und er legte den Malerkittel an.
In der Post aber, die das Hausmädchen auf die Kommode im Gang unterhalb eines Ganzkörper-Portraits von Nini aufgefächert präsentierte und die er im Vorbeigehen erblickte, lag ein Brief von Hugo von Tschudi.
Diesen Umschlag zog er hervor und noch im Gehen, auf dem Weg durch die Zimmer zurück zu seinem Atelier, dem Raum mit der Fensterwand, öffnete er den Brief und las.
Und dann war er für den Rest des Tages nicht mehr fähig zu essen oder zu malen, zu lächeln oder zu entspannen.
Er fiel wie ein Sack in sich zusammen, ließ sich auf seine vielen Sofas sinken und trank einen Cognac nach dem anderen.
Las die Zeilen eintausend Mal und noch einmal.
Nein, nein, nein – sagte er sich … und doch.
Tschudi hatte ihm mitgeteilt, dass er, nach dem feierlichen Abend, den sie alle gemeinsam verbracht hatten, nun immer wieder Gelegenheit hatte, das Gemälde von Slevogt, das Ela zeigte und das er Tschudi geschenkt hatte für die neue Wohnung, tiefer zu betrachten.
Tschudi bedankte sich und sprach von seinem Beifall für die malerische Haltung und den Geschmack, den Slevogt zeige.

Tschudi meinte zudem, dass Slevogt Elas Bewegungen und ihren Ausdruck, ihre unternehmungsfreudige Leichtigkeit, durchaus zum Vorschein bringe.
Dass er aber ein paar Einzelheiten *nicht ganz* charakteristisch wiedergegeben habe.

Diese zwei kleinen Worte.
Oh du Himmel von einer Hölle.

Slevogt jammerte wie ein Fünfjähriger.
Ganz gleich wie viel er trank, die Magengrube war zerschlagen und sein Herz rastete aus.
Aber Warum und Wieso? – heulte er wie ein Wolf vor sich hin.
«Wieso?!»
Das Dienstmädchen stand an der Schwelle zum Salon, mit aufgerissenen Augen.
Dann warf er sich zu ihren Füssen und jaulte weiter.
«Du Unschuld, sag du mir, was habe ich getan, womit habe ich das verdient?», er küsste ihre Schuhe, warf den Malerkittel zusammengeknüllt und mit einem Fußtritt in die Ecke.
«Meine *unternehmungslustige* Frau?», schrie er fragend das arme Mädchen an. «Warum schreibt Tschudi, er hätte eine *unternehmungslustige* Frau?!» – er warf sich quer über den Esstisch, die Kerzenständer fielen um. «Ja soll das bedeuten, er selbst hätte mir nie diesen Malauftrag gegeben? Soll … soll das etwa heißen, er selbst … er selbst hätte das so nie gewünscht?», Slevogt raufte sich das Haar.
«Steht er womöglich gerade mit Liebermann vor dem Bild und … und die beiden machen sich lustig über mich? Ja?!», er schüttelte die Angestellte, als fielen so vielleicht ein paar Antworten aus ihren Ohren heraus.
«Meine *unternehmungslustige* Frau … meine … meine *unter-*

nehmungslustige Frau … oh … oh bringt mich um … so bringe mich doch jemand um!»

Er fiel zu Boden, lag wie ein dicker Stern auf dem Teppich.

Und als hätte er ein Gespenst gesehen: «Oder … noch schlimmer … er hätte sich gewünscht, Lie-Liebermann hätte sie gemalt?»

Slevogt begann wieder zu jodeln vor Weh und rollte sich hin und her.

«Was für ein schlimmer, schlimmer, schlimmer Tag!», stieß er aus. «Wie soll ich denen je wieder in die Augen schauen? Wie?» – er schrie die Dienstbotin an – «Wie?!?!»

«Na, einfach kieckn?», sagte sie.

Woraufhin er endgültig zusammenbrach und irgendwann, vollkommen besoffen von seiner eigenen Verzweiflung, einschlief.

▪ ▪ ▪

Hugo von Tschudi zog sich zuhause vor Slevogts Bild von Ela sein Jackett über. Das große schwere Jackett. Er war sehr ernst.

Ihre Augen auf der Leinwand, die eine vorzeitige Überraschung für Tschudi gewesen war, das waren nicht die Augen, die ihn in der Droschke durchstochen hatten. Das waren nicht die bösen unschuldigen Augen dieser Frau. Das waren nicht die schwarzen Kugeln einer fernen Wahrheit. Es waren nicht die wunderschönen Fische, die rauschvoll und grenzenlos in seiner Seele schwimmen konnten.

Ihr Mund, das war nicht der weich nasse Spalt, der ihm nachts die Hände absuchte.

Das war nicht der nach Waldhonig und Kaffee schmeckende Lippensturm.

So verschwindend waren ihre Hände nicht, ihre Hände waren klein und vollkommen.
Und so schaute sie nicht, sie schaute anders – veredelt und tyrannisch und burlesk und sie sah auch jünger aus als auf dem Bildnis, viel jünger. Majestätischer. Unzerstörbarer. Exotischer.
Hans Gilg war mit dem Hausmädchen Helen auf dem Ku'damm spazieren.
Ela stieg aus der Wanne, als er – fester als sonst – die Badezimmertür aufriss.
«Tu das nie wieder ohne mein Wissen», sagte er leise, sah sie an, die Wassertropfen kullerten an ihrem Nabel entlang und verliefen sich darin. Etwas Schaum hatte sich auf ihrem Schoßhaar abgesetzt, die Brustwarzen glänzten, sie schaute mehr als erschrocken.
Er sah sie unmissverständlich verärgert an, schloss die Tür wieder, setzte seinen Hut auf und verließ die Wohnung.
Draußen erschien ihm alles widerlich und laut.
Sinnlos.
Er ging wütenden Schrittes.
Alles zog an ihm vorüber.
Er blieb stehen.
Kehrte um.
Schnell.
Schneller.
Lief!
Rannte!
Die Treppen hoch! Zwei, drei Stufen auf einmal!
Betrat die Wohnung.
Außer Atem.
Im Gehen warf er den Mantel ab, den Hut.
Ging zum Schlafzimmer.

Sie saß mit verweinten Augen in ihrem Seidenkimono auf dem Bett und sah ihn verletzt an.
Er stand an der Tür des Raumes.
Trat näher.
Langsam.
Schaute sie an.
Sie zitterte.
Er nahm ihren Kopf mit seinen übermenschlichen Händen und drückte sie gegen seine Weste, gegen seine Brust. Sie umfing ihn, konnte ihn kaum fassen, so gewaltig war er.
Ihr offenes Wellenhaar durchwühlte er mit seinen Fingern. Sie krallte sich an ihn.
Mit geschlossenen Augen fühlte er ihre Kopfform nach. Immer und immer wieder.
Er riss ihren Kimono auf, schubste sie zurück, öffnete seine Hose, legte sich vorsichtig, aber mit dem ganzen Gewicht seiner Liebe auf ihren zarten Körper – schaute in ihre Linsen – und fühlte nur noch, wie seine Beine davon flogen …

47

«SITZT DU GUT?», fragte Philipp zu Eulenburg.
«Aber ja», antwortete Wilhelm II. «Ich bin so gerne hier.»
«Und Lenné kannst du hier auch haben!», lächelte Eulenburg und wies nach draußen.
«Ja», sagte Wilhelm und blickte zu den französischen Fenstern.
Ein geräuschloser Winterabend Ende 1904.
«Was trübt dich so?», Eulenburg betrachtete ihn wie seinen kleinen Bruder.
«Nix», Wilhelm saß Eulenburg gegenüber im riesigen Schlosssaal des Herrenhauses Eulenburg in Liebenberg im Norden Berlins, auf zwei hochgepolsterten englischen Sofas in rankig geblümtem Kaliko, die Sitzgruppe befand sich links vom Kamin, unterhalb eines überdimensionalen Portraits von einem Eulenburg-Vorfahren in Jägerwildnis à la Van Dyck – sanft dunkle Landschaft, weißer Kragen – überhaupt war das ein Raum des siebzehnten Jahrhunderts, ein englisches Country House mitten in Preußen.
Riesige Teppiche, wie dicker Goldwolkenflaum, in dem die Schuhe ganz verschwanden, überlappten sich. Portraits reihten sich über den verglasten Bibliotheken aneinander, von langen und bauchigen, menschengroßen asiatischen Vasen durchsetzt und von großen Majolika-Tellern wie von Sonnen und Monden überzogen.
Drei vier fünf weitere Sitzecken im Saal mit der schwer glän-

zend geschnitzten Holzdecke, die von korinthischen Säulen empor gehoben wurde.
«Sag schon, trag es nicht mit dir herum», bat Eulenburg und sog an seiner Zigarre. Hinter ihm schwang sich eine Harfe auf.
Wilhelm, noch immer aus dem Fenster blickend wie in eine matte Halluzination, sagte: «Ach Phili, ich weiß nicht, im Moment ist alles … nicht gut irgendwie.»
Eulenburg schaute gütig und interessiert.
«Erlaube mir, dir zu sagen, dass dein Wesen auch gleichzeitig dein Gemüt ist und dass du dich immer wieder in Not bringst, weil du aus deiner Natürlichkeit heraus handelst, du bist ein gefühlvoller und schnell reizbarer Mensch – das ist auch schön – aber bringt dir Folgen ein, die dich dann schwächen, weil andere in dir nicht sehen, was ich sehe», Eulenburg saß da, gewandt, treu, dynamisch. Die Augen waren klein, aber wie die eines besonders hübschen Schlittenhundes. «Und ich sehe in dir», fuhr er fort, «einen mächtigen Mann, der mit seiner Macht manchmal ein wenig … verzeih, *bewusstlos* umgeht.»
Eulenburg behielt *talentlos* lieber für sich.
Wilhelm senkte den Blick.
«Schau mal, Bülow leistet wirklich gute Arbeit, ich sage das nicht, weil ich ihn dir empfohlen hatte. Du hast den richtigen Mann zum Reichskanzler. Er ist wie Otto Bismarck in Angenehm», Eulenburg wurde traurig. «Mein lieber Herbert, einfach gestorben dieses Jahr, hat sich regelrecht tot gesoffen der Unerlöste. Wie will man auch leben im Schatten eines Vaters wie Bismarck? Überall wo Herbert hinkam, ging es doch immer nur um den *Chef* und sein eigenes Dasein, Herberts eigene Existenz? Verflogen in Kummer und Drangsal. Ich habe oft zu ihm gesagt, lass das mit dem Trinken, wenigstens nicht

so viel. Aber er schüttelte nur mit dem Kopf und wollte nichts mehr wissen, nichts mehr denken, nichts mehr fühlen. Die Sache mit der Elisabeth, die hat ihm den Rest gegeben. Sie allein wäre sein Glück gewesen. Ausgerechnet sie musste der fürchterliche Bismarck ihm nehmen. Glaub mir, ich weiß wovon ich rede. Erstens, ich war selbst mal verknallt in diese Frau –», Wilhelm unterbrach ihn: «Mir ist Herberts jetzige Witwe lieber», er streckte die Beine aus. Er war im Jäger Sakko.
«Die ist doch aber todlangweilig daneben! Ich bitte dich! Was redest du da? Bist ja nicht bei dir! Und dann, es war gegenläufig für Herbert, anstelle dieser von Schönheit umflossenen Elisabeth, die unbegreiflich tiefgründig und wundervoll ist – und die Gedichte schreibt, eine Torpedo-Enkelin zu ehelichen. Ich sah ihn verfallen, jedes Mal ein wenig mehr, wenn ich ihm begegnete», Eulenburg nahm einen Zug, – «wo war ich? Ach ja, und zweitens, ich habe mehrmals die Wutanfälle Bismarcks erlebt und es war grauenvoll: mittelmäßig, ohne Anstand, ohne Reflex auf andere. Er hat Virchow zum Duell herausgefordert, wusstest du das? Virchow meinte nur, nein danke, so was machen wir heutzutage nicht mehr. Bismarck hat sich um sich selbst gedreht, wie eine Spule und genau davor musst *du* dich bewahren, denn dann gestaltet man nichts, man wird nur zu Material. Bülow hat Fingerspitzengefühl und Kraft und seine Intrigen verwunden nicht so wie die Bismarcks, glaube mir. Intrigen Bülows Art halten die Politik am Leben, ohne geht es nicht, ging es nie. Du musst mit ihm gemeinsam dasjenige Klima schaffen, das diese notwendigen Intrigen klein hält, sodass sie dir und dem Auswärtigen Amt nicht schaden können. Das ist alles. Mehr verlangt niemand von dir. Und nur dann kann auch Bülow dich schützen vor einer um sich bellenden Öffentlichkeit.»
«Diese … meine Albträume nachts … ich kann nicht schlafen,

Phili. Ich versuche es, ich versuche ruhiger zu werden und ich verzweifle daran, weil, wie soll man sich entspannen, wenn der Körper es nicht zulässt?», Wilhelm nagte an sich selbst, das konnte man sehen.

«Albträume wovon? Etwa von den Aufständen der Schwarzafrikaner in unseren Kolonien?»

«Nicht doch», warf Wilhelm ein.

«Albträume vom Parlament? Du bist ihnen gefährlich geworden, du wolltest über sie bestimmen und hast dabei deine eigene Bestimmung missachtet, da sahen sie sich schon aufgelöst und konnten nur gegen dich wettern. Lass ihnen ihren Raum, lass sie zwar spüren, dass du eingreifen und anrühren kannst, aber lass ihnen ihren Raum, zeig deine Macht darin, dass du sie gewähren lässt, im Übrigen besitzen sie Immunität, daran muss ich dich ja wohl nicht erinnern, du hast sie behandelt wie Ratten, aber sie sind Teil eines hochentwickelten und empfindlichen Gefüges. Denk doch nicht immer gleich jemand will dich bloßstellen oder vernichten, nur weil du nichts mitkriegst. Was bist du so schnippisch und aufgeregt mit denen? Und um Himmels willen vergiss deinen elenden Kanal endlich. Lass dich doch nicht ewig schikanieren. Einzig Bülow garantiert dir eine persönliche Politik, ich will damit sagen, er wird deine Wünsche an den Mann bringen, nämlich an die Minister, die tun, was du für richtig hältst, sodass du außen vor bist und dich nicht mehr lächerlich machen musst.»

Aufgeregt? – dachte Wilhelm. *Ja, weil dann vielleicht der linke Krüppelarm nicht so sichtbar wird, wenn ich mit ihm herumfuchtele …*

«Bülow hat sich verändert, er ist nichts als ein Parlamentarier, er spielt mich aus, ich kann es fühlen», murmelte der Monarch. «Ich bin … so … angespannt, diese ständigen Reisen … reisen heißt nirgendwo sein … und … weißt du, wenn die

im Reichstag *Heil Kaiser* brüllen, dann meinen die nicht mehr … *mich.*»
Eulenburg schaute sehr ernst. «Papperlapapp! Du brauchst mal wieder ein wenig Unterhaltung jenseits von Berlin! Schade, dass der See jetzt zugefroren ist, sonst hätt ich dich da rein gezerrt, du!», drohte er lachend und tippte mit seinem Stiefel gegen den Wilhelms. «Und pfui nein wie kannst du so schlechte Laune haben, wenn dein Schnurzbart wie ein Spagat des Nussknackers über deinen Lippen schwebt!», rief Eulenburg und schnupperte plötzlich. «Riechst du? Der Hirschbraten dürfte fertig sein! Na komm, auf, du musst hungrig sein, der Tisch ist sicher schon gedeckt! Hirschbraten mit Preiselbeeren und Kartoffeln aus dem Ofen! Komm schon und schling nicht wieder so! Morgen trudeln hier die anderen Kerle ein, dann war's das mit der Stille.»
Sie schubsten sich wie zwei Internatler durch den hellgelb gestrichenen Gang, vollgehängt mit Brüsseler Wandteppichen.
Und er lächelte.
Der Kaiser.

48

HUGO VON TSCHUDI SASS vor Adolph Menzel.
Der eine ein Nachkomme von Rittern und Gelehrten der höchsten Stunde, der andere ein Spross von schwarzen Adlern, die sich mit Gnomen kreuzten.
Der eine ein zurückhaltender Über-Schatten, der andere ein göttlicher Stumpf.
Der eine ein Todgeweihter, der andere ein Lebensloser.
Menzel schaute an Tschudi vorbei in den Raum seines Ateliers, das Herz schwer. Es wog so viel, wie er selbst.
«Jetze hängtit also ina Nationalgalerie, meen *Balkongzümmer*», sagte Menzel. «Jemalt haik dit vor fast sechzich Jahrn.»
In der Tat!
Der fast neunzigjährige Adolph Menzel, dessen Beine da halb herunter baumelten vom Stuhl, hatte dieses Meisterwerk vollbracht, als es Impressionisten noch nicht einmal als Gedankenspiel gegeben hatte.
Das Balkonzimmer.
Ein Frühwerk der Ewigkeit!
Schönheit auf dem einfachsten Grund – Pappe – nicht einmal besonders groß, darüber gestrichen in feucht-weichen Ölzügen, die Ecke eines Raumes.
Da, wo das Auge immer hin wollte, da war gar nichts, als der leicht wehende Vorhang, der nach der Wand tastet, wenn es der Sommerwind gestattet.
Ein Moment, der alles bedeutet, weil er nichts darstellt, als die

hinreißende Schwermut der Poesie in ihrer zartesten Augenblicklichkeit, festgehalten für immer!
Licht auf dem Boden, Licht an der Wand, Licht *im* Vorhang, Licht von draußen, ein Draußen, das gar nicht sichtbar ist und doch ins Zimmer seufzt … hingesudelt mit nichts als zehn, zwölf mal Weiß über das Abgebildete selbst, der Pinsel wie im Bild verblieben, lebendig darin begraben, niemals gestorben: offen, zutraulich und liebevoll bis in alle Zeit!
Das Balkonzimmer, das Lichtgemach, die Zauberstunde, die große Hand – Menzel.
«Sie hams jeholt, in die Nationalgalerie, Sie, Herr Hugo von Tschudi!», Menzel war aufgeregt und zitterte das erste Mal seit vielen Jahren und es ärgerte ihn und er presste die Hände zusammen und glaubte, seine Brust reiße auf.
Tschudi sprach langsam und teuer. «Sie sind der Maler der Könige und für Könige, aber Sie haben mehr portraitiert als das, Sie haben die Kunst selbst gemalt.»
Menzels Herz war getroffen wie von einem glühenden Zeigefinger Caravaggios.
Er starrte Tschudi an wie eine Erscheinung, die aus einem Märchenbuch herausgetreten war, geradewegs in die Wohnung Menzels ins Tiergartenviertel hinein.
«Sie *sind* die Geschichte der Kunst und wohin sonst gehörten Sie als in meine und Ihre so geliebte Nationalgalerie?», Tschudi beugte sich nach vorn, abgestützt auf seinen großen Oberschenkelmuskeln und blickte Menzel aus seinen dunklen Augen heraus an.
Menzel sah diesen Blick hinter dem Zwicker, sah die Phantasie der Phantasie. Sah Augen, deren Braunschwarz ihr Gegenüber sanft zersplitterten.

49

SPANISCHE ABENDE GAB ES VIELE. Man war gern spanisch. Man verkleidete sich umso lieber. Eine nur musste das nie, Ela von Tschudi.

Ihr zu Ehren jedoch luden Herr und Frau Hauptmann zu einem mediterranen Fest bei sich.

Und es kam, was Rang und Namen besaß.

Als Max und Martha Liebermann die Tür in der Schlüterstraße geöffnet wurde und sie in die Dreier-Raumfolge geführt wurden, in denen das Fest sich verteilte, stand da Gerhart Hauptmann als Torero, umstellt von allen Damen und erzählte munter.

Da erblickte er Don Max in traditioneller schwarzer Festkleidung mit weißen Stickereien.

«Ah – äh – oh!», rief Hauptmann, «Äh, je peux voir, chö … chö Monsieur e Madame de Liebermon – äh – sont arrivés!»

Liebermann trat auf ihn zu. «Ick wusste janich, dass Spanien in Frankreich liecht.»

«Das, mein lieber Freund, ist doch aber gerade spanisch! Will sagen, kommt Ihnen das nicht seltsam vor?», erklärte Hauptmann und küsste Martha die Hand. «Enchantée.»

Hauptmanns Ausdruck war heiter und wild, komisch, flüchtig, irgendwie genial, verbissen, durchgedreht und akzentuiert, auf der Suche nach der verlorenen Zeit.

Liebermann schüttelte den Kopf, doch da entdeckte er bereits Tschudi, der nicht verkleidet war, einzig eine rote Rose in der

Hand hielt, derart, dass der Blütenball in seiner Finger Tal lag und der Dornenstengel zwischen Mittel- und Ringfinger hindurchragte.

Bei Tschudi in der Ecke am Fenster, auf den zwei kleinen Sofas, saß der frisch verheiratete Lovis Corinth.

Liebermann nahm sich zu trinken und setzte sich zu ihnen.

Corinth war schon angetrunken und dirigierte die zwei Geiger von seinem Platz aus. Als finge er Mücken, jagten seine Hände hin und her. «Ich habe gerade Tschudi erzählt, dass ich nachts von meinen eigenen Bildern träume! Letzte Nacht wurde ich von meiner *Salomé* enthauptet!»

«Sie müssn eem mehr Landschaftn maln, Louis! Globn Se mir!», riet Liebermann, der Lovis immer bei dessen eigentlichem Namen zu nennen pflegte.

Corinth hatte diesen irren Blick jener Zeit. Von einem Jahrhundert in das nächste gepeitscht. Rastlos, ratlos, allmächtig.

«Ihre *Salomé* ist eines der schönsten Frauengesichter, die ich kenne», sagte Tschudi und nippte an seiner Sektschale, in derselben Hand knisterte seine Zigarre. «Die Blüten im Haar, wie Sie die Haut zum Beben bringen, wie Sie das Metronom der Malerei erhöhen, niemand malt so schnell.»

«Kannste nich anders sagn», stimmte Liebermann zu.

Corinth lächelte und ein schwerer Charme breitete sich auf seinen Wangen aus. «Meine Herren, bitte, es gibt zwei Dinge, die mich absolut trunken machen, Frauen und angebrachte Komplimente!» – er hob sein Glas! Ein rotes Tuch war um seinen schwitzend feisten Hals gebunden. «Bin auch zufrieden mit meinem Bühnenbild für Max Reinhardt!»

«Wo Tschudi recht hat, hatta recht!», rief Liebermann. «Diese Ihre Salomé is een Wunder, wat ick nich janz begreife. Der ihre Schönheit is ohne gleichn, wo ham Se die her? War dit 'n echtet Modell?»

Corinth sah nach seiner jungen Charlotte hin, eine gesunde Dunkelbrünette mit vollen Brüsten und schwarzen Stickereien auf dem Kopf, die gerade auf Hauptmanns Schoß geschaukelt wurde.

Corinth warf ihr einen Handkuss zu.

«Ja und zu meiner Verteidigung: ich war zu dem Zeitpunkt noch nicht verheiratet. Ich weiß allerdings nicht mehr, woher die kam. Sie klingelte an meiner Ateliertür und meinte, sie käme auf Empfehlung von irgendwem, ich weiß nicht mehr wer, aber wir wollen ja jetzt auch keine Namen nennen!», zwinkerte Corinth. «Ich ließ sie herein. Sie schaute sich um. Ich war gerade eben noch beim Malen gewesen und da stand sie plötzlich vor mir. Gelblich blass, eine Haut wie Vanillesahne. Augen und Brauen tief Schwarz. Ihr Haar hatte so einen Ascheton.

Ich war, wie gesagt, aus meiner Arbeit gerissen, war etwas perplex, da begann sie, sich zu entkleiden.»

Liebermanns Mund stand ein wenig geöffnet.

Tschudi bemerkte das und schmunzelte unauffällig.

«Sie müssen ja nicht gleich anfangen zu sabbern, Max!», unterbrach sich Corinth. «Sie zog sich also aus und stand vor mir, wie der Herrgott sie geschaffen hatte. Mit den», – Corinth winkte abermals seiner Frau – «mit den süssesten Brüsten, die Sie sich beide nur vorstellen können!», flüsterte er dunkel. «Ich, nun ja, ich konnte nicht anders.»

«Wie jetze?», fragte Liebermann.

«Na ich musste die … schmecken», antwortete Corinth.

Liebermann merkte gar nicht, wie er sein Glas so hielt, dass es von der Seite auslief.

Tschudi konnte sein Lächeln noch immer verbergen.

«Und denne?», wollte Liebermann wissen.

«Und dann … na ja, dann sah die mich so an. So … ängstlich bedrohlich, ich habe keine Ahnung, wie ich das beschreiben soll. Ich … trat auf sie zu. Musterte sie. Ihre Schamhaare waren weich, als ich meine Hand, schmierig noch von Ocker und Kobalt, an sie legte. Im nächsten Moment grub sich mein Gesicht in ihren Schoß.»

Liebermann schluckte, räusperte sich sogleich.

Tschudi streichelte das Haupt der Rose, die er hielt.

«Die schmeckte nach … Tauchen», sagte Corinth mit geschlossenen Augen, «nach tiefem Sommersee. Ich malte dann ihr königliches Antlitz und ihre siegenden Brüste den ganzen Nachmittag, während sie da posierte – mit einem Haar ihres Schoßes auf meiner Zungenspitze malte ich dieses Bild zu Ende. Eh ich es irgendwann hinunterschluckte, das kleine Haar. Daher vielleicht diese eigenartigen Albträume», Corinth erhob sich und lief seiner Frau in die Arme, die ihn wild zu küssen begann vor aller Augen.

Ela tanzte mit Martha, sie trugen beide rote Blumen am Ohr und lachten ohne Unterlass, schrill und lebendig.

Liebermann lächelte Tschudi an. «Die könntn och Schwestern sein, wa!»

Tschudi nickte weich. Elas Bewegungen, das rückenfreie Kleid, ihr zartes Hohlkreuz raubten seine Aufmerksamkeit.

Leben.

Immer fester zerdrückte er die Rose. Seine Wangenknochen schimmerten aus ihren Krusten.

Ein Stich.

Er sah einen perlengroßen Blutstropfen an seinem Daumen und lutschte ihn weg.

■ ■ ■

Der Forscher und Mediziner Johann Jakob von Tschudi, der dieselben Wangenknochen besaß wie sein Sohn, hatte, besonders während seiner Peru-Reise, mit Krankheiten umzugehen, vor denen sich die Indianer mit geweiteten Augen fürchteten.

In mehreren Tälern, die von der Küste nach dem Gebirge führen, ganz besonders auch in dem von Surco, gibt es gewisse Quellen, deren Wasser die Indianer nie trinken und auch den unerfahrenen Fremden mit dem Ausrufe: Es agua de verruga! – Es ist Warzenwasser! – vor dessen Genusse warnen. Dieses Übel ist in keinem anderen Lande bekannt. Es beginnt mit allgemeinem Unwohlsein, Halsschmerzen und Schlingbeschwerden, bald gesellen sich Fieber dazu und ein fast unerträgliches Ziehen in den Knochen, als ob sie mit Gewalt auseinander getrieben würden. Einige Tage später erscheint eine Eruption von roten Fleckchen oder Beulen. Die ersteren sind von der Größe eines Linsenkornes, etwas erhaben und blutrot. Die Beulen erreichen zuweilen die Größe eines Eis und sind entweder glatt, glänzend rot oder höckerig und gleichen in Form und Grösse einer Zigarre. Einige Zeit später zeigt sich auf den Spitzen dieser Beulen ein braunes Bläschen, aus dem sich eine große Menge Blut entleert.

Bei Verrugas, die ich in verschiedenen Zeiten ihrer Entwicklung den Kranken ausgeschnitten und genau untersucht habe, fand ich die feinsten Blutgefäße der Haut außerordentlich gut entwickelt und strotzend voll geronnenen Blutes. Die Haut über den Beulen war immer sehr verdünnt und glänzend dunkelrot. Die Behandlung dieser Krankheit ist schwierig und bis jetzt noch rein empirisch. Die Indianer bedienen sich einer Pflanze, die sie Huajra-Huajra (Horn-Horn) nennen und dem Kranken in Aufguss geben. Ich habe nie eine erklärt günstige Wirkung davon gesehen. Das Mittel scheint bloß schweißtreibend zu sein und kann durch ähnlich wirkende sehr leicht ersetzt werden. In der Quebrada von

Canta sind die Verrugas seltener als in der von Matucanas, hingegen ist dort die Uta, eine krebsartige Krankheit, die nur Männer befällt, sehr häufig und in ihren Folgen noch fürchterlicher als die Verrugas. Die daran Leidenden sind auf den ersten Anblick an ihrer grauen Gesichtsfarbe und an dem Ausdruck des tiefen Leidens zu erkennen, der auf jedem ihrer Züge ausgeprägt ist.

■ ■ ■

Der Maler Walter Leistikow erschien.
Schmal, trüb, besorgt und scherzend.
Die laute Atmosphäre missfiel ihm zwar, aber niemals hätte er seinen Gerhart Hauptmann das fühlen lassen.
«Oho!», rief Hauptmann tanzend, «Je peux voir chö Monsieur Leistikow é arrieva!»
Leistikow wurde herzlich vom Gastgeber umarmt und zu allen hingeschleppt.
Er war müde, blass und hoch konzentriert zugleich. Er freute sich, plauderte, aß aber nichts und wollte nicht viel tanzen.
Er landete schließlich beim Direktor der Nationalgalerie.
«Walter, Schatz!», rief Corinth und legte den Arm um seinen Freund, «Weißt du noch, f-früher, so ganz ganz früher, haben wir Lesungen gemacht in deinem Atelier, wei-weißt du dis noch?»
Leistikow lachte. «Ja! Das war sehr schön! Du hast deine Bilder auch mitgebracht, dann haben wir stundenlang den Versen gelauscht. Mit der einen Lampe im Zimmer. Ja, das war wunderbar.»
Er beugte sich zu Tschudi vor.
«Würden Sie freundlicherweise ein paar Minuten mit mir auf den Balkon treten, Herr von Tschudi?», Leistikow schüttelte Tschudis Hand lange und fest.

Tschudi folgte dem Maler.
Kalte frische wohltuende Luft umsprühte sie.
Nebel umhauchte die Laternen in der Schlüterstraße.
Eine schwer einzuschüchternde Straße.
Leistikows lange freundliche Augen blickten in den Nachthimmel hoch.
«Lange nicht gesehen», fing er an.
«Doch», sagte Tschudi, «ich geh immer an Ihrem Grunewaldsee in der Nationalgalerie vorbei.»
Leistikow lächelte.
«Ich habe inzwischen diesen verdammten See hunderte Male gemalt. Wieder und wieder. Ich weiß nicht einmal, ob ich ein Maler, ob ich ein Künstler bin, ich schätze nicht, denn mir tun Begriffe nicht wohl. Ich will nichts sein, wofür es Worte gibt. Deshalb habe ich doch angefangen zu malen, um nicht sprechen zu müssen», sagte Leistikow. «Ich wage kaum Sie anzusehen, Sie stehen jenseits von uns allen. Wir mit unseren Farben und Pinseln und unseren Bewegungen, unserer Sezession, unserer Aufgeregtheit darüber. Gott sei Dank gibt es Corinth. Er ist ein Teil von mir. Ich kenne kaum einen Maler, der so hochbegabt und so unschuldig ist. Schauen Sie sich die anderen Künstler Europas an, verfressen und schnodderig und man möchte kotzen, all die stinkige Eitelkeit, ach, all das Zeugs, wieviel die alle reden und reden und reden und dann stolzieren, wenn ihre Bilder bald ebenso hochnäsig aussehen, wie die sich alle benehmen, ohne zu wissen, dass ein gemaltes Bild noch nicht der Schritt ist, dass ein Bild noch keine Freiheit ist, dass Farben nichts bedeuten, wenn sie nicht angeschaut werden. Von Ihnen. Sie … Sie sind die Drehung, Sie vollführen das eigentliche Werk, Sie zerschlagen alle Gleichgültigkeit und Idylle, Sie machen die Augen klar, Sie haben erkannt worum es geht, Sie haben es einfach erkannt. Sie haben das *Bild* erkannt,

das unabhängige stehengebliebene unverbindliche Bild. Da mag Manet am Bildrand auftauchen, da mag Leibl seinen Namen hinterlassen haben, aber da steht eigentlich kein Name, die Leinwand *atmet* und *das* ist die Signatur, die Sie auswählen. Wir müssen uns vor der Welt nicht verstecken, weil Sie die Welt *erzeugen*, Sie, Hugo von Tschudi.»

Leistikow zischte. «Die Neider sind groß, geben Sie auf sich Acht. Stimmt es, dass man Ihnen gerade alle möglichen Angebote macht, nur, damit Sie die Nationalgalerie verlassen? Kessler will jetzt übrigens Tschudi spielen in Weimar, wenn Sie mich fragen, er stinkt mir bis zum Halse. Ein Teufel dritter Klasse, ein Geistesdieb, gefühllos und blind. Sie …», Leistikow sah *ihn* an, «Sie machen mein Universum. Sie sind es, der aufzeigt, dass es kein Weltbild gibt – nur Steigerung und Neugier. Ohne, dass Sie es merkten, war ich in all diesen vergangenen Jahren Ihr stillster heimlichster Schüler. Und jetzt werde ich gehen, Hugo von Tschudi, ich bin müde heute, sehr sehr müde heute.»

Leistikow ließ Tschudi auf dem Balkon zurück, sein Atem noch in der Mitternacht.

Hauptmann trat zu ihm. «Tschudi, Sie erkälten sich lieber Freund, kommen Sie wieder zu uns herein, Margarete spielt gleich Mandoline für Ela. Sah er nicht furchtbar mager aus, der Walter? Diese scheiss Syphilis, die hat ihn.»

▪ ▪ ▪

Max Klinger war nicht der einzige gewesen, der nach dem berüchtigten halben Jahr von Anton von Werner der Akademie verwiesen wurde.

Walter Leistikow ebenso.

Werner war hier Direktor und Vorsteher eines Meisterateliers.

Zeichnen nach Gips, Proportionslehre, Schatten, Perspektive, Antike, Kupferstich, Kunstgeschichte und Architektur. Die Natur war das Studium sowie die *erhabensten Werke unserer Vorgänger im Laufe der Jahrhunderte, die ein für alle Mal alles Ziel der Kunst festgestellt haben.*

«Was soll ich hier noch mit dir? Ich hab doch schon deinen Kollegen Lesser Ury hinausgeworfen, du musst nämlich wissen, *ich geb nichts auf Farbe* –», hatte Werner einst geflucht, «– da steht doch alles still in deiner Malerei!»

«Und die Ihre ist tot, mit Verlaub», erwiderte Leistikow.

«Mach, dass du verschwindest und lass dich hier nie wieder blicken», Werner ging wehenden Fracks hinaus.

50

LEO VON KÖNIG hatte die Familie Tschudi beschenkt. Er hatte Gilg portraitiert. Der Kleine war kräftig geworden wie sein Vater, hatte schulterlanges, honigfarbenes Haar und dunkelbraune, aufmerksame, nicht *zu* neugierige Augen und langen Brauen. Und in seiner Hand hielt er einen Apfel.
«Ich dachte mir», sagte Leo mit seinen hellen, fanatischen Zügen, als er mit den Tschudis vor dem fertigen Werk stand, «Ihr Sohn trägt den Meisterschuss des Vaters als Motiv hoffentlich seines eigenen Daseins.»
Tschudi lächelte warm. «Leo», sagte er, «ich bin wirklich ergriffen von diesem Bild meines Kindes! Wie entgegengesetzt aller Malerei, so unverwechselbar und voll von Zauber, keck und instinktiv. Ich bin begeistert. Sie haben seine Gedanken gemalt, manche kannte ich schon … andere nicht», Tschudi trat näher heran, «unglaublich!», flüsterte er.
Gilg rannte schon wieder durch die Zimmer, irgendwo verschwand sein Lachen.
Ela lag halb auf der Lehne des Sofas in einem beigen Spitzenkleid mit langen Ärmeln. Sie blickte Tschudi ungezähmt und wie in ahnender Erinnerung an. «Ich sehe mich und Hugo in Gilgs Augen, in Ihrem sehr schönen Gemälde», ihre Stimme war rund, ihr Deutsch vollendet. «Wenn ich denke, doch mehr Hugo zu sehen, sehe ich wieder mich!», strahlte sie. «Ich sehe Gilg darin, wie er ist. So ist er. Genau so. Unerschrocken und unerklärlich klug.»

Gilg stürmte an ihr vorbei, sie packte ihn und fiel mit ihm auf den Sitz zurück. Sie küsste seine Augen, seine Wangen, seinen Mund, seine Stirn, seine Ohren, seine Hände, sein Lachen. Er riss sich los. «Wir Spanier küssen unsere Kinder so, dass es ein wenig weh tut», sagte sie, «es muss ein bisschen weh tun, man muss die Liebe spüren», und zog eine Braue hoch, als würde sich ein Adler von ihrem Blick losschwingen.
Tschudi presste seine Hand in Leos Nacken und betrachtete wieder die Malerei. «Sublim», sagte er. «Sie malen hinter der Oberfläche. Da liegt etwas hinter dem Dunkelblau. Sie malen stolz. Ich bin so reich an Geschenken.»

■ ■ ■

Aegidius von Tschudi, genannt Gilg Tschudi, genannt Staatsmann, hatte im sechzehnten Jahrhundert begonnen, die Geschichte der Schweiz, wie sie da noch als Staatenbund bestand, niederzuschreiben.
Er war der erste Schweizer, der das tat und er wollte den Namen der Tschudis weit über die Grenzen seiner Heimat hinausstreuen.
Von Glarus kam er auf die Universität nach Basel und lebte im Hause eines Schweizer Humanisten, der Traum und Torheit verachtete.
Vom Humanistenschüler wurde er zum Sammler geschichtlicher Quellen, in die er sich hineinfühlte und sein ganzes Meistertalent der historischen Darstellung zeigte, ohne der historischen Pointierung zum Opfer zu fallen.
Überhaupt festigten sich darüber erst Namen wie Wilhelm Tell, überhaupt konnte Schiller dann erst seinen Wilhelm Tell schaffen, weil er somit alles über ihn erfahren hatte und Aegidius sogar wortwörtlich an sich riss, ja sogar aus dessen vielen

Briefen ganze Gedanken übernahm. Nicht nur das, gleich zu Beginn seiner berühmten Farbenlehre schwärmte Goethe: «Wer das menschliche Herz und den Bildungsgang des Einzelnen kennt, wird nicht in Abrede stellen, dass man einen trefflichen Menschen heranbilden könnte, ohne dabei ein anderes Buch zu gebrauchen als Tschudis schweizerische Chronik.» Und schon Aegidius hatte damals, ausgehend von seinem politisch zündelnden Charisma, den sogenannten «Tschudi-Krieg» ausgelöst, mit seiner Verstimmung ob der ungebremsten Endlosigkeit der religiösen Kulturkämpfe innerhalb der Schweiz zwischen den Reformatoren und den Katholiken – zu denen er hielt – die keine Einigung mehr im Sinn zu haben schienen sondern nur die Fortdauer der Parolen. Das ärgerte ihn so sehr, der Streit, der nur den Streit als Motivation begriff, dass er St. Gallen verließ, bis man ihn – sogar Reformierte – drängten, in sein Amt zurückzukehren …

… den Wilhelm Tell, den hat er in der handschriftlichen Fassung seiner Chronik entzückend abgebildet. Breitbeinig da stehend wie der kleine Hans Gilg, den vom Vater sauber durchschossenen Apfel selbstbewusst von sich gestreckt, mit der anderen Hand an der Hüfte abgestützt, ein Strichmännchen, das, mitten im sechzehnten Jahrhundert und in wenigen Federstrichen, das Pergament neckt.

▪ ▪ ▪

Wilhelm war nach mehrwöchigen Reisen und Strapazen wieder in Berlin und gerade dabei, hinten aus seinem Wagen zu steigen, einer seiner Söhne empfing ihn, ausgerechnet Adalbert, der einzige von den sechs Söhnen, der keinen Schnurrbart trug, weil er Marineoffizier war.

Adalbert hatte als Junge Zeichenunterricht erhalten.
«Willkommen Vater.»
«Na, was gibt's? Alles gut bei dir? Wie lange bist du da?»
Vom Gefolge gefolgt betraten sie das Schloss seitlich.
«Vater, Herr Menzel ist gestorben.»
Wilhelm ließ einen Handschuh fallen, den, den sein kleiner Arm, seine erstickte Hand immer hielt, um nicht sichtbar zu sein und blickte seinen Sohn ausdruckslos, verletzt und lauwarm an.

Berlin riecht manchmal so nach sich selbst …

51

EIN JAHR SPÄTER stand die Stadt kopf, die große Jahrhundertausstellung!

Nicht nur die Bilder, die von überall her in die Räume der Nationalgalerie strömten, nicht nur die Einzigartigkeit, dass so viele unterschiedliche Maler zusammenfanden in ein Gebäude – es musste sogar noch das Neue Museum beistehen – nicht nur das Band der Motive und Künstler auf einem Fleck, sondern auch das Vorwort Tschudis zum Ausstellungskatalog zündete ungeahnte Feuer, ganz neue Flammen, stärker noch und überwältigender als seine vorherigen!

Sein neunundzwanzigseitiger Text sprengte alles!

In schaurig unübertrefflichem Ton, in vollkommen losgelöster Manier, in aggressivster Genauigkeit und nie zuvor gewesener, jeden überstürmender Brillanz – zielte er mitten ins Herz Preußens!

Was er als *Orientierung des Bildmaterials* ankündigte, zerstob in einer leuchtenden Hassschrift, in einem Anschlag von Wahrheiten, deren Originalität, Durchbruch und Angriff nicht hätten unfassbarer sein können!

Die ganz große Malerei von 1775 bis 1875, ein Jahrhundert deutsche Malkunst.

Beginnend am Ende des Rokoko, stoppend vor den ersten impressionistischen Knospen.

Ganz richtig, nicht ein Impressionist dabei!

Und da traf er den ersten Pfeil, die Ausstellung suche die *Kon-*

zentration auf das Wichtigste, das Wichtigste aber sei doch auch gleichzeitig das *Unbekannte*.
Als wolle er sagen: Ihr wollt deutsche Kunst? Ja? Ihr kriegt deutsche Kunst!
Deutsche Maler hätten es schwer gehabt, denn in Deutschland fehle der *natürliche Mittelpunkt*, nach dem die Talente *gravitieren* hätten können, so Tschudi am Anfang. Die Akademien, mit ihrer *schablonenhaften Ausbildung, die das Künstlerproletariat ins Ungemessene* gesteigert haben, die Akademien, die sich *jedem gesunden Fortschritt feindlich* zeigten, die Akademien, die doch in ihren *Lehrern* begründet sein müssten und nicht in ihrem *System*, die Akademien, denen das *Gegengewicht* fehle, wie in Paris, wo die ganze *Entwicklung* der Malerei sich *abseits* von ihr, ja als ihr *Gegensatz* vollzog.
Zudem besitze Paris Menschen mit der Fähigkeit von *Bedürfnis* und *Genießen* für Kunst.
Naturstudium an den Akademien sei doch gar kein Naturstudium, *sondern trockenster Formalismus ohne Empfindung für die Erscheinung der Natur und Natur sei doch lebendig.*
Blutlose Gedankenkunst, nicht mehr. Angetrieben von Peter Cornelius und den Seinigen.
Abgewandtheit von den Forderungen der Gegenwart.
Der deutschen Kunst fehle der *gesündeste* Teil der Produktion, diese *Vervollständigung* sei nun die Aufgabe der Jahrhundertausstellung.
Wahres Künstlertum beginne im *selbständigen Gestalten einer eigenen Naturanschauung.*
Alle jene *Vergessenen* seien Teil der Ausstellung, aber auch die Jugendzeit jener, die dann später im *Kampf und die Kunst und Gunst verdarben*.
Teil seien auch die *Stärkeren*, die sich *auf sich selbst* besannen, die *wenigen Großen* schließlich.

Und dann begann Tschudi die Künstler aufzuzählen, aufzureihen, zu gruppieren, zu charakterisieren – schnell, böse, leichtfüßig – und sie, kaum hatte man eine Ahnung von ihnen erhalten – wiederum gegeneinander auszuspielen!
Dem Kopf, dem Gefühl blieb überhaupt keine Gelegenheit zu entweichen, er fesselte den Leser an seine Zeilen wie mit unsichtbaren Schlingen.
Man starrte in die Worte hinein, wenn da von der *Reinheit der Kontur, der Schärfe der Landschaft, der Zartheit der Luftstimmung* oder dem *schimmernd fliessenden Licht* die Rede war.
Man glotzte in die Seiten, auf denen wirklich *tüchtiger, aber nicht tiefgründiger Portraitmaler* oder *desorientiert in seiner kleinbürgerlichen Begabung* stand.
Dem einen Künstler sei die *klassizistische Heilslehre ja bekommen* und dem anderen nicht.
Selbständig geschaute Arbeiten war eine seiner Lieblingsmetaphern, offensichtlich anwendbar auch jenseits des Impressionismus, was vielen geheimnisvoll genug vorkam.
Dieser gerate in seine eigene *Farbenhärte*, Jener würde jedoch den *stolzen Rhythmus der Linien* herausarbeiten.
Wie die Hände der jungen Frau wiedergegeben sind, das könnte Ingres kaum schöner machen, stand da oder aber *seine Figuren sind ins Freie gesetzte Atelierportraits.*
Die Namen, die da fielen, es waren die bedeutendsten, die es nur gab!
Krüger, Tischbein, Graff, Waldmüller, Schadow, Runge, Overbeck, Chodowiecki, Carstens.
Tschudi jonglierte mit ihnen wie mit Äpfeln, biss hinein, warf sie fort oder ließ sie sich auf der Zunge zergehen.
Maler, die den *äußerlich wenig reizvollen Damen der norddeutschen Ebene die fesche Wienerin entgegensetzen.*

Hier und da gäbe es eine *schüchterne Farbe wie ein verlorenes Lächeln* und *raffinierte Lichtführung.*
Und selbst den da, den so berühmten Soundso, hätte die Antike einfach nur noch *steril* gemacht.
Der Leser musste zweimal schauen, wenn da plötzlich etwas aufsilberte wie: *Wie liebkosend gleitet sein leichter, geschmeidiger Pinselstrich über die Formen. Vollendet wie ein Holbein.*
Und der und der und der, die hätten *viel Charme* und *leichte Sentimentalität, weiche Grazie* und *fröhliche Farbigkeit.*
Feinste Abstufungen von Grün und zart blaue Schatten bemerkte er oder wie sich die *dunkle Silhouette gegen den Abendhimmel abhebt.*
Von den *breiten klaren Schattenmassen* sprach er und bestaunte *Töne von verblüffender Wahrheit.*
Menzel, Gaertner, Blechen, Hummel, Schinkel, Begas, Hübner, Liebermann, Böcklin, Marées, Feuerbach, Carus, Spitzweg, Thoma, Eisen, Makart, Lenbach, Kersting – von dem doch so erschütternd wenig in den deutschen Museen vertreten sei und aber er sei doch ein *Deutscher* gewesen und hätte in *Deutschland* gemalt?
Er warf sie empor, schoss sie ab oder fing sie auf.
Erkannte *konventionelle Pracht* und *nüchterne Phantastik.*
Feierte den *Geschmack*, mit dem *in die Harmonie der schwärzlichen Töne die violetten Lichter des Samtüberzugs des Stuhls hineingestimmt sind.*
Dieser hätte ein zwar *schlechtes Goethe-Bildnis*, aber sonst *ungemein lebensvolle* Portraits gemalt.
Und Jener hätte ja den *erregten Frauentypus mit den weit aufgerissenen Augen auf seinen Schüler vererbt.*
Und der, der *besticht durch primitive Schlichtheit.*
Bei Caspar David Friedrich schlugen die Sätze Ranken der Begeisterung. Der spräche eine so *leise Sprache*, dass das *eilige*

Galeriepublikum *achtlos* daran vorbei ginge. Erst jetzt im Gemisch käme sein *Wort zu Geltung*. Tschudi bewunderte den *melancholischen Grundton* und die *mystischen Erregungen*, die Kreuze auf Bergspitzen auslösen können. Die *einsame Gestalt*, die auf dem *hellen Dünensand* steht, *in die Unendlichkeit des tiefschwarzen Meeres hinausträumt*. Die Romantik würde doch eigentlich zurücktreten, weil Friedrich mit dem *sehenden Auge* die landschaftliche Schönheit erschlossen hat. Alle *Konventionen verschwinden* bei Friedrich. Das *Darstellbare* erweitert sich.

Der braune Acker, über dem das Abendrot leuchtet, die einsame Ebene, die sich in die blaue Dämmerung ferner Berge verliert, die feuchten Wiesen, über die Wolkenschatten streifen, das leicht bewegte Hügelland, auf dem der Silberduft eines blassen Frühlingstages liegt …

Diese Anfänge sind schüchterner ihrer Ausführung als ihrer Tendenz nach. Die Malerei ist dünn und fast zaghaft. Es fehlt ihr etwas die Lebensfülle. Friedrich hat nie ein Bild vor der Natur gemalt.

Dies *träumerisch Zarte* fehle dann wiederum dem anderen Maler Soundso.

Ohnmacht! Der Leser war einer Ohnmacht nahe!

Im blauen Schatten eines großen Baumes, während die Landschaft ringsum in greller Sonne liegt.

Von einem Namen sprang er auf den nächsten.

Es sind die Licht- und Luftprobleme, die ihn beschäftigen und wie überzeugend im Vergleich mit dem späteren Schlachtenbilderschema.

Farbenrausch! Geheimnisvoll leuchtende Materie!

Spätestens bei Leibl konnte man nicht mehr.

Die Vollendung, mit der die leisesten Schwingungen der Form, die Kraft der spannenden jugendlichen Haut, unter der man das

Blut pulsieren sieht und die welke, runzlige eines alten Gesichtes, die Stofflichkeit eines Wollkleides, das Metall des Schmuckes und das gemaserte Schnitzwerk eines Kirchenstuhls wiedergegeben sind, und das nicht etwa mit einem weichlichen oder gar zaghaften, sondern durchaus lebendigen Pinselstrich, erscheint unbegreiflich ... die luftumspielten Hände ... und der starke Klang von Schwarz und Rot auf dem wolkigen Grau der Wand ... die Sicherheit, mit der mit breiten Pinselhieben der Kopf zusammengezimmert ist ...

52

REICHSKANZLERPALAIS ABENDS, Wilhelmstraße.
Hugo von Tschudi hüpfte im Smoking und seinen schwarzen Lacklederschuhen von einem Absatz auf den nächsten hoch, das ganze weiße Treppenhaus empfing ihn wie einen, der fliegen kann.
Eins, zwei, drei, vier.
Leicht, schwer, krank, locker.
Er glitt über den roten Samt empor, als fahre er ihn hoch.
Alles schob sich mit, alles glänzte!
Fünf, sechs, sieben, acht. Welch Takt!
Auf eine Flügeltür zu, die von zwei Karyatiden bewacht wurde.
Aufgeregt.
Erfüllt.
Sie flog auf.
Aus dem stummen Treppenhaus sank er in eine glitzernd summende Menge, die großen weichen Schultern ganz in Schwarz gehüllt, schritt er wie durch eine wilde Wiese.
Gut einen Kopf größer als alle anderen, bemerkte man ihn rasch.
Die wachen Blicke verfingen sich an seinem majestätischen, lässig einsamen Gang.
Das Orchester spielte wie in einer Blase, in seiner Gegenwart verschwand die Musik.
Alle sahen ihn an.

Er trug keine Maske. Er trug sein Gesicht. Er wusste, dass er Augen besaß, die jeden pulverisieren konnten, wenn er einmal schaute, einmal denjenigen ansah, langsam und ewig.
Trommelnden Herzens zerteilte er den Festsaal mit den Diamanten von Kronleuchtern über sich zu einem Meer des Schweigens.
Niemand wagte ihn anzusprechen.
Von einem Kellner schnappte er sich ein Champagnerglas und trank es in einem Zug aus.
Sein Blut klopfte.
K l o p f t e .
Klopfte wie der Urwald.
Der Reichskanzler – stattlich, hochmütig, elektrisiert – trat auf ihn zu.
Mit Bedacht und füchsig. Man sah die vornehme Erziehung und etwas Freies und Sinnliches an Bülow, der gebildhauert aussah.
Er betrachtete Tschudi lange und intensiv.
«Hugo von Tschudi», sagte Bülow vielblitzend schließlich, «der lebende Triumph. Ich freue mich, dass Sie gekommen sind», und die beiden lösten sich in der Schar der nun wieder munter zu plaudern fortsetzenden Gesellschaft auf.
Sie setzten sich unterhalb eines der drei großen Fenster, doch Tschudi stand wieder auf. Er konnte nicht still sitzen. Er sah den Saal und dachte umgehend an den *Berliner Kongress*, das große Ölgemälde von Anton von Werner, Bismarck darauf unverkennbar und die Vertreter der europäischen Mächte 1878, es hing im Festsaal des Berliner Rathauses.
Tschudi schnappte sich noch ein Glas.
Bülow nickte von seinem Platz aus, einen Arm elegant über die Lehne des Barocksofas gelegt.
«Sie haben jeden Grund, zufrieden mit sich zu sein», sagte er.

«Freunde von mir schwärmen von Ihrer Jahrhundertausstellung und von Ihnen», Bülow musterte den hochgewachsenen Mann vor sich.

Tschudis Bewegungen, Tschudis Blick, wie Tschudi schaute!

Bülow nickte immerfort.

«Ihre Wünsche bezüglich weiterer französischer Bilder und ihres Ankaufs wurden mir übermittelt. Ich kann Ihnen diese Mittel nicht sofort zur Verfügung stellen, aber ihr Erwerb ist gesichert, das verspreche ich Ihnen persönlich. Ich wollte Ihnen das sagen – direkt – und Sie sehen ja wohl, wie sehr ich mich darüber freue, Ihnen bei Ihren erhabenen Plänen zur Seite zu stehen. Ich will Ihre Gemälde besichtigen, sobald ich Zeit finde.»

Tschudis Rücken kribbelte.

Alles kitzelte.

Die Welt, das Leben schmeckte so gut.

Leicht und frisch und weit.

Bülow ließ den Blick nicht ab von ihm. *Wie außerordentlich und wie königlich der ist. Meine Güte. Der andere daneben mit seiner geistlosen Burschenschaftsmännlichkeit, seinem Rumgeblöke und mit nichts bewaffnet als seinem Schnurrbart! Nein, der hier ist mächtig geworden und man kann ihn nicht mehr leugnen.*

Bülow hob sein Glas.

Tschudi seines.

Im Schein des Kristalls, in den hübschen winzigen begierigen Bläschen des weißgoldenen Champagners, sprudelte ganz Berlin.

53

WILHELM II., einen wärmenden Umhang um sich gehüllt und den allabendlichen Messingwärmer unter den Füßen, blickte von seinem Sessel aus einen Menzel an.
Eine kleine Profilzeichnung des Kaisers bei einem der Treffen, zu denen Menzel ihn begleiten durfte.
Zahnschmerzen drückten alle paar Minuten gegen den Nerv, der dann einen Schall von Marter auslöste, der bis in die Zehenspitzen ging.
Er fasste sich an die Wange. Dieser verfluchte Zahn machte ihm schon seit langem zu schaffen. Mit der Zunge fuhr er an ihm entlang – ah! Was für eine Gemeinheit waren Zähne doch! Warum musste es überhaupt Karies geben? Hatte der Mensch nicht schon genug zu leiden? Mussten denn noch bewusstlos machende Zahnschmerzen hinzukommen? Die Wange war heiß und leicht angeschwollen. Er wollte nur allein sein. Es ging ihm nicht gut.
Innerlich.
Wie sollte er mit all den Verleumdungen weiterleben? *All diese Lügen. All diese dreckigen Lügen. Die homosexuellen Kreise Eulenburgs? Verweichlichte persönliche Politik? Homoerotische Verbindungen in Liebenberg? Mein Flügeladjutant, homosexuell? Ich, Opfer einer Kamarilla?*
Was hatte das mit ihm selbst zu tun? Er besuchte doch nur Phili immer und immer wieder, er selbst hatte nichts damit zu tun.

Was erlaubte sich dieser kleine Journalist? Dieser Maximilian Harden? Was glaubte er wer er sei? Doch nur ein … Jude. Ein weiterer. Ein ehemaliger Schauspieler, der unsere deutschen Stücke, ja sogar einen modernen wie Gerhart Hauptmann verreißt!
Mein ganzes Reich ist doch schon in jüdischer Hand. Es gibt keine andere Erklärung. Das jüdische Welträtsel ist es, die Welt zu verschlingen. Selbst den Kaiser verschont das nicht. Oh, was für eklige Stunden. Was für Verkehrtheit. Bedrohlichste Zersetzung.
Immer neuer Unrat kommt zutage, aus dem Schlund ihrer Phantasie, bloß, weil er selbst keinen Erfolg hatte, nur, weil andere Menschen ihm nichts getan haben, muss er sie öffentlich häuten? Sie mit Lügen stopfen? Bismarck hätte ihm was gesteckt? Ich, ein Weichling? Ich? Und Phili homosexuell? Deutschland isoliert durch meine Unfähigkeit? Ich, der Friedliche? Aber Frankreich, dieses unersättliche Loch von einem Arsch, hat doch auf der Konferenz alles an sich gerissen und keiner außer Österreich-Ungarn stellte sich auf unsere Seite! Ich bin doch kein Zauberer! Ich bin der Kaiser! Ich tue was ich kann! Was mehr kann ich tun? Und jetzt so was? Dieser Art? Jetzt schwächt ein einziger Jude mich? Den Kaiser? Den Kaiser des Deutschen Reiches?

54

TSCHUDI ATMETE die warme Nachtluft der Wilhelmstraße ein. Die Häuser und Palais dicht zusammengeschoben, herausgeputzt, nicht zu hoch gebaut, Neubauten, die sich extravagant hinzugesellten, alles ganz klar und definiert, eine umwerfende Straße.

Er wollte mit dem seidenen Wind tanzen. Er wollte durch seine Nationalgalerie segeln, von Raum zu Raum, von Wahrheit zu Wahrheit.

Was für Tage! Was für Zeiten! Was für ein großes Gefühl!

Vorbei am Palais Pringsheim, das mit seinen sechs Rundbogenfenstern zur Straße, seiner Renaissancefassade und seinen zwei Rittern, die den Erker stützten, in der Reihe dieser daneben so verbindlichen Bauten, herausfiel.

Am oberen Halbgeschoss schillerten venezianische Glasmosaike auf Goldgrund, ein Werk Anton von Werners.

Vorbei an zwei Plakatklebern – das wunderbare Plakat von Peter Behrens zur Jahrhundertausstellung in Blau und Orange und die Nationalgalerie frontal darauf zu sehen!

DEUTSCHE JAHRHUNDERTAUSSTELLUNG BERLIN 1906 NATIONGALERIE JANUAR BIS MAI – klebte auf dem Bauch der Litfaßsäule.

Tschudi lächelte, ging weiter, immer weiter und weiter die Behrenstraße entlang.

Mitten auf dem Gendarmenmarkt blieb er stehen und blickte in die Nacht.

Seine Brust gluckste vor Glück, atmete voller Kraft!
Die Hände in den Manteltaschen, schloss er die Augen, diese dunkel flimmernden Augen, den Kopf im Nacken und fiel durch Wolken, obwohl er da stand wie ein Basilisk.
Fiel durch das ganze Jahrtausend, durch Feuer, durch Zeitentunnel aus Licht und Schimmer!

■ ■ ■

Bode schlug die Faust auf seinen Schreibtisch. Die Lampe sprang einmal hoch.
Es reichte ihm ein für alle Mal.
Er hatte genug.
Genug von diesem Tschudi.
Seit Jahren zog er ihm die Geldgeber ab, die eigentlich ihm, Bode, verpflichtet gewesen wären! Seit Jahren führte er ihn vor und alles was er aufgebaut hatte, mit dem Farbejakulat französischer Affen wurde all das fortgeschwemmt!
Sogar Schöne, der Generaldirektor, konnte nicht ohne diesen schweizerischen Verräter und bestärkte ihn, das Angebot für das Berliner Kupferstichkabinett anzunehmen?
Es reichte.
Bode war so außer sich, dass man hätte glauben können, seine Handschrift habe ein Beben aufgezeichnet.
«… wie können Sie … einen völlig inkompetenten Menschen … keine Ahnung von Graphik, von Malerei ganz zu schweigen … der würde nur die zeitgenössischen Radierer bevorzugen … sind Sie noch bei Trost … am schlimmsten aber … dieser Mensch ist in Besitz von vergiftender Illoyalität … wie ich sie am eigenen Leib zu spüren bekam … er drohte mir mehrmals … auch zu Handgreiflichkeiten … ich versichere Sie einer absoluten Fehleinschätzung was ihn betrifft … fallen Sie nicht auf seine Heucheleien

herein … ich selbst vertraute ihm leider vieles an … heute bereue ich zutiefst … Sie aber will ich unbedingt warnen … zutiefst verdorben und wird nicht satt … wird auch über Sie bestimmen … wird Ihrer Frau schöne Augen machen … ich muss es leider so drastisch sagen … weil ich nicht will, dass noch andere leiden, wie ich litt … unter diesem selbstverliebten und bösartigen, radikalen Mann … der unsere Berliner Schätze auf dem Gewissen hat und nimmt, was unsere Geschichte ist … er muss aufgehalten werden … er muss … und ich werde noch weitaus, ja viel Belastenderes über ihn preisgeben … wenn Sie nicht … wie können Sie … Sie müssen doch … es ist Ihre Pflicht …»

Bodes Füller kratzte am Papier, wie Äste in Winternächten an die Fenster.

55

WILHELM KUSCHELTE SICH noch tiefer in sein Fell. Zündete sich eine Zigarette an.

Harden muss selbst homosexuell sein, solche Typen sind es nicht selten selber, die es anderen vorwerfen. Meinem engsten Kreis von Beratern und Vertrauten, von Freunden! Ich könnte ihn eigenhändig … ich könnte …

Kleiner Judenteufel.

Wie nervt es mich seit Jahren die fetten Juden im Tiergarten grüssen zu müssen, wenn ich in Ruhe ausreiten will. Ja werde ich denn niemals erlöst? So kann man schließlich nicht arbeiten, nicht wirken. Ich kann nur etwas aufbauen und mich drauf konzentrieren, wenn nicht unser ganzes System so verlogen wäre. Selbst meine Feinde werden erkennen, dass es Verleumdung ist. Es ist offensichtliche Verleumdung. Betrug mit den Mitteln einer selbst scheinheiligen Presse. Ich sage das nicht aus Kränkung, es ist so. Und weil Harden sonst keine Möglichkeit einer Begabung sah, musste er meinen Freundeskreis zerschlagen, wie kann ein Mensch darin aufgehen und auf diese Weise Ruhm erlangen? Nein, oh nein, ich wollte niemals so werden wie ich jetzt bin, ich habe versucht mit allen umzugehen, Gott ist mein Zeuge. Aber wenn man nur lange genug lebt, dann … Ich bin nicht dumm, ich verstehe das sehr gut. Es ist eine Frage der Zeit, eh man sie alle hasst. Sie sorgen selbst dafür. Alle. Alle da draußen.

Der Kaiser war ernsthaft bestürzt und entsetzt und alle seine Gefühle vermehrten sich stündlich.

Zudem lief die Erinnerung an das letzte Zusammenkommen mit Tschudi wie Säure durch sein Herz.
Kurz vor der Jahrhundertausstellung war er in die Nationalgalerie gegangen.
Er hatte sich buchstäblich in Schale geworfen, trug seine weiße Paradeuniform, den Degen in Silber rechts, bombastische Gardinenkordeln links, Eiserne Kreuze und Weihnachtssterne auf der Brust, darüber seine Kürassierrobe in Weiß und den goldglänzenden Helm mit dem silbernweißen Adler auf dem Kopf.
Dieser Helm bestand vorne über dem Dach aus einer Art Türklopfer, hoch oben tagte der preußische Raubvogel, trug eine kleine goldene Krönungskrone und schmiedete seit Jahren Fluchtpläne, die ihm nicht gelangen: er war festgewachsen.
So fühlte sich Wilhelm wohl. Schließlich zeigt man doch in seinem festlichsten Gewand, wie ernst man alles nimmt und wird aber dann doch nur verhöhnt dafür?
Samt Entourage begab er sich wohlmeinend ins Hauptgeschoss der Nationalgalerie, deren eigentlicher Herr er ja wohl noch immer selbst war.
Hier liefen die Vorbereitungen zur Jahrhundertausstellung in vollem Gange.
Der Kaiser hatte sich zuvor angesagt.
Tschudi erschien leicht verspätet im großen Saal.
Meier-Graefe spähte von der Loggia herab.
Da stand er dann vor ihm, der Riese von einem Schweizer, in einem schlichten schwarzen Cut, zwei überströmend schwarze Linsen aus einem schwarz umrandeten Zwicker.
Wilhelm sah das.
Sah ihn.
Sah, wie die Mitarbeiter Tschudi anblickten – hingebungsvoll, vernarrt, inspiriert, beschäftigt.

Sah sich.
… und verlor den ganzen Faden seines Lebens, begann sich zu drehen wie ein Schlittschuhläufer.
Ein Schlittschuhläufer, der von einem Bild zum anderen schlitterte, vor und zurück, hin und her, den Arm, den man ihm zerstört hatte, irgendwie schwenkend, irgendwie versteckend, mit dem Tier auf dem Haupt heftig nickend, turnend um Tschudi herum, in seinem kaiserlichen Zauberumhang, der nicht zaubern konnte, an Tschudi vorbei, durch Tschudi hindurch.
Dieser bewegte sich *gar nicht*, stand da, stand nur da – lässig – abwartend – aufmerksam – wortlos – zeitlos – eins mit dem Haus.

56

TSCHUDI STAND AN DER SPREE und blickte hoch zum Schloss.

Sein hoher Hut und sein langer Mantel streckten ihn zu einem jenseitigen Wesen, einzig ein schmaler zarter langer Mund war sichtbar.

Links die Museumsinsel, rechts ein schlafendes Berlin und in der Mitte das großartige Schloss.

So muss die Sphynx nachts in der Wüste Ägyptens aussehen, dachte er. Hell, wenngleich bestrahlt vom Mond, nicht wie hier, von den geschweiften Laternen. Aber doch ebenso groß und ausdrucksvoll.

Im Schloss brannte Licht. Die Fenster schimmerten. Und die Figuren auf der Schlossbrücke ragten wie unvorsichtige Götter ins Gefecht der Wolken.

Sein Abbild im Wasser war ein langer Streifen geschwind getupfter Kleckse aus dunkelgoldenem Grau.

Sargent allein hat je so gemalt, wenn er in Venedig war und den Kanal in seine Bilder zog.

Tschudi folgte dem Klang des Schwappens der dicken Spree.

Wie er die Nationalgalerie zum Fiebern gebracht hatte, wie sie erneut ihre Bedingungen aufgestellt und ihre Spannung zurückerobert hatte.

Und wie die Kunst nun entdeckt wurde und wie alles wunderbar war!

Er konnte das gar nicht glauben und doch hätte er nichts anderes glauben wollen.
Er fühlte Erinnerungen aufsteigen wie Drachen im Wind. Er als kleiner Junge, der gern zeichnete.
Heute stand er hier und konnte mit Bildern sprechen.
Sie erhörten ihn oder folgten ihm oder er vertrieb sie. Es war berauschend!
Die Nationalgalerie hatte so etwas wie eine Vibration erhalten, eine technische und geistige Nuance, die den hohen Grund bildete, auf dem das Haus seine Rechtfertigung erlangte.
Wie hatte Leistikow gesagt? Bilder allein sind noch keine Freiheit und ein Museum keine Qualität.
Aber zusammen, in der richtigen Schwingung von Wellen, in der richtigen Dimension von Hellgrün und Zartschwarz, schon.
Das bescherte Tschudi ein kaum zu beschreibendes, inniges, machtvolles Staunen.

57

WILHELM TRAT ANS FENSTER.
In Berlin hatte er ein Leben lang gefroren. Warum eigentlich, fragte er sich.
Am liebsten hätte er dieses Zimmer nie wieder verlassen. Eingeschlossen auf ewig. Fern aller Höllen und einzig auf den Morgen warten und dann auf die Nacht und wieder auf den Morgen … und keine Angst mehr haben, vor der kleinen missgeborenen Hand, die da an ihm steckte und ein Teil dieses Fegefeuers war.
Was für eine grässliche Stadt, was für gemeine Absichten da draußen lagen.
Wie Dampf stieg die Wut und die Trauer in ihm hoch, wie gefährlicher Feuerrauch, der nicht entweichen kann.
Musste er denn sein Dasein opfern für den Hinterhalt, der sich gegen *ihn* richtete, weil sich irgend so ein Krakeeler von Journalist einen zweiten Bismarck wünscht?
Er, Wilhelm, hatte er dieses Prinzip Bismarck nicht überwunden?
Mussten seine Freunde ihre Pistolen hervorholen und sie sich in den Mund stopfen, weil sie nicht weiter wussten, wenn sie am nächsten Tage in der Zeitung die Schwuchtel sein würden?
Wie weit würde das alles gehen?
Der große Schatten, der über seinem Schloss lauerte, erstreckte sich.

Phili war alles was ich hatte, Bruder und Lehrer und Freund, der einzige neben diesem ollen geliebten Gnom von Menzel. Der eine ist tot und der andere hin.

Wilhelm blickte hinab zur Spree.

Er hasste dieses stinkige Gewässer und er hasste Berlin und er hasste, was aus Berlin geworden war. Er hatte sich das alles ganz anders vorgestellt. Hier tat doch jeder nur noch was er wollte und das in einem Kaiserreich.

In *seinem* Kaiserreich.

Genug.

Genug, dachte er.

Ich bin der Kaiser.

Ich … bin … der … Kaiser.

Seine Stirn brannte vor Schmerzen, doch er ertrug die Qualen nicht, die seine Mutmaßungen und seine Unruhe in ihm illustrierten.

Maximilian Harden musste an seiner Fratze gefasst werden. Das gehörte angeklagt und verurteilt. Schließlich hat er begonnen, dachte Wilhelm, er hat mit diesem Krieg begonnen und wer weiß, wer alles darin verstrickt war.

Bülow?

Bülows Berater Holstein?

58

TSCHUDI SAH ZWEI FRAUEN auf sich zukommen, die ihn provozierend und betörend und feinst bis in die Versunkenheit ihrer Züge ansahen und deren Hüte ihre prächtigen Köpfe weit umragten.
Von der Art der Merry Widow Hüte, aber nicht von schwarzen Wedeln des Klagens behängt, sondern von Federn in Gelb, Rot, Grün!
Auch sein Vater war solchen begegnet.
An diesen natürlichen Mauern, die hier fast senkrecht abfallen, nisten bunte Papageien, die bei der Annäherung der Menschen laut kreischend auffliegen und in großem Bogen an ihre Brutplätze zurückkehren. Es war mir sehr auffallend, hier an den kahlen Felsen diese Vögel zu sehen, da die Papageien sonst immer in den Waldregionen leben und nur ihre Streifzüge nach anderen Gegenden machen.

59

DOCH ER HIELT seiner eigenen Entschlossenheit nicht stand, er fiel ins Bett und wälzte sich wie ein Tobender.

Sogar seine Frau, die *holsteinische Kuh*, wie Bismarck sie besungen hatte, war besorgt.

Sie blickte auf seine rasenden Gebärden und wie er sich vollkommen verheult und aufgebracht krümmte.

Das konnte doch aber so nicht weitergehen, sagte sie. Schön war, wie sie über und über von Perlen behangen war. Kleine Perlen, übergroße, lange Ketten, die ihr bis zum Schoß reichten, schmale, die fest am Hals anlagen, alle trug sie zusammen und mischte sie noch mit anderen Ketten, das hatte etwas Verrücktes, Selbstdenkendes und Geschmackvolles.

Neben den sechs Söhnen erfreute sie sich einer überaus gutaussehenden Tochter, Viktoria Luise, die auch die Vorliebe für Perlen teilte und die jener ebenso gut standen, wie der Mutter. Viktoria Luise war wie aus Atlas geformt, sie war schmächtig und hatte volle dunkle lange Locken und verständig dunkle Augen zum Verlieben. Auch ihr hätte ein Schnurrbart so wundervoll gestanden! In ihrer Leibhusaren-Uniform, mit ihrem verzierten Pferd, war sie mehr als bezaubernd anzuschauen. Von ihr ging etwas Beruhigendes aus … Sie beugte sich über den Vater, ihre Ketten kullerten über seine Tränen.

Sie sagte nichts, aber sie sah ihn an.

Und sie sah einen leidenden Mann.

60

TSCHUDI MUSSTE über sich selbst lachen – *du bist ein Nachtwanderer*.

Aber es war ein so anmutiger Tag gewesen und seine Stimmung grenzenlos.

Sein Leben, all die Stufen bis hier her, ein Reich von Schönheit, in dem der Puls eines unendlichen Geheimnisses lag.

Geheimnisvoll wie der Renoir, den er für die Nationalgalerie geholt hatte und der jetzt hing!

Ein Renoir, so schlagend, so belebend, so heftig.

Im Sommer.

Die junge Frau sitzt, die Hände im Schoß, im gestreiften leichten Sommerrock, nichts als ein Unterhemd an, das lose über die vollen Schultern rutscht, die geöffneten langen schwarzen Haare über Brust und Arme fallend wie Schlangen und ihr Ausdruck – unerkennbar, jung, unwillig.

Das eigentliche Schauspiel aber, das Dahinter.

Laub, tief-frisch, rauschgrün, mit dem Pinsel aus dem Grund der Leinwand hervor gefedert, mit dem Licht eines unsterblichen Sommers erhöht, durchhaucht und zu einem Smaragdfest ausgebreitet!

Zwischen ihren unvergleichlichen Händen noch ein paar leuchtend getupfte Blätter, die sie gezupft haben muss, vielleicht, weil ihr danach war? Vielleicht, weil sie nicht wusste, warum das Leben so war wie es ist? Vielleicht, weil es ein schlapper, verlassener, schlaftrunkener, französischer Nachmittag war, ohne die Sorgen des eigentlichen Erfahrens? Vielleicht wussten ihre Eltern nicht, dass sie bei Renoir ist und sie dieses Gefühl unsagbar suchte?

Er folgte den groß bebauten Linden Richtung Tiergarten, das späte warme anrückende Berlin, vorbei an den ausgedehnten Hauseingängen, Geschäften, einzelnen Spaziergängern mit Gehstock und Fahrzeugen, die brummend an ihm vorbei huschten.

Eine immer prachtvoller werdende Stadt.

Bald würden im Mittelweg der Linden wieder die Frühlings- und Sommerstühle aufgestellt werden, unterhalb der Farbenschatten der Bäume, zwischen den großen Uhren und ihren Reklamefenstern.

Er streifte lächelnd und geschmeidigen Schrittes fort, passierte einen Antiquitätenhändler, in den er oft hineinsah, und blieb wie erschossen stehen.

In einem alten Potsdamer Spiegel des späten achtzehnten Jahrhunderts, der in der Auslage lehnte, sah er sein Gesicht wieder.

Die angefressene Nase, die ausgeweideten Wangen, als hätten Krähen ihn zerbissen und sich in den Wunden gebadet, bräunlich angetrocknet, viskosig gebacken, bis unterhalb der Augen, das Lid schlaff.

Tschudi stand reglos da.

Sein Herz fiel in einen tiefen tiefen Abgrund.

61

AN EINEM SEHR HEISSEN SOMMERABEND überquerten Max Liebermann und Hugo von Tschudi die von drapierten Vorhängen und Vorgärten geperlte Bellevuestraße – ein Mann mit Fliege und Hut auf einem Fahrrad raste an ihnen vorbei und sein Schweif berührte sie, sodass sie schreckhaft zurückschritten – und betraten auf der anderen Seite das *Rheingold.*

Die Gebrüder Aschinger wollten Berlin mehr bieten als Stehbier, Würstchen, Schrüppen und Kartoffelsalat und so eröffneten sie 1907 das *Weinhaus Rheingold* nahe des Potsdamer Platzes, ein monumentales Stahlskelettbauwerk von klösterlicher Dimension mitten in der bebauten Bellevue- und Potsdamer Straße und nicht weit von seinem komplett anderen Zwilling, dem *Wertheim* von Messel.

Auf einer Fläche von fünftausend Quadratmetern war ein Gebäude aus hoch jagenden Pfeilern und Pfosten in grobem fränkischem Muschelkalk und schmal dazwischen auftauchenden Fenstern unter der Planung des Architekten Bruno Schmitz entstanden – der schon mit seinem bedrohlich schönen Kyffhäuserdenkmal Aufsehen erregt hatte, von dem aus man steil über das Dunkelgrün der deutschen Wälder blickte.

Aschingers Schlachtruf lautete: Koste es was es wolle!

Fürwahr, einem knallte alles weg beim Betreten dieses burgartig brutalen, vollkommen unverhältnismäßig phantasievollen, völlig abseitig hinreißenden Restaurant-Ungestüms, in dem man dem Weltgeheimnis wieder ein klein wenig näher war. Räume folgten auf Räume, Säle auf Säle, Hallen stießen an Hallen, Konzerte und Diners fanden statt, Konferenzen und Feste über drei Geschosse.

Liebermann hatte den Bau seit Jahren in der Presse verfolgt und nun war endlich der Augenblick gekommen, diese neue Dimension eines Superlativs zu besuchen, die sogar mit dem Wunderauftritt des Berliner Schlosses verglichen wurde.

Es war alles ganz still, als sie durch die Drehtür ins Gebäude traten.

Wie am Eingang einer Höhle.

Oder als fiele man in die Tiefsee.

Dann aber, nachdem man festgestellt hatte, dass es hier keine Richtung und keine Grenzen gab, dann begann es.

Das *Rheingold*.

Schon der Pfeilersaal war ein Raum-Urteil, Tische über Tische, weiß eingedeckt, mit Gläsern und Stoffservietten, das Licht zog ein von den Fenstern bei den Kojen, die getäfelt waren von Reliefs und oben in die Decke eingelassenen Lampen, die schalenartig hervortraten.

Teppiche bildeten die Gänge, hoch oben gescheitelte Gardinen, Rechtecke aus dutzenden und dutzenden und dutzenden Glühbirnen und alles war aufgestemmt in Palisanderholz, das dem Raum eine dattelfarbene Wärme verlieh.

Gleitende Treppen aus goldenen Mosaiken führten die beiden auf und ab und immer tiefer hinein in das Gebäude.

Der Muschelsaal, über zwei Meter unterhalb der Straße gelegen, ganz übersät von grünen und roten Glasplättchen, die einen mild fiebrigen, perlmuttenen Schein erzeugten, war nichts als ein Tonnengewölbe zu einem zarten Charakter gemacht, massiv und doch fließend und ungewöhnlich naiv. Andere Tischdecken, andere Stühle, andere Gläser.

Der Steinsaal, von schlafenden Baumgesichtern gestützt, durchsetzt von Kieseln und Schieferstückchen, dazwischen eingelassen ein Firmament aus Glühbirnen. Andere Teppiche, andere Teller, andere Fenster.

Türen, hinter denen sich wieder eine neue Biegung, ein anderes Gedächtnis verbarg.

Der Rote Saal, der ganz aus rotem Samt und roter Seide, farbigen Fenstern und dem blutfarbenen Padoukholz bestand, ein albdruckartiger Sog aus organischem Rot, der einen herunterholte von jeder Unruhe und doch nur fortwickelte in einen angehaltenen Wahnsinn aus psychologisierenden Materialien.

Der lange dunkle Ebenholzsaal, aus indonesischem Holz, weißen Türen, ungesehenen Kristalllampen, Kelims und stählernen Champagnerschalen.

Der Mahagonisaal – rötlich gedämpfter – von zwei Reihen mondartiger Bälle beschienen und seinem Liebesrelief vorne, von Zeitgenossen so beschrieben: «Das wollüstige Weib auf Vogelkrallen und der geile Mann auf Bocksfüßen, davor ein Phantom gemeiner Hässlichkeit – ein Kind der Sünde.»

Speisekarten auf einem jeden Platz, jeder Platz eingedeckt, auch, mit den erst seit wenigen Jahren aufgekommenen und beim Kaiserlichen Patentamt angemeldeten Salz- und Pfefferstreuern.

Der helle Onyxsaal, kleine unterschiedliche alte Teppiche, Fensternischen und den komplett irreführend schönen Onyx-Marmor-Wänden, Onyx-Marmor aus den Pyrenäen, der ganze Saal schimmerte vibrierend. Reliefs zu Wasser und Erde, Feuer und Luft.

Der Bankettsaal, mit seinen voneinander abgetrennten Balkonen auf den Emporen, durch den man zu einer Rotunde kam, der die Flügel des Baus zusammenhielt.

Der strahlend blaue Kuppelsaal, der eine merkwürdig verfeinerte Verkörperung aus einer Art ägyptischem Schinkel war.
Der Galeriesaal, mit höheren Gläsern, längeren Tischdecken, geometrischen Glühbirnenlinien, kombinierten Holzsorten, geätzten hochwertigen Glasfenstern, vergoldeten Schnitzereien und fast schwarz wirkendem Marmor. Über den unteren Sitzreihen, wo geraucht wurde, gab es eine verglaste Galerie, wo nicht geraucht wurde.
Fahrstühle, Böden aus Mosaiken, ein bepflanzter Brunnen mit den Rheingold-Töchtern, geflochtene Steinwände, nackte Götter, die allein mit ihrer Nackenkraft die Decken hielten, sich dahin schlängelnde Treppen, die Tschudi und Liebermann schließlich in den alles entmachtenden Kaisersaal geführt hatten.
Der Kaisersaal.
Man stand auf Partkettboden in einem fast elf Meter hohen und dreißig Meter langen hochgebogenen vergoldeten Schlund mit sage und schreibe tausend Sitzplätzen.
«Der Schall!», rief Liebermann bestürzt, alles wälzte sich dahin in einem riesigen, aufgerissenen Loch von einem Raum, als stünde man im Bauch eines Wals, durchstochen von Rundbogenkiemen, umstellt von Rittern und behängt von Licht schimmernden Ohrringen einer niemals verzeihenden Titanin wie Kalypso.
«Diese saubere Luft», sagte Tschudi und sah sich um.
Die Emporen bildeten ein eigenes Geschoss im Saal, blütenweiß eingedeckt an umlaufenden Tischen wie unten und in je zwei Nischen standen sich gegenüber die Kaiser Otto der Große und Karl der Große, Wilhelm I. und Barbarossa. Die Häupter tief gesenkt, in langen steinernen Gewändern, von Stimmen jenes Jahres so besungen: «Es sieht so aus, als ob die

Leichen Karls und Ottos des Großen, Friedrich Barbarossas und Kaiser Wilhelms aus den Sarkophagen hervorgeholt und da oben an die Wand genagelt wären.»

Unten tanzte Faune-de-Sienne-Marmor an den Wänden, er flackerte wie die Felder und Ebenen Sienas in einem zarten Brandton – orangegelb, goldweiß – teuer, entsetzend und schön, kosmisch, scheu, voller Willkür! Dieser Marmor war einer der edelsten weltweit. Dazu wechselnd oben Napoleonmarmor in seinem urzeitlichen Strömen durch sich selbst, hart und mächtig, bräunlich grau, von glitzernd hellen Wolkenfäden durchwittert, eben ganz in der Farbigkeit von des Eroberers Umhang.

Die Tische waren gut besucht, die beiden nahmen in der Empore Platz, über Eck zum Orchester und damit diagonal dem Saal ergeben.

Jetzt stand ein Quartett in langen Gehröcken vor den Instrumenten und sie setzten sich und erhoben sich abwechselnd mit Liedern auf Deutsch, Englisch, Französisch und Italienisch.

Die Musiker spielten nicht zu laut, manchmal einzig der Pianist, dann war nur das Bass-Drum-Pedal zu hören, das aus Amerika geliefert worden war und einen ganz neuen Rhythmus heraussiebte. Überhaupt war es nicht das Gefühl eines Orchesters, sondern mehr ihrer einzeln herausgedrehten Elemente.

«Haydn», erriet Tschudi, als er die Karte aufschlug und sogleich von einem Kellner in schwarzem Frack ein eisgekühltes Wasser bekam. «Is Ihn die Luft hier anjenehm jenuch?», fragte der Kellner. «Wir könn se och kühler machn für die Herrschaftn! Allet keen Problem! Wat ick och sehr empfehln kann, is eene kalte Coca-Cola, hamwa heute ne Kiste bekomm», er beugte sich vor, «und dit verrat ick hier nich jem!»

Über den Rändern seiner Gesichtsmaske hinweg funkelten Tschudis dunkle Augen über die Pracht des Ortes, wie die dunklen Augen seines Vaters einst über das Dorf Cocachacra. *Es ist zwar klein und ärmlich, aber sehr anmutig gelegen und erfreut sich eines glücklichen Klimas. Sein Name «Kokafeld» weist darauf hin, dass früher hier Koka angebaut wurde.*
Tschudi sah aus wie ein venezianischer Inkognito, wo im achtzehnten Jahrhundert Halbmasken weit verbreitet waren und wo man auf das Sprechen nicht verzichten wollte, während man einen Abschnitt des Antlitzes verbarg, so wie er seine Nase und die Wangen.
Ganz so wie im Venedig der Hoch-Zeit, wurde sein Gesicht zur Maske und seine Maske zum Gesicht und er saß da wie in seiner herrschaftlichen Gondel, schwarz verdacht und verhängt mit schwarzen Tüchern. Darin ein weißes Antlitz mit Augen, geradewegs d i c h betrachtend.
Liebermann legte sich die Serviette über seine Leinenhose. Seine hellgelbe Weste und darüber das Leinenjackett mit der schwarzen Krawatte vom Schwarz seiner Augen, das war der Liebermann, wie er sich noch zunehmend selbst malen sollte, in Abertausenden Pinselschmieren aus Beige-Weiß-Kohle-Umbra-Steingrün und den Blick geschärft und buntblütig in die Gegenwart gerichtet.
Der Saal bewegte sich wie ein Schiff.
Und man spürte, wie Berlin sich über die ganze Welt, über die ganze Geschichte erhob.

▪ ▪ ▪

Sie aßen Seezunge mit Austern, dann getrüffeltes Wild und dazu einen 1875er Château Mouton Rothschild, den Tschudi bestellte.

Die Nachspeise war ein Diplomatenpudding aus Sahne, Vanille und Armagnac.
«Wie fandn Ses?», Liebermann tupfte sich mit der Serviette den Schnurrbart ab und reckte die Brauen.
Tschudi überlegte kurz. «Exquisit, savoureux, libre d'esprit».
«Lieber wat?», fragte Liebermann.
Tschudi aber hob seinen letzten Schluck Cognac und stieß mit ihm an.
«Nich, dass de Leute von uns beidn ürngwat Falschet denkn, wa?»
Tschudi machte eine fragende Kopfbewegung.
«Na zwee Männers hier, bei nem romantischn Rendezvous, in diesn Zeitn der Homosexualität!», Liebermann lehnte sich wieder zurück. «Jeder redet ja nur noch von Homosexuelln! Wat is denn los in dieser Stadt? Alle verrückt jewordn oder wat?»
«Scheint so», sagte Tschudi. «Zumal einige doch gar ein wenig *zu* laut randalieren.»
«Harden, wa?»
Tschudi nickte. «Ich kenne ihn kaum, weiß nicht wer er wirklich ist, woran er glaubt, was er kann. Ob er überhaupt eine eigene Wahrheit außer der Erpressung besitzt? Ein anderes Talent außer der Bezichtigung? Das befriedigt ihn schon, andere zu beschuldigen? Das genügt ihm bereits geistig? Hatte er in mir nicht auch den feindlichen Ausländer gesehen, der anrückt, als ich die Leitung der Nationalgalerie übernahm? Ich mag nicht die Art *wie* er laut ist. Man muss leise laut sein, man darf dabei nicht kläffen.»
«Dit stümmt allerdings. Ick kenn ihn jetzt och nich sooo jut, aber doch een bisschn, der schreibt mir halt hin und wieder, ick kenn ihn durch Herbert Bismarck, der ja nu leider och schon jestorbn is. Wat ick sagn will, der Harden is mir och

nich so janz jeheuer. Spuckt jem in die Suppe, aber er hats übertriebn find ick. Ne Nuangse davon hätte doch schon jereicht. So aber ist dit nur noch een einzjet Jemetzel. Alle paar Tage een Prozess wegn Valeumdung. Schwul oder nich schwul, dit is jerade *die* Frage!»

«Zumal unser geschätzter König von Preußen die Aufregung erst so richtig hervorgerufen hat, mit seiner Hysterie in dieser Angelegenheit. Er ist es, der Harden erst groß macht. Er ist ohne Eulenburg einfach nicht mehr gut beraten, welch Pointe!», Tschudi sah, wie neben ihnen an der Brüstung zwei Paare Platz fanden.

Die Damen nahmen ihr Gespräch von eben wieder auf und die Herren auch. «Jedenfalls ist mir zu Ohren gekommen», sagte der eine, «dass Eulenburg sich sogar umbringen wollte. Bülow konnte das aber verhindern, Bülow, der ja einen Berater hat, von dem es gern heißt, er wolle den Kaiser zerreißen und Bülow, der ja gerade selbst im Visier Hardens ist.»

«Ja», erwiderte der andere, «Bülow und homosexuell, so ein kranker Unsinn, Bülow ist über jede Frau rübergerutscht, die in seiner Laufbahn schon Strohwitwerin war, soll sogar was mit Harry Graf Kesslers Mutter gehabt haben. Was mich bei dem ganzen leidigen Skandal am meisten irritiert ist Maximilian Harden selbst. Er will einen anderen, einen aggressiven Kaiser, eine aggressive Monarchie, ein aggressives Deutschland. Er will Krieg und Blut unter dem Vorwand Bismarcks. Und da soll mir mal einer sagen, die Juden wären nur an Geld und Kunst interessiert, an Geist und Kultur. Scheinbar will dieser um sich beißende Journalist das Deutsche Reich zu einem Ungeheuer in der Welt machen. Und ich frage mich die ganze Zeit, warum nur? Er ist es doch, der gerade alle auflädt, die Presse und die Menschen. Mit welchem kulturpolitischen Recht eigentlich? Was ist seine Leidenschaft? Die Vernichtung?

Nicht, dass am Ende irgendein völlig sinnloser Krieg ausbricht, wegen der Hetze eines in seine eigene Zynik verliebten Juden, der ein ganzes Land vergiftet mit seinen Nötigungen. Gelangweilt vom Vermögen seines Vaters, rührt er jetzt die Stabilität Deutschlands an? Sechs Offiziere haben sich schon umgebracht, weil sie Hardens Erpressung nicht standhielten. Sechs.»

▪ ▪ ▪

Liebermann brach dann irgendwann auf, weil er noch zu einem anderen Treffen in die *Traube* in der Leipziger musste.

Tschudi ging eine Etage hinunter, um noch für eine Zigarre in der Americain Bar zu verweilen.

Die Pfeiler rings um ihn herum in griechischem Cipollino-Marmor, Tschudis Lieblingsmarmor, zerrannen hier zu einer grünlich-grauen Nachdenklichkeit.

Er setzte sich an den Tresen mit dem Nussholz und dem Kristalllicht über sich und versetzte seine Zigarre in eine glühende Zikade.

Sein weiter Anzug, die eng anliegende kurze Weste, die langen Beine, die halb über dem Hocker lehnten, der lange Hinterkopf, die Kontrolliertheit.

«Herr Tschudi», eine weiche Stimme nahm neben ihm Platz, mit einer kleinen Kettenhandtasche, die sie auf das Holz legte und schwarzen Handschuhen.

Die hautweiße Halbmaske blickte sie an. Starr. Wie tot. Wenn nicht jene zwei Linsen durch den Kneifer heraus sie nassschwarz durchdrungen hätten.

«Ich habe Manet *noch immer* nicht verstanden, selbst nach unserem Rundgang in Ihrer Nationalgalerie nicht», sagte sie und klang, als läge sie auf einem Kissen neben ihm. «Warum war er ein Moderner aber wollte mit den Modernen nicht in einen Topf geworfen werden? Lassen Sie sich bei Ihrer Ausführung ruhig Zeit», sie befreite ihre Finger einzeln von den Handschuhen, «ich bin vor meiner Tante geflohen, die oben Pommersche Aalsuppe isst, grässliches Gericht – wissen Sie, wie es zubereitet wird? Man wirft die ekelhaften Tiere in einen großen Topf, überschüttet sie mit Salz und legt den Deckel drauf, doch Sie müssen ihn fest halten, ganz fest, weil die sonst herausspringen! Sie müssen warten, bis sich da drinnen nichts mehr regt, dann sind sie totgelaufen und schmecken wohl besonders delikat, meint meine Tante. Nun ja, ich entschuldigte mich und nutzte die Gelegenheit, mich hier umzusehen, es ist ja ein ganz unglaubliches Ding geworden!»

Als sie geendet hatte, schaute sie ihn an – vorwurfsvoll, haltlos, pfirsichfarben.

«Warum sagen Sie nichts?», wollte sie wissen.

Ihre widerspenstigen Haare lagen wild über der seidenen Stirn.

Tschudi lachte kurz auf, drehte sich ihr leicht zu. «Manet kam gewissermaßen aus zu hohen Verhältnissen, um sich einer Gruppierung, sei sie ihm noch so sympathisch oder verwandt, anzuschließen. Außerdem waren seine Erfahrungen andere, als die der meisten Impressionisten.»

Sie dachte nach. Blickte ihn an. «Ich habe Sie neulich mit Ihrer Frau gesehen. Sie ist … schön.»

«Nein», sagte Tschudi ruhig und ausgehöhlt, «meine Frau ist *sehr* schön.»

Dann sah er die junge Frau an. «Sie sehen sehr hübsch aus heute! Wie damals.»

Sie lächelte, legte sich eine Strähne ums Ohr. «Ich habe auch geheiratet.»

«Meine herzlichen Glückwünsche», sagte Tschudi.

Sie überlegte wieder.
«Trinken wir etwas!», rief sie dem Kellner zu. «Zwei Sazeracs!»
Tschudi ließ sich das gefallen.
«Kennen Sie Sazerac?», fragte sie.
«Ja», antwortete er, «aber ich mag Whisky nicht besonders.»
«Ick mach Ihn den jern och mit Cognac, meen Herr», warf der Kellner im gläsernen Schein seiner Flaschen ein.
«Für mich auch!», stieß sie aus. «Oder nein, meinen mit Whisky, dann kann ich von Ihrem kosten und sehen, welcher besser ist!», grinste sie Tschudi an.
Tschudi lächelte nickend den lächelnden Kellner an. «Sie haben die Dame gehört», und zog an seiner Zigarre.
«Ick hab die Gläser schon jekühlt hier, dann schmeckta besonders fein», erzählte der Kellner mit dem netten Mondgesicht. Er hielt den beiden ein Glas ins Licht. «Sehn Se und jetzt schüttig den Absinth zwar rinn, aber denn wieder raus und in dit Glas tu ick denn die andern Zutatn! So würdit in Nür Ohrliengs jemacht!» – verkündete er stolz.
«Na dann», murmelte Tschudi, «her damit.»
Sie stießen an, während der Kellner erwartungsvoll ein Glas polierte.
Tschudi nippte.
Sie nippte.
Sie sah ihn an.
Tschudi den Kellner.
«Gut gemacht!»
«Meen Herr!», bedankte der sich halb verneigend. «Dit freut ma!»
«Hm», nörgelte sie, «ich weiß nicht, meiner scheint mir doch ein wenig zu bitter», sie schnappte sich Tschudis Glas, trank einen ungebremsten Schluck von der Stelle, an der seine Lip-

pen getrunken hatten, schloss die Augen dabei, als schmecke sie nicht den Drink sondern seinen Speichel nach.
«Viel besser als meiner …», seufzte sie und behielt das Glas.
Die beiden Männer vermieden ihr gegenüber höflicherweise einen Blickaustausch.
«Wollen Sie eigentlich gar nicht wissen wie ich heiße?», hielt sie ihm vor.
«Sagen Sie mir Ihren – ganz gewiss – majestätischen Namen», bat er.
«Clara», antwortete sie kurz aber hochmütig. Ihre Nasenspitze schimmerte und ihre Lippen waren nass Rosa geschminkt. «Meine Mutter will das eigentlich nicht. Aber nun bin ich ja verheiratet. Und mein Vater sagt, die Chemieindustrie, in die er so hoch investierte, würde ja nun auch noch die Damen glücklich machen! Ist er nicht komisch?»
Tschudi lächelte lang und sanft.
«In Paris gibt es sogar etwas für die Wimpern, das streicht man darüber und dann werden sie dunkler und länger!», plauderte sie.
«Meine Frau besitzt so etwas. Da sie von Natur aus sehr schwarze und lange Wimpern hat, führt es zu einem ganz auffällig frischen Effekt bei ihr, als wären ihre Augen Schmetterlinge. Ich glaube auch, dass es so etwas bald auf dem Markt geben wird und nicht nur in den kleinen Geschäften des Rokoko.»
«So», sagte Clara enttäuscht. *«Schmetterlinge.»*
Tschudi zahlte die Drinks und stellte sich nah vor sie.
«Clara, Prachtlibelle, leben Sie wohl.»
Sie und der Kellner sahen ihm nach.
Sahen den wohl überlegten Gang, den starken Nacken und immer noch vibrierte sein Schmunzeln an der Bar zwischen dem Bernstein der Spirituosen.

62

WENN ELA SICH durch die gemeinsame Wohnung bewegte, dann war sie ein wandelnder Toulmouche.
Jeden Tag ein anderes Kleid und jeden Tag eine neue, von Tschudi ungesehene Versunkenheit.
Auch die Stoffe, die sie sich kommen ließ aus ganz Europa, hätten aus den Bildern des französischen Malers gefallen sein können.
Tahitiblau, Mangogelb, Mohnrot.
Wenn sie sich auskleidete, dann waren sie meist zusammen im Schlafzimmer. Es sei denn Tschudi war noch bei Einladungen, was häufiger vorkam.
Wenn er da war, zog er – meist saß er dabei auf dem Sessel – seine Chelsea Boots aus.
Ela, die ihr Kleid schon abgelegt hatte, kehrte ihm den Rücken zu, blickte aus dem Fenster und klappte vorne ihr seidenes Mieder auf, ein französisches Korsett, was nicht mehr so fest geschnürt wurde, dafür Gummiklammern besaß, die über die Schenkel gezogen wurden, um die Strümpfe zu halten.
Ihre spitzen schwarzen Schuhe behielt sie an, während sie das tat.
Tschudi, der sie müde und wach beobachtete, knöpfte seine Weste auf, öffnete die Krawatte, zog sie ab, blickte auf ihre Beine, auf ihr Hinterteil, das groß und oval über den sandfarbenen Strümpfen in einem nahezu durchsichtigen Höschen glänzte.

Der gerade geteilte Hintern, die nach zwei Seiten hin abschwingenden Pohälften, die schwarze Linie, die sich nach vorne trug und die – sobald sie sich umdrehte, ihm wieder zuwandte und das Höschen mit einer wackelnden Hüftbewegung verlor – die schwarze Hecke präsentierte, die er nicht oft genug, nicht lang genug ansehen konnte.
So schwarz, dachte er ein jedes Mal, so schwarz.
Sie hob die Arme, um sich die Locken ineinander zu klemmen, das Haar in ihren Achseln war nicht so kraus wie das in ihrem Schoß, es war fragiler, gleichsam strohiger als das Nachtmoos zwischen ihren Schenkeln.
Dann stockte seine Hand immer, dann versagten seine Finger, mit denen er gerade dabei war, sein Musselinhemd zu öffnen.
Was sie dann für ihn tat, mit nichts mehr an als ihrem hochgesteckten Haar und ihrem Duft.
Tschudi sah sie an, ihre Haut, ihren Ernst, mit dem sie sein Hemd von seinen Schultern strich, der Ernst, mit dem sie seine beidseitig geknöpfte Hose erschloss, die den Stoff darunter zum Vorschein brachte – Tschudi trug baumwollene, eigens für ihn geschneiderte kurze Hosen unter seinen Anzügen, Vorläufer der Jockeys, mit beliebig zu schnürendem Bund – sie fuhr mit ihrer Hand an die Stelle zwischen seinen Beinen, die Stelle, an die er ihre Hand auch manchmal des Nachts geleitete, an die lange gewölbte puckernd warme Stelle und sah zu ihm hoch, wie er zu ihr hinunter …
… und dann und wann schaute die Maske, die auf dem Tisch lehnte, ihnen dabei zu.

63

TSCHUDI WAR SIEGESSICHER.
Trotz des unerträglichen Wartens – der Kaiser war verreist – war er gewiss, der geplante Ankauf von neuen herausragenden französischen Bildern aus der Schule von Barbizon, einem ganz besonderen Zweig von Malern noch dazu – düsterer, erfahrener – sei gesichert.
Die Summe war nicht gerade gering, aber der malerische Rang hätte auch andere Museen in Europa zum Straucheln gebracht und gierig gemacht, Tschudi hatte sich die Werke durch den englischen Kunsthändler, der die niederländische Sammlung zum Verkauf angeboten hatte, zur Ansicht nach Berlin schicken lassen, da der Kaiser die Annahme bestätigen musste.
Der Kaiser jedoch kam und kam nicht.
Tschudi wartete Wochen, geduldig und zuversichtlich.
Er wartete und wartete.
Und er wartete.
Und kein Novemberwind konnte ihn biegen …
Er ließ die Kunstkommission einen Blick auf die Bilder werfen und teilte dem Kunsthändler mit, dass vier von ihnen in Frage kämen, dass vielleicht noch ein oder zwei hinzugewonnen werden könnten.
Tschudi fühlte, dass alles gut war. Was sollte auch geschehen?
Er hatte Berlin doch damit die mit entscheidendsten malerischen Bewegungen der Moderne geliefert.

Delacroix, Troyon, Corot, Rousseau und womöglich noch Géricault und Courbet!
Schwindelschön, heilig, Weltrang!
Tschudis Herz quirlte leicht und erwartungsvoll in seinem schweren Körper.
Etwas in ihm leuchtete wie noch nie zuvor.

▪ ▪ ▪

«Ja, Seine Majestät ist bereits zurück», sagte Bode am Hörer zu Tschudi.
«Das ist ganz arg wunderbar! Wilhelm, ich weiß, wir hatten unsere Differenzen, ich will das nicht übergehen, ich weiß aber, dass Sie vor allen anderen Dingen ein Mann der Kunst sind, dass auch für Sie die Kunst eine andere, vom Leben manchmal weggerichtete Unbedingtheit genießt und ich bitte Sie aufrichtig und innig, den Kaiser zu bitten, doch bald, bitte ganz bald einmal in die Nationalgalerie zu kommen! Ich bitte Sie für Berlin, was hätten wir der Welt voraus an Schönheit und Geheimnis, mit diesen außerordentlichen Franzosen bei uns! Ich bin überzeugt davon, dass Sie Seine Majestät den Kaiser rascher dazu bringen, zu uns in die Nationalgalerie zu kommen, als es irgendwer sonst vermöge! Ich bin zudem in engster Zeitnot, lieber Herr Bode, es ist Anfang Februar, die Kunsthandlung drängt mich zu einer Entscheidung und der Finanzminister kann nicht handeln ohne die Zusage des Kaisers! Die National Gallery wird uns das wegschnappen, sagen Sie das Seiner Majestät unserem Kaiser bitte!»
«Tschudi, mein lieber Herr von Tschudi, ich versichere Sie meiner großen Zustimmung und ich kann Ihnen nur mein allerfestestes Wort geben: ich werde Seine Majestät, sollte ich ihn selbst nicht treffen, so aber dem Zivilkabinett Ihre dringende

und von großer Wahrheit überspannte Nachricht weiterleiten, seien Sie ohne Sorge, lieber Hugo», und Bode machte sich tatsächlich auf den Weg zum Geheimen Zivilkabinett.

■ ■ ■

Spät nachmittags, nach seinem Ausritt, empfing der Kaiser Bode sogar.

Eiligen Schrittes marschierte Wilhelm in den Raum. «Bode! Mein Lieber! Ihr Bericht wurde mir heute Mittag bereits übermittelt. Dass die National Gallery in London diese … diese Bilder da kriegen soll, ne, das werden wir selbstverständlich zu verhindern wissen. Na dann werd ich dem Herrn von Tschudi morgen mal einen Besuch abstatten und die Werke zu Gesichte bekommen. Und dann werden wir uns sicher einig werden! Schön, dass Sie sich so für Ihren Kollegen einsetzen! Wird Zeit, dass Sie endlich mal in den Adelsstand erhoben werden!»

Bode nippte am Tee. «Das freut mich außerordentlich zu hören, Eure Majestät. Allein, gestattet mir, eine Warnung auszusprechen.»

«Was für ne Warnung denn?», wollte Wilhelm verwundert, angestrengt und erschöpft wissen.

«Majestät, unser aller König, die Warnung, die einhergeht mit der Person von Herrn von Tschudi.»

«Na weiter, weiter, weiter!», Wilhelm machte eine schleudernde Bewegung mit dem gesunden Arm. Der andere ruhte neben ihm auf dem Sofa.

«Euer allergnädigste Hochwürden, Majestät, Tschudi hat viele Tricks um an seine Beute zu kommen. Ich würde mir doch niemals eine solche Einschätzung über jemanden erlauben, von dem ich nicht ganz und gar sicher wäre, wie bösartig er beschaffen ist. Hat er Seine Majestät nicht schon lange genug aufgehalten, Euch, die Ihr mit Begabungen aller Art so reich ausgestattet seid, Euch, der Ihr das Pensum eines allseits bemühten Herrschers vollbringt täglich?», Bode stellte die Tasse ab. «Hugo von Tschudis Kunstanschauung ist pervers, Euer Majestät, ich betone und wiederhole: abscheulich und pervers. Ja, das macht uns Wissende natürlich tief bestürzt, man fragt sich, wird er denn nie genug haben? Will er Euch so weit kriegen, über Euch hinweg zu entscheiden? Über Euch, unseren und den König Preußens? Ich wollte Euch das unbedingt vor Eurem gütigen Besuch in der Nationalgalerie sagen. Ich habe auch schon mit einigen befreundeten Abgeordneten darüber gesprochen. Wir sind auf Eurer Seite, Eure Majestät, schon zu viel wurde von dem Mann abgehängt. Bedeutendes für Berlin, die alles erzählenden patriotischen Metaphern unserer Geschichte. Der einstige Zustand der Nationalgalerie, ist er womöglich verloren für immer?»

▪ ▪ ▪

Am darauffolgenden Tag erschien der Kaiser des Deutschen Reiches in der Nationalgalerie, vor den auf Staffeleien aufgestellten Zauberwerken der französischen Malerei im Bartholdy Saal.

Der Monarch stand davor und schaute, wie er es stets tat, sehr genau und vollkommen unwissend. Er war, wie Nietzsche einmal beschrieb, *in der Gleichgültigkeit seines Nichtwissens und gleichsam auf dem Rücken eines Tigers in Träumen hängend. Er versinkt in einen noch tieferen magischen Schlummer, vielleicht träumt er dann von der Unsterblichkeit.*

Er trat noch einen Schritt vor.

Tschudi stand hinter ihm.

Alle anderen vor dem Eingang des Raumes.

«Ja», sagte der Kaiser, «die Landschaften hier, *die nehmen wir*, die zwei Rousseaus und den Troyon und *selbstverständlich* den Delacroix, den ich persönlich immer mochte, wie ich Ihnen ja schon bei unserer Begegnung 1896 sagte.»

«Ich erinnere mich, ja», sagte Tschudi. «Sie werden das nicht bereuen, Euer Majestät, die Nationalgalerie dürfte damit, mit diesen Meisterbildern, einzig noch vom Louvre und dem Musée du Luxembourg übertroffen sein.»

Der Kaiser betrachtete die anderen, unschätzbaren Bilder. «Aber die hier, dieser C-o-r-o-t und Géricault und Courbet … die nicht, die nehmen wir nicht», er neigte den Kopf, schaute über die flüsternde Malerei wie über einen fremden Traum. «C-o-r-o-t … noch nie gehört, wer soll das sein?»

Tschudis Fingerkuppen kitzelten in den Taschen seiner Hose, locker und gleichgültig stand er da, mit den Sitzfalten am Fischgrat Tweed, den er trug. «Corot ist der bedeutendste Landschaftsmaler des neunzehnten Jahrhunderts.»

Als der Kaiser das hörte, drehte er sich kaum merklich zu Tschudi um, – sehr unerwartet, sehr vorsichtig – und sah es.

Tschudis Schmunzeln.

Überlegen, überragend, frei und kostspielig, von einem starken Existenzbesitz und triumphierender, flimmernder, verbietender als jemals zuvor. Als frage er den Kaiser heraklitisch: *Was geht dich die Wahrheit an?* Reich an Welt und reich an Leben und reich am Vertrauen dieser mysteriösen Bilder, die ihm folgten wie Wölfe ihrem Schattenherren.

Vielleicht hatte Tschudi nicht einmal bemerkt, dass der Kaiser ihn hatte über sich lächeln sehen, vielleicht hatte er es doch gemerkt, fest stand, Wilhelm II. hatte es gesehen, die kurze demütigend souveräne Dehnung dieser angegriffenen Lippen, die trotz der Krankheit, ihr leuchtendes Zucken und ihre hoch vergeistigte Entspannung, ihre offensichtliche und umschwärmte Herrschaft und ihre die Sache, die Schönheit, den Schatz schützenden Spitzen nicht verloren hatten, er, den man in Kunstkreisen längst den Anführer nannte.

Tschudi war überschwänglich, sein Dasein hatte den Gipfel erreicht.
Er verständigte, ohne noch einmal das Einverständnis des Finanzministers zu sichern, den Kunsthändler, sagte, alle Bilder seien akzeptiert, bis auf den Corot, handelte sogar den Preis noch ein wenig herunter und versicherte und wusste ja, dass es zum Ende des Monats beglichen und die Bilder die Perspektive eines neuen Berlins werden würden.

64

«ABER BITTE, MEINE HERREN!», schrie Adolf Henning, Abgeordneter im Preußischen Abgeordnetenhaus und Mitglied des Reichstages. «Die Nationalgalerie ist ein Kunstinstitut, das von zwei Königen gestiftet und der deutschen Kunst ausdrücklich gewidmet ist … nun hat neuerdings in der Nationalgalerie eine große Umwälzung stattgefunden … es sind Erwerbungen gemacht … die denn doch dem Charakter dieses vornehmen Kunstinstituts nicht entsprechen.»
Sein harter, kühner, kluger Blick nickte in sich hinein.
Wartete ab.
Lange.
«Sehr richtig!», rief einer rein.
«Gleich wenn man hereinkommt unten rechts im ersten Saal ist eine von dem verstorbenen Marées geschenkte Sammlung aufgestellt worden, deren Kunst für diese Sammlung höchst zweifelhaft ist … im zweiten Stock finden sich dann statt der fein abgetönten Wände jetzt weiße Wände … die wie mit Kalk getüncht aussehen und die alten Bilder, die dort hängen, total erdrücken … was dann an neuen Erwerbungen hereingekommen ist, entspricht auch nicht dem Charakter dieses alten Kunstinstituts … im dritten Stock tritt einem nun eine ganz fremdartige Sammlung entgegen, es sind dort teils geschenkte, teils erworbene Sachen von ausländischen Meistern aufgehängt worden, von Italienern, Franzosen, Spaniern, die schon ihrem Kunstwerte nach in eine königliche Kunstanstalt überhaupt

nicht hineingehören, am allerwenigsten aber in eine Nationalgalerie, meine Herren, die der deutschen Kunst gewidmet ist! Wenn man diese Sammlung da oben sieht, möchte man zuerst glauben, man befindet sich in einer internationalen Kunstausstellung!», spie er aus. «Wenn diese Erwerbungen und Geschenke wenigstens noch wertvolle Stücke der modernen Kunst wären! Da ist zum Beispiel *Renoird* ... das Bild ist so abstoßend ... ferner sind noch ein paar Sachen von dem berühmten Manet und von Claude *Monert* ... das sind alles Kunstwerke, die keinesfalls würdig sind, in die Nationalgalerie aufgenommen zu werden ... ein deprimierender Anblick, ja meine Herren, es ist unbeschreiblich, wie das da aussieht ... und ich frage die Leitung der Nationalgalerie, wo sind denn all die Bilder der ehemaligen Sammlung der Nationalgalerie geblieben?»
«Bravo!»
«Bravo!»
«Bravo!»

■ ■ ■

Liebe, hoch geachtete Käthe Kollwitz!

Ich habe Ihren Wunsch, Auguste Rodin kennen zu lernen, umgehend an diesen weitergeleitet. Er wird sich sehr freuen mit einer so talentierten jungen Künstlerin zusammenzutreffen, sobald es ihm möglich ist. Nicht mein Lob über Sie wird das zustande bringen, sondern Ihre Werke selbst. Danke auch für Ihre beigelegten Zeichnungen, ich gehe ganz in Freude auf, beim Anblick ...

Ihr
vTschudi

...

«Was soll das heißen, er hat den Kaufvertrag abgeschlossen?», der Kaiser musste sich vor Wut setzen.
In seinem Kopf jagte Tschudi wie ein schwarzer Adler umher und durchtrennte mit seinen Flügeln die Gedanken Wilhelms II., die wie Späne wegflogen.
Tschudis Schmunzeln steckte seit Tagen wie eine Nadel in seiner Brust, nicht rauszuziehen, nie mehr, diese Überheblichkeit, die so begründet war, diese wahnsinnig machende, einmal zu deutliche, unerschöpfliche, menschliche Überlegenheit.
Reichskanzler Bülow stand unwillig vor einem König, den er nicht verehrte und versuchte, ihn zu beruhigen. «Majestät, es handelt sich hierbei ganz gewiss nur um ein Missverständnis. Tschudi ging von Eurem Einverständnis aus, er sagte mir persönlich, Ihr hättet den Bildern, bis auf den, was sagte er – Corot – zugestimmt. Er sagte mir auch, er hätte großzügig gehandelt, weil Eure Majestät ein großzügiger Mensch sei und es auf ein Bild mehr oder weniger bei diesem großartigen Angebot nicht ankäme. Das aber klingt doch wirklich allzu ehrlich, findet Ihr nicht, Eure Majestät? Er und auch das Kultusministerium dachten an Privatpersonen, die die 400 000 Reichsmark zur Verfügung stellen, bis auch der Staat sich über die Mittel geeinigt habe und sie bereitstelle. Nun ist mir aber zu Ohren gekommen, dass Ihr, Eure Majestät, den Finanzminister daran hindert?»
«Ja!», Wilhelm erhob sich und ging auf und ab. «Vom Finanzminister wird dieser … dieser … dieser TSCHUDI das Geld nicht bekommen! Haben Sie das kapiert? Er wird es nicht bekommen!»

Bülow warf seinen Gehrock nach hinten, verschränkte die Arme vor dem stattlichen Bauch.
«Euer Majestät, ich kann das nicht ganz glauben und auch nicht ganz verstehen. Warum seid Ihr in dieser Angelegenheit so, verzeiht, festgefahren?»
«Der Schweizer kriegt die Erlaubnis von meinem Finanzminister nicht! Er kriegt sie nicht!», Wilhelm II. fiel auf den Platz zurück und sah nur noch kleine gemeine in der Luft zwickende Sterne. «Er bekommt das Geld nicht. Für keines der Bilder.»

▪ ▪ ▪

Tschudi spazierte tanzenden Schrittes in sein Büro unten in der Nationalgalerie.
Als er die Türe schloss, seinen frisch gebrühten Tee und die Post auf dem Tisch erblickte, den alten frischen Duft des Arbeitszimmers einatmete, den Stuhl so vorfand, wie er ihn am vergangenen Abend zurück gelassen hatte, mit seinen Fingern über die Bücher und Hefte, über den kleinen Holzstempel strich, empfand er reines Glück. Glück, so gesprenkelt und süss, so wohltuend.
Courbet … in Berlin … Berlin ganz weit … ganz groß … und die ganze Welt kommt … und die ganze Welt staunt … und Berlin … atmet. Seine Augen küssten diese Vorstellung.

Immer trüber wurden seine Linsen aber, als er erfuhr, dass das Geld für die Bilder *nicht* bereit stand, dass der Kunsthändler *nichts* erhalten würde, dass der Finanzminister dem ganzen Vorhaben *nicht* zustimmte.
Der Kunsthändler jedoch würde in wenigen Stunden in der Nationalgalerie eintreffen.

Tschudi saß da.
Holte seine Uhrkette aus der Weste, schob sie wieder hinein.
Das Fräulein vom Amt verband ihn mit dem Zivilkabinett, das von ihm eine Stellungnahme darüber verlangte, wie es zu dem abgeschlossenen Kaufvertrag gekommen sei.
Tschudi sprach gewohnt weich und ruhig, aber fühlte die Schleier, die sich zusammenzogen, um ihn schnürten.
Er telefonierte mit Bülow.
«Ich weiß, ja, das ist mir klar», sagte dieser, «und Sie kennen meine Verehrung und meine Sympathie für Sie, aber der Finanzminister hat aufgelegt, als ich anfing, ihn zu überreden. Ich war so entrüstet darüber, dass ich mehrmals zurückrief, er aber ignorierte mich. Es sieht nicht gut aus, Tschudi.»
«Herr Reichskanzler, wir haben doch Mendelssohn und Merling, wir haben Arnhold und James Simon! Das sind private Finanziers, dagegen kann keiner etwas sagen!»
«Die schieben die Sache an den Rand Tschudi, bis sie den Berg hinunterfällt. Die ganze Verzögerung soll Ihnen schaden. Ich glaube, das muss ich Ihnen nicht erklären. Der Finanzminister steckt jetzt mit einem Bein drin, er wird so lange stören, bis alle alles fallen lassen. Sie können sich nicht vorstellen, was da für Spielchen laufen, manchmal monatelang, das ist wirklich schlimm. Sie wissen, wie ich über Sie und Ihre grandiose Sache denke, aber der Kaiser will Ihnen … er will Sie wohl … nur noch …», Bülow verstummte.
Tschudi erklärte ihm, dass er nicht glaube, den Kunsthändler von einem Rücktritt überzeugen zu können, der habe schon auf amerikanische Käufer verzichtet, die sich auch umgehend gemeldet hatten, als die Sammlung zum Verkauf stand.
Tschudis Hände wurden kalt.

Unter den Umschlägen auf seinem Tisch war einer ohne Aufschrift.

Das fiel ihm erst jetzt auf, jemand musste ihn am Morgen selbst abgegeben haben.

Er öffnete ihn.

> *Ich muss Sie wiedersehen, ich muss, ich kann und will nicht anders.*
> *Es ist mir egal, was Sie nun von mir denken, es ist mir gleich, was andere denken, ich weiß nur eines – ich muss Sie wiedersehen.*
> *Ich bin im Carlton, Zimmer 27, den ganzen Tag und werde so lange warten, bis Sie kommen.*
> *Sollten Sie nicht kommen, werde ich etwas Furchtbares tun.*
> *Prachtlibelle*

Tschudi setzte den Zwicker ab, legte sich die großen Hände vorsichtig an die Schläfen und hauchte ein und hauchte aus.

Sein Magen machte verzerrte Geräusche und sein Herz fiel ins Dunkel.

Ein halbes Leben hindurch, viele Ewigkeiten der Einsamkeit, hatte er den Lupus ausgehalten für die Kunst. Nicht eine Sekunde lang ertrug er jetzt, die französischen Bilder zu verlieren.

Stechen überall, Übelkeit und Zittern.

Sollten Sie nicht kommen, werde ich etwas Furchtbares tun.

Zornig erhob er sich, zog ein Buch aus dem Regal und verließ sein Büro mit Mantel und Hut.

65

KÄTHE LIEBERMANN putzte sich die Zähne mit Beiersdorf's *Pebeco* Zahnpasta.
Sie liebte den Geschmack und sie war verliebt.
In Kurt.
Kurt war toll.
Ein richtiger Gelehrter, einer, der über den Weltzustand nachdachte und in die Politik wollte.
Kurt eben.
Kurt war einfach fabelhaft.
Er hatte diesen Blick, der scheinbar über allem lag. Helle große Augen und ganz feines Haar.
Und wenn sie sich trafen, dann war er immer so höflich und sie so schüchtern und er so verlegen und sie so aufgeregt, weil er nicht oft in Berlin war, doch nun öfter kommen wollte.
Berlin und verliebt, das gehörte sowieso zusammen.
Überhaupt war sie das allererste Mal verliebt.
Käthe eben.
«Hallo Paps, tchüss Paps!», sie schwang sich vom Türpfosten halb ins Kaminzimmer. «K'bin jetzt ma untawegs!»
Max sah sie über den Rand seines Einglases mit Stiel hinweg aufmerksam an. «Wann bist'n zurück, junge Dame?»
«Na ick dachte so um Fümwe.»
«Dit wird deiner Mutter aba janich jefalln, die würde Viere besser findn!»
«Juuhut!», meinte Käthe und war schon fast aus der Tür.

Tappste die Treppen hinunter, verließ das Haus am Brandenburger Tor, tauchte in den frischmilden Berliner Vormittag ein, mit ihrem langen Rock, den hellblauen Strümpfen und den schnellen Schuhen, die den Weg über die Linden auch mit verbundenen Augen hätten gehen können.

▪ ▪ ▪

Hotel *Carlton* Unter den Linden Ecke Charlotten.
Zimmer 16.
Zimmer 17.
Zimmer 18.
Zimmer 19.
Zimmer 20.
Zimmer 21.
Zimmer 22.
Zimmer 23.
Zimmer 24.
Zimmer 25.
Zimmer 26.
Zimmer 27.
Tschudi öffnete abrupt.
Prachtlibelle stand am Fenster, kreidebleich.
Er trat ein, riesig, mit einer riesigen Brust, ganz in Schwarz.
Sie drückte sich noch fester gegen das Fensterbrett.
Er sah sie an. Außer Atem. Trat ans Bett.
Griff in den Mantel und warf ein Buch auf die Decke.
Shakespeare. *Die lustigen Weiber von Windsor.*
«Immer wenn ich das Bedürfnis nach Drama habe, lese ich ihn. Das empfehle ich Ihnen auch, so minimiert man das persönliche Theater.»
Sie lief dunkelrot an.

Wie eine Rötelzeichnung Parmigianinos.
Tschudi kam zu ihr.
Sie fieberte vor Unruhe.
Er legt seine Hand an ihre glühende Wange. «Lebe wohl und bleibe so wunderbar, Clara.» Er ging.

Sie schaute durch den Vorhang nach draußen, sah, wie er die Straße überquerte, den Hut in der Hand, in Gedanken begraben.

▪ ▪ ▪

Es war so laut in der Stadt.
Tschudi ging einfach irgendwo entlang, immer innerlich nach seiner Nationalgalerie ausgerichtet, alle seine Wege führten immer nur zu diesem seinem geliebten Gebäude.
Seine Brauen waren stark zusammengedrückt, die Unterlippe erstarrt, mit der Faust drückte er gegen seine Brust, die wie eine Kuppel zusammenstürzte.
Er sah den stillen Sturm von Manet vor sich, den stolzen Monet im Farbenwind, die zerknüllten Tischtücher Cézannes mit dem warmen Obst …

66

OHNE AUCH NUR ZU ÜBERLEGEN, zeichnete der Kaiser Tschudis einjähriges Urlaubsgesuch gegen und verwandelte es in eine Entlassung, die er noch herbeizuführen vorhatte, schließlich hatte dieser Schweizer doch diese widerliche Gesichtskrankheit, wer weiß, wie viele der schon damit angesteckt hatte.
Das medizinische Gutachten, das er in Auftrag gegeben hatte, würde dieses Vorhaben zwar nicht stützen, da der Lupus nicht auf andere übertragbar war, aber Tschudi weiter wegzustoßen und immer mehr zu verdrängen, das würde ihm gelingen.
Mit einem erschrockenen Strahlen ließ Wilhelm II. nach Anton von Werner schicken und ernannte ihn intern zum vorübergehenden Leiter der Nationalgalerie von Berlin.
«Darauf müssen wir natürlich anstoßen!», rief der Kaiser und ließ sich und seinem neuen provisorischen Direktor eine Flasche Kümmel bringen, die er sich reinkippte wie eine Oase in einer nicht endenden Wüste.
Werner riss die Augen auf, frenetisch und leblos zugleich.

Auf den Stufen von Menzels Grab hauchte der Wind eine Knospe fort, die vom Ast gefallen war.

■ ■ ■

Tschudi saß zu Hause auf dem Sessel hinten im Salon.
Es tat so weh.
Ganz sanft zerfiel er von Stunde zu Stunde, von Tag zu Tag, wie ein herausgerissener Baum, der vor seinem Fenster eigenartig mit dem Tag verschmolz.
Er bekam seinen Vater nicht mehr aus dem Kopf, der von dem *monotonen Weiß* erzählt hatte, das *wie das Leichentuch mit dem alabasterähnlichen Körper der entseelten Jungfrau in einen farblosen Ton zusammengeht.*

▪ ▪ ▪

Als er am nächsten Morgen durch die Nationalgalerie ging, im Gehen einige Zeilen durchflog, blieb er plötzlich stehen.
Leer.
Alle Leinwände waren hellgrau.
Er lief zu den Bildern, die Namen der Maler standen da, aber da war keine Farbe mehr, da war nichts.
Überall, er schwankte von einem Werk zum anderen, nichts als steinfarbenes Schweigen über ihnen.
Wo er die Leinwand berührte, brach sie auf und blutete.
So viel Blut, dass der Boden, seine Schuhe alles darin stakte.
– Mit einem Stoß erwachte er im Sessel.
Kleine Tränen umliefen die Lider.
Und Angst.

67

ANTON VON WERNER warf einen Blick in das Büro des Direktors.
Er schloss die Tür vorsichtig.
Über allem lag dieser Atem.
Der Tisch ist so groß, dachte er. Trat zum Stuhl, der im Tschudi-dreißig-Grad-Winkel abgerückt war und wollte sich setzen.
Lüftete den Gehrock, berührte kaum die Lehne, saß.
Saß *endlich* auf dem Platz des Direktors der Nationalgalerie, mit seinen schmalen spitzen Schultern, blass und schwach.
Ihm wurde heiss und er lachte leise und lange und dann zerlief sein Lachen in ein kindliches Schluchzen.

...

Der ganze März 1908 verging in einem einzigen Staccato der Presse.
Das Gerücht, Werner würde bald schon Tschudis Nachfolge antreten, löste einen unaufhaltbaren Wirbel und eine immer verworrener werdende Verzweiflung aus.
Immer deutlicher wurden die Stimmen, die in Tschudi den einzigartigen Museumsmagier sahen, der Schutt mit Gold ausgetauscht hatte.
Anton von Werner und Bode lieferten sich fast täglich einen Schlagabtausch in der Zeitung, bestehend aus Schuldzuweisungen und Gerüchten, Lügen und Nebel.

Ich? Ich habe den Herrn Direktor von Tschudi doch nicht fort gewünscht, ich war stets mit Gemälden in der Nationalgalerie vertreten und hätte dazu gar keinen Grund gehabt, so Werner. *Ich würde – selbst, wenn man mir die Stelle des Direktors anbietet – keinesfalls annehmen. Ich habe gar kein Interesse dafür.*

Ich habe stets begrüsst was Herr von Tschudi für die Erneuerung der Nationalgalerie geleistet hat, mit unermüdlichem Geschmack und Hingabe tat er es, so Bode. *Ich habe ihn gern und oft beraten und würde es begrüssen, ihn wieder auf seinem Posten zu sehen.*

Sie und der Kaiser haben doch hinter seinem Rücken für den vor-Tschudi'schen Zustand in der Nationalgalerie gekämpft, mit allen ekelhaften Mitteln, die Ihnen greifbar erschienen, verehrter Herr von Bode, so Meier-Graefe. *Sollte diese Stadt Tschudi für immer verloren haben, könnte ich mir die Bloßstellung vor der Welt nicht immenser vorstellen.*

Ich weigere mich, mit dieser Heuschrecke von Bode in eine Zusammenarbeit zu treten, Eure Majestät, ich sehe da keine Möglichkeit! Werner konnte nicht glauben, dass die Zeitungen so über ihn schrieben. *Eure Majestät, Ihr wolltet Euch doch schützend vor mich stellen! Und nun?*

Wer in all der Zeit wirklich an Tschudi dachte, wirklich für ihn eintrat, alles dafür tat, ihn auf seiner Direktorenstelle zu halten, das war Reichskanzler Bernhard von Bülow.
Doch die Beurlaubung Tschudis stand bevor.
Und die Nationalgalerie wollte von den blühenden Bäumen vor ihren Kolonnaden nichts wissen.

Tschudi klopfte an die Tür seines eigenen Büros.
Von Donop, der sich ums Geschäftliche kümmerte, öffnete.
«Herr Di– Herr von Tschudi, kommen Sie herein.»
Tschudi trat ein, in seinem dunklen rauen schönen Anzug.
«Se-setzen Sie sich», Donop wies auf den Stuhl *vor* dem Direktorenschreibtisch.
Tschudi blickte den Stuhl an.
Zögernd nahm er Platz.
«Wie geht es Ihnen?», fragte Donop.
Tschudi wollte etwas sagen, er wollte sagen – gut, danke – er *konnte* nicht.
Seine Hände schwitzten und sein Herz brannte voller Eigenwilligkeit.
Donop fragte, ob er etwas trinken wolle.
Tschudi dachte an den Jasmintee, den er seit 1896 mehrmals am Tag bekam.
«Nein, danke», sagte er.
Seine Lippen zitterten.
Er sah sich um.
Seine Spuren, sein Duft noch, er überall.
Dann redeten sie lange.
Tschudi geriet schon bald ins Schwärmen über Malerei, glaubte für einen Moment, alles sei wieder gut, wie kurz nachdem man am Morgen erwacht und der Kummer noch hinter der ersten Linie des Hirns liegt.

▪ ▪ ▪

«Ah, Herr von Tschudi, kommen Sie doch herein, ich … ich bin gerade in einem Telefonat, aber treten Sie doch bitte ein», Donop ließ die Tür geöffnet und setzte sich wieder an den Schreibtisch.

Tschudi nahm den Hut ab, die Schweißperlen an den Schläfen glitzerten, er lächelte.
Donop sprach und sprach mit dem Hörer.
Tschudi sah auf den Tisch.
Sein Füllfederhalter, seine letzten Notizen und Telefonnummern – *Émile Bernard – van Gogh – Sonnenblumen.*

▪ ▪ ▪

«Kommen Sie herein, lieber Herr von Tschudi», Donop setzte sich ernst.
Tschudi sah ihn an.
«Herr von Tschudi, vielleicht sollten Sie die Einladung zu verreisen doch annehmen, ich habe gehört, Köpping drängt Sie, gemeinsam mit Wiegand nach Japan zu fahren? Das aber ist doch ausgezeichnet! Wollten Sie nicht schon immer mal nach Japan?»
Tschudi senkte den Blick.
«Ich halte das für das Beste, Herr von Tschudi», Donop saß da mit überschlagenen Beinen.
«Das hier … das bringt doch nichts.»
Tschudi durchstach ihn mit durchdringend schwarzbraunen, flehenden Augen, bangen Mundwinkeln, widerspenstigem Herzen. Er hatte Heimweh.
Heimweh nach der Nationalgalerie.

▪ ▪ ▪

Draußen versank Berlin in den frühen Sommerabend.
Ein Spreetaucher wurde an der Schlossbrücke herausgezogen und sah Tschudi durch das kleine rechteckige Fenster seines alten Helmkastens an.

Tschudi ihn.
Lange.
Und Walter Leistikow legte den Lauf seiner Pistole hart gegen die Braue, als er am Fenster seines Sanatoriums stand, die Stirn fest ans Glas gepresst.
Vollkommen stumm.
Drückte er ab.
Ein spätgotisches, rot zerlaufendes Kirchenfenster.

68

... Japan Kyoto November 1908 ...

Ich legte meinen Kopf auf die Seite

Sie ihren auch

Eine Geisha.

Sie begriff nicht warum mein Gesicht

Weißer war als ihres

Beäugte mich stumm

Der ihre von purpurnen Bergen umstellte Bühne stahl.

Ich legte meinen Kopf auf die andere Seite

Sie ihren auch

Eine Geisha.

69

«WAS BIN ICH FROH SIE ZU SEHEN», Bülow begrüsste Tschudi im Wintergarten der Reichskanzlei. «Tschudi, Sie sind sehr willkommen! Sie sind wahrlich willkommen!», er umfasste mit beiden Händen Tschudis Hand.
Ein Blick genügte und Bülow legte los. «Ihre weite Reise konnten Sie hoffentlich genießen, ich habe Ihnen die edlen Orte sehr gegönnt. Nun haben wir schon März und ich weiß noch nicht was in diesem merkwürdigen Jahr 1909 weiter auf uns zukommen wird, denn hier war ja einiges los, wie Sie wissen. Unendlich Peinliches, ich bin so angewidert und habe sogar schon ein Rücktrittsgesuch abgegeben, was – er – abgelehnt hat. Was soll ich noch sagen, alles alles lästig bis zum Grade der Zerstörung. Was der Kaiser da fabriziert hat, mit dem Daily Telegraph, das hätte keiner glätten können. – Er selbst hätte gar nichts gegen die Briten? Achso? Er gehöre zu einem kleinen Kreis von England-Sympathisanten in einem Briten verabscheuenden Deutschland? Ach was! Die großen Kriegsschiffe seien eigentlich gar nicht gegen England gerichtet? – Als die Leute das gelesen haben, ich konnte förmlich spüren, wie er schon durch die Straßen gezogen wird. Es ist doch eine Schande an sich, dass er nicht weiß, was er tut, was er sagt. Es ist das Übel selbst. Ich bin es leid, die Dinge für ihn auszubaden. Ich und andere, uns reicht das. Es ist so erbärmlich, wie er sich selbst seit Jahren in den Schutz seiner Verletzlichkeit begab, die nichts als unausgewachsene Verstecke waren,

um nicht zu sehen und zu erkennen und etwas zu bedeuten. Er hat niemanden je wirklich inspiriert und einen König, einen Kaiser, der nichts als ein Sorgenkind ist, den kann man nicht für immer vor der Wirklichkeit bewahren. Ich habe keinen Nerv mehr für seine fahrlässige Existenz, die so vieles schon mittelmäßig und lächerlich hat werden lassen. Bismarck war unerträglich, ja, aber man wusste, der steuert das Schiff. Böse ja, ein Tier, aber genial, verträumt, vergeltend. Er hätte sich erschossen, wenn ein Dritter seine Aussagen redigieren hätte müssen, erschossen hätte er sich. Ich weiß nicht, was ich tat ... was ich nicht tat, aber als ich las, wie *klein* der Ton Wilhelms in dem Interview mit dem Daily Telegraph war – wirklich klein – keinem mehr verbunden, niemandem mehr irgendeine Form von Ehre schenkend, dabei selbst nur kauernd in den kalten Ecken seiner Seele – da ... da ... da hatte ich keine Lust mehr Tschudi. Und er war so hin nach Erscheinen, er hing nur noch über der Schüssel und hat geflennt wie ein rumänisches Klageweib. Und dann hab ich gesagt, das war letzten November, als Sie in Japan waren – *so, jetzt Tschudi*, hab ich gesagt. Den wenigstens holen wir uns wieder. Der soll wieder auf *seinen* und *nur* seinen Platz zurück kommen können, in *seine* Nationalgalerie, in *unsere* Nationalgalerie. Zurück nach Berlin. Zurück in die Zeit und in die Stadt, die allein Ihnen je etwas bedeutet hat, ich weiß, dass Japan nur eine Reise für Sie war und nicht mehr und dass Ihr ganzes Wesen in Berlin nur, in unserer Stadt, schwingt! Ich weiß das und habe ihn angesehen und gesagt, – *Tschudi soll zurück*. Ich habe ihm das schnaubend in seine Seele gespuckt. Und er hat genickt und geheult und genickt. Und jetzt stehen Sie hier. Und ich kann Ihnen nicht sagen, wie ... wie überglücklich mich das macht! Nehmen Sie das Angebot aus München nicht an. Sie sind hier zuhause, in Berlin. Bleiben Sie. Gehen Sie nicht.»

Bülow war sichtlich mitgenommen von den vergangenen Monaten, aber seine silbernen Augen glänzten in tiefer schöner echter Fröhlichkeit und einem Widerschein, der noch etwas aus der Zukunft wusste, es aber nicht sagte.

70

BERLIN.

Berlin war groß und prachtvoll.

Berlin war kreisend wie ein Kreisel.

Berlin war mächtig und stöhnte und Berlin war schön.

Tschudi ging die Friedrichstraße entlang, ohne Hut, ohne Aufgabe.

Etwas lag in der Luft, etwas wie ein Gegenschub, eine unsichtbare Wand.

Er konnte es fühlen am ganzen Körper.

Eine tiefe menschliche Abwehr, ein Verlorengehen aller.

Unverständnis wie eine Veranlagung, tief sitzend, tief drohend.

Immer mehr Leute liefen ihm in den Weg, wie er auch auswich, sie traten ihm vor die Füße, sie sahen ihn gar nicht.

Lachen oder Wind oder beides an seinem zerkneteten Ohr, die zermürbten Ohrmuscheln horchten in das unangenehme Stimmengewitter.

Ganze Massen von Menschen schoben sich an ihm vorbei.

Er sah hunderte von Gesichtern an sich vorüberziehen, verwackelt, von kalten Träumen verwischt, Totenköpfe über Totenköpfe.

Totenköpfe mit Mützen und Hüten und Hunden und Spazierstöcken, Totenköpfe in Frack und Hosenträgern, in Pelzen und kleinen Matrosenhemden.

Totenköpfe, die einfach weiterzogen.

Weiter und weiter.
Er hielt an einem Eingang, stützte sich, verlangte nach Luft.
Bekam keine.
Lehnte den Kopf an die Fassade. Vater, dachte er. *Aber das Hochgewitter lagerte sich schwer um die metallreichen Cordilleragipfel, und nur das leichte Gewölke jagte mir entgegen, bald löste es sich in ein orkanisches Schneegestöber auf, das der eisige Wind mir ins Gesicht peitschte und mir jeden Augenblick den Atem abzuschneiden drohte.*
Doch es lag kein Schnee.
Tschudi blickte hoch, vier vielleicht fünf Vögel flogen über eine Statue hinweg. *Hätte ich die Puna so genau gekannt wie nachher, ich würde meinen Weg nach dem Fluge der Vögel gerichtet haben.*
Degas hatte ihm so geheimnisvoll die Hand geschüttelt, als sie sich vor Jahren begegnet waren, fest hatte der Maler sie gedrückt, mit Farbe daran: Blau und Gelb vermengt, das Gelb lag auf der Palette neben Rot und so war darin noch ein Fadenhauch von Fuchsia, als hätte er den Himmel und die Hölle vereint.
Tschudi hatte die Farbe damals den ganzen Nachmittag an seiner Hand getragen. Immer wieder betrachtet.
Er lächelte und er weinte, er wollte nicht, dass es endet.
Dass Berlin endet.
Die Bilder.
Die Farben.
Die Bewegungen.
Die Erinnerungen.
Sein Leben.
Trocken und müde stampfte er weiter, auf der anderen Seite der Straße wieder hoch, blieb stehen, drehte sich um. *Der*

Wanderer, der am Morgen in den kümmerlichen strohgelben Gräsern oder den dürren Flechten der fast kahlen Felsenwände das monotone Bild der wüsten Hochebene aufgenommen hat und am Abende die Riesenpalmen, die großblumigen Magnolien und die ungeheuren, an die tausend Jahre alten Bäume, die ihn rings umgeben, anstaunt, lässt seinen Blick – noch einmal – zurückschweifen, da, wo die wolkenhohen Andenkuppen im grauen Nebel verschwinden, und sucht sich jeden Schritt, den er an diesem reichen Tage getan, zu vergegenwärtigen, um das Bild unvergesslich seinem Gedächtnisse einzuprägen.

Er bog in die Linden ein, sein von verschiedenen Salben durchtränktes Gesicht zinkweiß. Er benutzte sie schon lange nicht mehr für ihre Wirkung, nur noch, um die Hautstellen irgendwie miteinander zu verbinden.

Ein Junge wartete mit seiner Mutter, um über die Straße zu gehen, und sah Tschudi, der ihn mit verweinten Augen anlächelte.

Der Junge klammerte sich an die Frau. «Mama, dit Phantom da weint!»

Er blickte in die Sekunden, in die er lief, wie in ein Licht ohne Licht.

Der Tag hatte keine Temperatur, es war nicht kalt und es war nicht warm, es war nichts.

Klebriger Eis-Schweiß hing ihm am Rücken.

Er klingelte bei Liebermann.

Der erschrocken erschien, im Musikzimmer, wo der berühmte Spargelbund von Manet tatsächlich hing. Ja, er hatte ihn sich *jeholt*, wie er es angekündigt hatte.

Tschudi stand da und begeistert zeigte er auf das Bild, unendlich gefasst, und konnte sich nicht mehr freuen, dachte unentwegt an die Reiseskizzen seines Vaters.

Noch einmal blickt der Naturforscher zurück, wo er unter gast-

freiem Dache mühevoll erworbene Sammlungen zurücklässt, schaut dann hinüber in den dunklen Wald, seine künftige Heimat.
Liebermann sah ihn an, er wusste, dass Tschudi gekommen war, um sich zu verabschieden.
Aber ohne Worte, einzig mit zwei schwarzdunklen Linsen aus einem unvergesslichen Kneifer brennend, mit einem zauberhaften Mund, der stark entzündet und sprachlos war.
Mit Wangen, die wie der Mond uneben und von pulvrigem Eiter verhöhnt und ausgeschlachtet waren, mit einer Nase, die kürzer geworden war, mit weichem Haar, das ihn verließ, wie die Blätter den Herbstbaum.
Aber es war Frühling.
In Berlin.
B e r l i n .

▪ ▪ ▪

Man darf ein Gemälde nicht betrachten.
Man muss in das Bild hinein.
Man muss zwischen den Farben sein, wenn sie auf der Leinwand gemischt werden.
Man muss im glatten Pompejanischblau ertrinken, wenn das anrollende Neapelgelb einen wieder heraushebt und ins dick gefleckte Chinesischweiß schmiegt.
Diese Pigmente kämpfen. Sie verschlingen einander. Sie streicheln sich.
Malerei ist, wenn die Grundierung keinen Ausweg und die Akzente keine Ausreden mehr kennen.
Wenn sie verschwimmen, wie der Blick verschwimmt.
Wenn Grün zu Rot wird, weil es Licht sein will.
Wenn alle Zeiten in fünf Strichen vereinigt sind. Alle Menschenalter und alle Tode.

Wenn man das, was unter vielen Lügen von Lasuren siecht, mit einem einzigen frischen zarten Kontrast erzählt.
Wenn Pinsel und Leinwand aneinander reiben.
Wenn sich viel Braun-Hellblau über noch mehr Orange-Lila wälzt, wie über eine schlaflose Nacht.
Wenn der Sommer auf der Palette einen Seidenschal anrichtet.

71

WILHELM II. hatte einen Tag der Empfänge und Staatsbesucher hinter sich.
Berlin, dachte er. Hölle, dachte er.
Den ganzen Tag war ihm nach Weinen zumute gewesen, den ganzen Tag hatte er es lächelnd weggeschluckt.
Aber das Gift seines Schicksals breitete sich aus und betäubte ihn.
Er legte seinen Helm mit dem angreifenden gleichsam landenden Adler auf dem Tisch vor sich ab und blickte hinaus.
Das vertraute und verhasste Stadtrauschen, die Stimmen, der Glanz, die Dunkelheit seiner Kindheit.
Weit unter der Uniform lagen Schmerzen in seiner Brust, die von keiner Krankheit rührten, die sich einzig aus Traurigkeit nährten.
Schmerzen, voller Sanftheit und Verlassensein.
Was tun?
Was war der nächste Schritt?
Wo lag der Morgen?
Was er auch zu tun schien, ganz Europa schwankte mit.
Was für ein unheiliges Dasein. Was für eine Ausweglosigkeit.
Verachtung von ihm und für ihn.
Er sah auf den bekrönten Adler, den einzigen wirklichen Begleiter der letzten Jahre.

Er zog den Degen heraus und mit dem massiven Griff schlug er das Tier ab.
Mit einem Schlag nur brach der Adler vom Helm, stürzte vom Tisch und rollte in eine Ecke des Zimmers.
«Endlich bist du frei», weinte der Kaiser leise, «flieg doch endlich davon!»

■ ■ ■

Mein verehrter, mein lieber, großer
Hugo von Tschudi!

Danke, aber der Almanach wäre nicht im Entstehen, wenn es Sie nicht gäbe.
Täglich – mehrmals – denke ich an unsere Begegnung in der Pinakothek, in die Sie mich einluden, kurz nachdem Sie die Direktorenstelle in München angenommen hatten und meine Gruppe und ich aufatmeten wie nach einer langen Fahrt im Tunnel.
In uns erwachte neue Kraft!
Ich hatte Ihnen von uns geschrieben, von unseren Ideen und Vorhaben, da luden Sie mich ein.
Wie Sie da auf mich zuschritten, ich fürchtete mich sogleich vor Ihrer hohen, geheimnisvollen Erscheinung, wie ein kleiner Junge fühlte ich mich, der von einem König begrüsst wird, der aus einem mächtigen Reich zu mir gestiegen ist.
Ja, Sie sind der Eine, von dem alle reden.
Der, den die einen nur hassen und die anderen nur lieben können.
Der Eine.
Ich verehre Sie seit langem und verehre Sie heftig

und ich will Sie mir nicht vorstellen in Cannstatt im Sanatorium, wir wollen Sie zurück auf Ihrem Platz als Direktor der Pinakothek.
Abscheulich, wie sich die Münchener Künstlerschaft von Ihnen missachtet fühlt, erbärmlich was Stuck und seinesgleichen versuchen, um Sie loszuwerden, ekelhaft, wie dieses Land verfasst ist.
Unglaublich – Sie – inmitten.
Ich fühle mich Ihnen vielleicht so nah, weil auch ich gewissermaßen eine Reise in die Kunst und hierher nach Deutschland machte, weil auch ich nie ganz ein Teil von dem sein werde, was sich hier Gesellschaft nennt.

Ich male, weil ich nicht anders kann. Immer schon.
Seit ich jedoch Sie kenne, male ich mit einem Ziel: ich will frei sein.
Ich will Ihnen sagen, wie gebannt wir auf Ihre Rückkehr aus der Krankheit warten, in unsere freudig auf Sie wartenden Kreise und Arme zurück, die Sie womöglich – weil ein Herrscher wie Sie einzig sich selbst gehört – edel ablehnen werden, was Sie schon jetzt aber für uns getan haben, bleibt unbegreiflich und übermenschlich in seiner Menschlichkeit und seiner Drastik.
Und man begreift, die Hebel, die Sie tätigen, die Namen, die Sie hinzugewinnen, die Kostbarkeit, mit der Sie arbeiten – ist einzigartig in der ganzen Welt.

Ich falle mit meinen Aquarellen ins Universum.

Bitte, werden Sie gesund, bitte!

Wartend und hoffend und an Ihrer großen Schulter stehend für immer
Ihr
Wassily Kandinsky
München, 1911

■ ■ ■

Ela blickte angewidert von ihrem Buch auf, als Harry Graf Kessler vor ihr im goldbraunen Speisewagen aufkreuzte. Angewidert und abgestoßen von seiner ganzen Präsenz.
Hans Gilg, der am Fenster bei den kleinen weinroten Gardinen und dem wackelnden Lämpchen saß und in ein Heft zeichnete, schenkte dem Dandy nicht die geringste Aufmerksamkeit, sondern zeichnete ruhig weiter, während er dem Gespräch folgte.
«Hahahahahaha!», lachte sie wild auf. «Wie sehen Sie denn aus? Warum so ernst? Hahahahaha! Wen, was versuchen Sie darzustellen?»
Voller Abscheu entgegnete er, auf das Schnapsglas vor ihr blickend: «Ihnen scheint es ja ausgezeichnet zu gehen.»
«Ja!», rief sie aus und ihre riesigen, prachtvoll donnernden Augen füllten sich mit brühend heissen Tränen, «mehr als gut! Uns geht es mehr als gut! Wir fahren gerade zu Hugo, er ist auf dem Wege der Besserung, er fühlt sich von Tag zu Tag besser!»
Gilg hörte einen Augenblick lang auf zu zeichnen, die kleine Falte zwischen seinen Brauen war deutlicher als bei anderen Kindern seines Alters.
«Und Sie?», hauchte sie ihm absichtlich ins Gesicht. «Verfolgen Sie wieder irgendwo nackte Jünglinge mit Ihrer Fotokamera? Hahahahahaha!»

Er wich vor dem Schnapsgeruch zurück und mit abfälliger Miene beäugte er sie.
Elas Blick war voll schmerzendem Glanz, ihre faszinierenden Brüste waren von warm modellierendem dunkelgrünem Samt überzogen, ihr Haar von einem frisch gewaschenen Schimmer und ihre Hände zitterten.
«Wir werden verreisen, Hugo, Gilg und ich, vielleicht Italien, wir sind noch nicht sicher. Hugo braucht viel Wärme und das Glitzern eines Meeres. Weg aus diesem», sie blickte voller Übelkeit nach draußen in die Hänge, «weg aus diesem missratenen Deutschland. Ein kleines dummes schäbiges blindes geistloses Land aus lauter Zwergen der Seele. Alles geborgt oder verfälscht, niemand vertraut niemandem, jeder hasst jeden, alle bellen sich an, alles brennt.»
Geistesgestörte Trinkerin, sagte er sich.

72

DIE TÜR SEINES ZIMMERS STAND WEIT OFFEN.
Aus dem Gang des Krankenhauses hallten Stimmen.
Fremde Stimmen.
Die er als dumpf rieselnden Sand wahrnahm, ihm waren beide Ohren amputiert worden.
Das Gewebe war so stark verfallen, war so in Entzündungen aufgeweicht und aufgerissen, dass er sie hergeben musste, seine Ohren, mit den Fabeltier-Muscheln, die in ihren Erinnerungen noch klangen, aber von reißenden, lahm und leblos machenden Schmerzen pochten bis tief in den Kopf und die Schultern hinein.
Nerven waren durchtrennt worden, Nerven, die jetzt wie die letzten Fäden einer Pflanze in einem kalten Wind stumm flatterten.

Er saß am Tisch in der Ecke des Raumes mit den abwaschbaren Wänden, schaute in die Novemberstunden hinaus.
Seit dem Morgen hatte sich sein Husten verschlimmert, die Lunge steif, sein ganzer Körper war eine sich ausbreitende Blutwunde, übersät vom Schweigen der Narben, nicht mehr getragen von den Beinen.

Tschudi stützte sich den fiebrigen Kopf mit der Hand, die am Tisch lehnte, zwinkerte in immer kürzer werdenden Abständen ins Fenster hinaus.

Da, wo sein Mund verzogen und verstummt war, da war jetzt tiefes Ultramarin.
Da, wo seine Nase wie ein zertrümmerter Turm lag, darüber war unmittelbares Lila gestrichen, voll und leicht gepinselt, in die traurigen Wangen hinein, mit reichlich Juli-frischem, duftendem Baumschattenlicht, das im ganzen Zimmer zu kreisen begann, goldbunte rauschende Ast-Silhouetten, die sich schüttelten an der Decke über ihm.
Hellrosane und hellgelbe Tupfen auf den Brauen.
Umbra, weiß und schwarz auf der weichen Hand.
Violett silbrige Wimpern, die sich schlossen und nicht wieder öffneten.

▪ ▪ ▪

Liebermann glitt der Pinsel aus der Hand, als hätten seine langen Finger ihn fallen lassen.
Er hob ihn wieder auf – *na Max, wirst och nich jünger wa?* – spachtelte noch mehr toniges Blassrot in die starke Luft der Leinwand hinein, noch viel mehr. Breit und lebendig stieß er die zauber-schimmernden Schmierklumpen gegen das Bild.
Bis Vordergrund und Hintergrund nur noch farbige Antworten zueinander waren.

STIMMEN

«Ich erschrak vor dem aus den gefurchten Zügen des sehr edel akzentuierten Gesichts sprechenden Leid … hinter dem Zwicker … leuchteten die dunklen Augen in feurigem Glanz, Augen, geübt, sofort jeden Menschen zu durchschauen, ihn zu durch-schauen mit unerbittlichem Wahrheitsbedürfnis … Tiefliegende schwarzbraune Augen stießen bohrend in meine Augen, die ich abwenden musste.» *Hermann Uhde-Bernays*

▪ ▪ ▪

«Nun ist sein geisterbleiches Antlitz mit den faszinierenden dunklen Augen für immer aus der alten Pinakothek verschwunden … halbfertig ist die Arbeit und mit großer Sorge sehen wir der Zukunft entgegen.» *Adolph Bayersdorfer*

▪ ▪ ▪

«Ich kannte keinen Menschen in meinem langen Leben, den ich wie Tschudi verehrt habe! … Äußerlich das Bild vornehmer, ja kalter Ruhe, stürmten in ihm alle Leidenschaften und Begierden …» *Max Liebermann*

▪ ▪ ▪

Photogravure Bruckmann

«Tschudi trat an die Welt mit der Vorstellung heran, alles gehöre ihm und sei für ihn da, und er war eher erstaunt als unwillig, wenn sich irgendwer oder irgendwas ihm entzog.» *Alfred Lichtwark*

▪ ▪ ▪

«Er war kein Raufbold, vielmehr ein sehr ruhiger, sehr zurückhaltender, ironischer Mann, ein Weltmann in jedem Sinne, aber wenn Hugo von Tschudi für etwas eintrat, tat er es *sans peur* und *sans reproche*, auch vor dem Kaiser. Es war etwas Heldenhaftes in diesem so gelassenen Schweizer Aristokraten, der nebenbei die Gesellschaft des damaligen Berlin, und keineswegs nur Berlin, faszinierte.» *Johannes Guthmann*

▪ ▪ ▪

«Tschudis Wirken ist ein nationales Kulturwerk ersten Ranges.» *Walter Leistikow*

▪ ▪ ▪

«Er war nicht nur ein großer Mann, er war auch ein Großer Mann.» *Wassily Kandinsky*

▪ ▪ ▪

«Anbetungswürdiger, unparteiischer Mann … Mir war anfangs Hugo v. Tschudi Hoffnung auf Erleichterung des materiellen Lebens: geworden ist er mir ein Talisman gegen alles Hindernde in mir selbst und gegen mich.» *Max Pechstein*

▪ ▪ ▪

«Herr v. Tschudi … eine seltene, vornehme, zarte Individualität und ein schweres Geschick, welches ihm den Ausdruck edler Resignation eingeprägt hat.» *Cosima Wagner*

▪ ▪ ▪

«Ein ruhiges Sterben gewährte ihm das Schicksal, das ihn so grausam gequält, als Gnadengeschenk. Er entschlief in der Stellung, in der so oft ihn die Freunde gesehen, die Wange sinnend auf die Rechte gestützt.» *Ernst Schwedeler-Meyer*

Quellen

Historische Briefe, Aufzeichnungen und Bilder waren mal Spiegel, mal Rätsel – und sind mit der Erzählung marmoriert. Sie wurden zu Bestätigungen meiner immer schon vorausgehenden Einfühlung.

Hugo von Tschudi, Édouard Manet, 1901
Hugo von Tschudi, Ein Jahrhundert Deutsche Kunst, 1906
Hugo von Tschudi, Kunst und Publikum, 1901
Hugo von Tschudi, Briefwechsel (publiziert und unpubliziert)
Hugo von Tschudi, Ernst Schwedeler-Meyer (Hg.), Gesammelte Schriften zur neueren Kunst von Hugo von Tschudi, 1912

Johann Jakob von Tschudi, Reiseskizzen aus Peru, 1846

Besonderheiten bei Rechtschreibung und Zeichensetzung in diesem Roman sind von der Autorin beabsichtigt.

2. Auflage Juni 2024
Veröffentlicht im Rowohlt Taschenbuch Verlag, Hamburg, September 2021

Portrait auf S. 316: von Dühren; Reproduktion nach Schwedeler-Meyer, Gesammelte Schriften zur neueren Kunst von Hugo von Tschudi, München 1912
Covergestaltung any.way, Barbara Hanke/Cordula Schmidt,
nach einem Entwurf von Anzinger und Rasp, München
Coverabbildung Im Wintergarten (Ausschnitt). Gemälde von Edouard Manet, 1879. Berlin, SMB/Nationalgalerie. akg-images
Satz Adobe Garamond Pro
bei CPI books GmbH, Leck
Printed in Germany
ISBN 978-3-499-00183-3